국제법상 도서제도와 독도

이 저서는 2012년 정부(교육과학기술부)의 재원으로 한국연구재단의 지원을 받아 수행된 연구임(NRF-2012S1A3A2033587)

국제법상 도서제도와 독도

이석용 지음

세창출판사

머리말

섬은 본래 축복받은 땅이 아니었다. 일부 큰 섬을 제외한 대부분의 섬들은 과거에 유배지로 사용되거나 범죄자들의 피난처가 되었을 뿐 사람들의 관심대상에서 벗어나 있었다. 하지만 이제 섬은 참으로 중요한 공간이 되었다. 지구상에 무주지가 사라지면서 조그만 무인도조차도 국가 간의 치열한 쟁탈전의 대상이 된 지 오래이며, 해양과학기술의 발달로 육지와의 왕래가 빈번해지면서 섬의 미래가치는 크게 상승하였다.

국가 간의 관계에서 섬의 가치를 폭등시킨 것은 국가 간의 해양관할권 확대 경쟁이다. 해양과학기술의 발달로 원양어업과 해저석유, 가스자원 개발이 가능해지고 수심 수천 미터에 달하는 심해저의 자원에도 접근이 가능해지면서, 이제 해양은 진정한 자원의 보고로 떠오르고 있는 것이다. 그리고 한 국가의 해양수역의 최전선에 있는 섬은 치열한 국가 간 경쟁의 장이 되었다.

요즘 자주 듣는 말 중에 '해양영토' 또는 '해양의 영토화'라는 말이 있다. 처음에는 너무도 생경하게 느껴졌던 이 말이 어느덧 친숙해진 것은 해양에 대한 사람들의 생각에 엄청난 변화가 있었음을 말해준다. 국가들은 작은 섬에 대한 영유권 문제를 놓고 곳곳에서 양보 없는 경쟁을 펼치고 있으며, 섬 주변에 설치될 EEZ나 대륙붕의 범위를 둘러싸고도 치열하게 다투고 있다.

본서는 기본적으로 섬을 국제해양법적 측면에서 바라본 섬의 지위와 해양수역에 관한 책이다. 국제법의 세계에 들어온 이래 해양법연구에만 천착해 온 필자에게는 그것은 어쩌면 당연한 접근이라 생각된다. 하지만 섬이나 해양경계획정 등 해양법에 관한 논문을 쓸 때마다 독도문제를 생각해 보지 않은 적은 없었다. 그리하여 국제법상 섬의 문제를 포괄적으로 다루되, 우리나라 최대의 국제법 이슈 중 하나인 독도영유권과 해양수역 문제를 도서제도에 관한 일반적인 연구결과와 국제재판소의 관련 판결에 대한 분석에 기초하여 정리해 보았다.

아직은 부족한 부분이 많아서 망설이기도 했지만, 해양법과 섬에 대한 그간의 연구성과들을 정리하여 여기에 조그만 연구결과를 내어놓는다. 우리나라의 국제해양법 연구와 독도연구에 일조가 되었으면 하는 마음이다. 본서의 출판을 기꺼이 맡아주신 세창출판사 임직원 여러분들께도 심심한 감사를 전한다.

2014. 6.

저 자

차 례

제 1 장 서 론

1. 섬의 중요성

한 국가의 영역은 그 국가의 주권이 미치는 공간인 영토, 영해, 영공으로 구성되지만, 그중에서 가장 중요한 것은 영토이다. 영토로부터 일정한 거리까지의 해대를 영해라 하고, 영공은 영토와 영해의 상공이므로, 영토는 국가의 영토주권이 미치는 공간의 원천인 것이다. 그런데 여기에서 말하는 영토에는 섬도 포함되는바, 섬 중에서도 면적이 넓고 많은 사람들이 정착해 살 수 있는 중요한 섬들은 옛날부터 육지영토와 비슷하게 대우를 받아 왔다.

이처럼 섬은 한 국가의 영토의 중요한 부분으로서 그 자체가 국가 간 영유권 분쟁의 대상이 되기도 하지만, 오늘날의 섬 문제는 주변해양에 대한 관할권 문제와 결부되어 발생하는 경우가 많다. 영토는 국가존립의 근거이자 국가적·민족적 자존심의 상징으로 인식되어 온 만큼 섬에 대한 영유권 분쟁은 종종 엄청난 폭발력을 발휘하여 국가 간 무력충돌의 직접적인 원인이 되기도 하지만, 도서영유권 문제의 기저에는 해양수역을 둘러싼 국가 간 이익의 충돌이 자리를 잡고 있는 경우가 많은 것이 오늘날의 현실이다.

이제까지 사람들은 지구를 육지를 중심으로 생각해 왔다. 실제로 바다의 면적은 3억 6105만㎢에 이르며 지구 표면적의 70.8퍼센트를 차지하고 있지만, 오랫동안 사람들의 생각은 육지중심적인 상태에 머물러 있었다. 하지만 해양은 오래전부터 수산물의 주요 공급원이었으며 국가와 국가를 연결하는 주요 교통로이었다. 오늘날 해양과학기술의 발달로 연근해와 원양의 수산자원은 물론이고 해저의 석유·가스와 같은 탄화수소 계열의 자원과 심해저의 망간단괴·해저열수광상까지 개발이 가능해지면서 해양은 진정한 '자원의 보고'로 인정받게 되었으며, 육상 및 항공 교통수단의 놀라운 발달에도 불구하고 바다의 국제적인 수송로로서의 역할은 위축되지 않고 있다. 해양의 이러한 중요성으로 인하여 옛날부터 "바다를 지배하는 자가 세계를 지배한다"는 말이 내려오고 있으며 해양의 미래를 낙관하기도 하지만, 해양이 줄 수 있는 바로 그러한 이익 때문에 해양은 종종 국가 간 분쟁의 원인이 되고 있다.

해양과학기술의 발달에 따라 인간의 관심과 활동영역이 연근해로부터 원양으로 그리고 얕은 바다로부터 깊은 바다로 확대되면서 해양에 대한 국가의 관심분야에도 변화가 있게 되었다. 과거에 바다는 주로 국가안보라는 관점에서 그 가치가 평가되었지만, 석유와 가스 등 해저자원의 탐사 및 개발을 위한 기술의 발달로 해저광물자원 개발이 가능해지고 냉동선과 공장선박의 등장으로 원양어업이 확대되면서 해양의 경제적 가치가 크게 높아졌다. 육상자원이 고갈되어가는 가운데 발달된 과학기술로 인하여 해양사용방법이 다양해지면서 연안국들은 보다 광범위한 해양수역에 대해 관할권을 주장하게 된 것이다. 그리하여 20세기 중반에 이르기까지 3해리 너비의 좁은 영해에 한정되어 있었던 연안국의 해양관할권은 이제 영해를 넘어서 배타적 경제수역(EEZ)과 대륙붕 제도를 통하여 200해리 또는 그 이원에까지 미치게 되었다. 이처럼 연안국의 해양관할권이 미치는 수역이 넓어지고 영토의 불가분의 일부인 섬 주변에도 연안국의 관할권이 미치는 광대한 해양수역이 설치되면서, 국제해양법상 섬의 중요성은 더욱 부각되었다.

섬은 바다가 아니며 한 국가의 육지영토의 일부이다. 따라서 대부분의 섬은 "육지가 바다를 지배한다"는 공리를 따라서 그리고 육지영토가 주변에 해양수역을 창설해내는 것과 동일한 방식으로 그 주변에 연안국의 관할권이 미치는 해양수역을 창설해 낸다. 문제는 본토에서 멀리 떨어져 있고, 면적이 작으며, 정치적·경제적으로 중요하지 않고, 인간의 거주에 부적합한 섬들도 영해·경제수역·대륙붕과 같은 해양수역에 대하여 동등한 권원을 가지며, 해양경계획정시에는 해양경계선에 대하여 육지영토와 동일한 효과를 가질 수 있는가 하는 점이다.

오늘날 지구상의 영토분쟁의 대부분은 도서영유권을 둘러싼 분쟁이다. 오늘날 지구상에 무주지는 존재하지 않지만, 국가 간에 영유권 분쟁이 있는 섬들은 세계 곳곳에 산재해 있다. 섬은 한 국가의 영토의 일부로서 그 고유의 가치를 가지지만, 오늘날 국제사회에서 섬이 가지는 중요성은 섬이 창설하게 되는 해양수역과 밀접하게 관련되어 있다. 결국 국제법에서 섬은 국가 간 영유권 분쟁의 대상으로서 그리고 섬의 해양수역에 대한 권원 및 해양경계선에 대한 효과와 관련하여 현실적인 문제를 제기하는 것이다.

2. 국제해양질서의 변화와 섬 문제

Churchill과 Lowe 교수는 국제법과 국내법을 불문하고 모든 법은 고립해서 존재하는 것이 아니며 그 법이 적용되는 '실제 세계'(real world)의 정치 · 경제 · 지리에 영향을 주기도 하고 그로부터 영향을 받아가면서 형성된다고 하였다. 그리고 그러한 현상이 두드러진 것은 특히 해양법 분야라고 하였다. 18세기 초부터 19세기 말까지 해양은 대부분 자유방임체제(*laisse-faire* regime) 아래에 있었다. 영해라 부르는 좁은 해대 너머의 공해는 모든 국가의 자유롭고 무제한한 사용에 개방되어 있었는데, 이는 해양을 통한 무역과 해외 식민지와의 자유로운 교류를 원하였던 당시 유럽 열강들의 이익을 반영한 것이었다. 해양의 자유방임체제는 당시 가장 중요한 해양사용방법인 통항과 어업의 자유 유지에 적합하였던 것이다.[01]

하지만 20세기 후반에는 이전의 자유방임체제가 근거하였던 전제조건들에 근본적인 변화가 있게 되었다. 그간 유럽국가들이 누려온 해양에서의 패권은 미국과 소련 그리고 제2차 대전 이후 대거 독립한 제3세계 국가들의 도전에 직면하였으며, 육상자원의 고갈로 해양자원에 대한 수요가 커지는 가운데 해양과학기술의 발달은 해양사용방법을 다양화하는 데에는 기여하였지만, 동시에 해양오염과 해양자원의 고갈을 우려하게 하였다. 특히 수산자원은 이제 더 이상 무제한한 자원이라 할 수 없게 되었으며, 해양은 모든 오염물질을 수용할 수 있을 만큼 넓지도 않음을 알게 된 것이다. 그리하여 해양오염을 방지하기 위하여 오염원에 대해서는 보다 엄격한 규제조치가 도입되었고,

01 R. R. Churchill, and A.V. Lowe, *The Law of the Sea*, Manchester University Press, 1999, p.2.

남획으로 인한 일부 수산자원을 멸종위기에서 구하기 위한 국제적인 합의들이 등장하였다.[02]

1982년 채택된 유엔해양법협약은 전통적인 해양자유의 원칙, 연안국들의 해양관할권 확대 욕구, 새로이 도입된 인류공동유산의 원칙, 해양자원개발의 필요성, 해양환경보호의 당위성과 같은 때로는 상호보완적이지만 때로는 서로 충돌되기도 하는 다양한 요구와 원칙들을 수렴하여 만들어진 '해양의 헌법' 이다. 그렇지만 공해자유나 인류공동유산(Common Heritage of Mankind) 원칙과 같은 해양의 공유물적 성격을 대표하는 원칙들은 국가들의 최근의 '해양의 영토화' 즉 해양에 대한 연안국 관할권 확대와 강화 경향 앞에 다소 위축된 모습을 보이고 있다.

오늘날 도서문제가 중요한 국제법적 이슈로 등장하게 된 배경에는 '해양의 영토화'라는 기존의 국제해양질서에 대한 거대한 도전이 자리를 잡고 있다. '해양의 영토화'란 오늘날 세계적인 차원에서 진행되고 있는 연안국들의 해양관할권 확대와 강화 움직임을 의미하는데, 이는 기존의 공해의 자유에 근거한 해양질서에 대한 심각한 도전이 되고 있다. 그로티우스의 해양자유론이 폐쇄해론과의 경쟁에서 승리한 이래 오랫동안 해양질서가 "좁은 영해, 넓은 공해"라는 패러다임 아래에 있었다는 것은 주지의 사실이다. 그러나 과학기술의 발달에 따라 해양사용방법이 다양해지고 원거리에 존재하는 천연자원 개발이 가능해진 데다가 국가들의 해양관할권 확대욕구가 거세지면서 해양질서에 관한 이러한 전통적인 패러다임은 커다란 위기에 직면하

02 *Ibid.*, pp.2-3.

게 되었다. 특히 1982년 유엔해양법협약의 채택과 효력발생을 계기로 연안국들의 '해양영토'에 대한 욕구와 기대가 높아지면서 국가들 사이에는 해양관할권 확대를 위한 경쟁과 견제가 치열하게 전개되고 있다. 연안국들의 해양관할권 확대와 강화는 그 주권적 권리(sovereign right)가 미치는 수역인 배타적 경제수역(EEZ)과 대륙붕을 통해서 주로 이루어지지만, 국제법상 광대한 수역을 가질 수 없는 작은 섬을 활용하여 시도되기도 한다.[03]

제3차 유엔해양법회의에서는 초기 단계에서 이미 배타적 경제수역과 군도수역을 도입하고 대륙변계를 따라서 대륙붕을 확대하기로 하는 등 연안국 해양수역의 확대와 강화에 관해 컨센서스가 이루어졌기 때문에, 섬 문제에 관하여는 보다 세밀한 합의가 필요하였다. 그리하여 유엔해양법협약은 곳곳에 섬 문제에 관한 규정들을 두었으나, 협약이 섬의 해양수역에 대한 권원을 확정하고 해양경계획정시 섬의 효과를 정하는 데 분명한 해답을 제공한 것은 아니다. 특히 협약 제121조 섬 제도에 관한 규정은 매우 중요한 것이지만, 섬을 정의하고 섬의 해양수역에 대한 권원을 결정하는 데 충분한 것은 아니다. 섬과 관련이 있는 국가 간의 분쟁은 결국 섬 자체에 대한 영유권 분쟁과 해양경계획정시 섬이 가지는 효과를 정하는 데 관한 것인데,[04] 대부분은 무인도와 같은 소도나 간출지 같은 작은 해양지형과 관련이 있다. 따라서 분쟁도서 중에는 섬 그 자체의 가치보다는 주변 해양수

03 이석용, "연안국 해양수역확대가 국제해양질서에 미치는 영향," 『안암법학』, 통권 제31호, 2010, pp.321-322.

04 Robert W. Smith, and Bradford L. Thomas, *Island Disputes and the Law of the Sea: An Examination of Sovereignty and Delimitation Disputes*, Maritime Briefing, vol. 2, no. 4, IBRU, 1998, pp.1-2.

역의 각종 생물·무생물자원의 가치가 월등히 높은 경우가 많으며, 영유권 분쟁도 실제로는 문제의 섬에 대한 영유권 획득시 기대되는 해양자원 때문에 더욱 치열하게 전개되는 경우가 많다.

3. 동아시아 도서문제와 독도

〈지도 1-1〉은 세계 주요 분쟁도서와 분쟁당사국을 표시한 것이다. 지도에는 1990년대 말을 기준으로 28개 분쟁도서가 표시되어 있으나, 그 사이 말레이시아와 인도네시아 간 Sipadan과 Ligitan 섬 분쟁과 카타르와 바레인 간 Hawar 섬 분쟁처럼 일부 분쟁은 국제사법재판소(ICJ)의 판결 등을 통하여 해결되었다. 그럼에도 불구하고 지도는 아직도 진행 중인 수많은 도서관련 분쟁을 보여주고 있다.

섬을 둘러싼 국가 간 갈등이 가장 심한 지역 중의 하나가 우리나라가 위치한 동아시아이다. 1958년 대륙붕협약과 1982년 해양법협약에 의하여 도입된 대륙붕과 배타적 경제수역(Exclusive Economic Zone: EEZ)을 통해 연안국의 해양관할권이 확대되면서, 동북아시아에서도 조어도(중국-일본), 남쿠릴열도(러시아-일본), 독도(한국-일본)에 대한 영유권을 둘러싼 국가 간의 갈등이 증폭되어 왔으며, 동남아시아에서는 남중국해에 위치한 조그만 도서들을 둘러싼 중국을 포함한 동남아시아 국가 간의 도서영유권 주장이 중복되면서 국가 간의 갈등이 심화되고 있다.

오늘날 도서영유권과 해양수역 문제가 동북아시아 국가 간의 관계에서 중대한 현안으로 등장하게 된 데에는 몇 가지 원인이 있다. 첫째는 복잡한 해양지리이다. 이곳에는 많은 섬과 반도가 산재해 있어 해안선이 복잡하며, 황해·동중국해는 모두 반폐쇄해(semi-enclosed

DISPUTE :	DISPUTANTS :
Abu Musa & the Tunbs	Iran - United Arab Emirates
Clipperton Island	France - Mexico
Corisco Bay, several islets	Equatorial Guinea - Gabon
Diego Garcia	Mauritius - United Kingdom
Falkland Islands / Islas Malvinas, South Georgia & the South Sandwich Islands	Argentina - United Kingdom
Farasan Islands (southern part)	Saudi Araba - Yemen
Hanish Islands	Eritrea - Yemen
Hans Island	Canada - Denmark
Hawar Islands	Bahrain - Qatar
Imia (Kardak) Rocks	Greece - Turkey
Juan de Nova, Bassas da India, Europa, Glorioso & Tromelin Islands	France - Madagascar
Liancourt Rocks (Takeshima or Tok - do)	Japan - South Korea
Machias Seal Island / North Rock	Canada - United States
Matthew & Hunter Islands	France - Vanuatu
Mayotte	Comoros - France
Navassa Island	Haiti - United States
"Northern Territories"	Japan - Russia
Paracel Islands	China - Vietnam
Peñon de Alhucemas, Peñon de Velez de la Gomera, Isle Chafarines	Morocco - Spain
Pulau Batu Puteh, Pulau Pisang	Malaysia - Singapore
Qaruh & Umm al Maradim	Kuwait - Saudi Arabia
San Andres y Providencia	Colombia - Nicaragua
Sapodilla Cays	Belize - Guatemala - Honduras
Senkaku Islands (Diaoyu Tai)	China - Japan
Sipadan & Ligitan Islands	Indonesia - Malaysia
Spratly Islands	China - Malaysia - Philippines - Vietnam
South Talpatty Island	Bangladesh - India
Tromelin Island	France - Mauritius - Saychelles - Madagasc:

〈지도 1-1〉 세계의 분쟁도서와 당사국
출처: Smith and Thomas, p.3.

sea)이다. 더구나 동북아시아 바다의 대부분은 하나의 대륙붕으로 연결되어 있고 자원의 부존가능성이 높아서 국가 간의 원만한 합의에 의한 해양문제 해결을 기대하기가 어렵다. 둘째는 동북아시아의 특수한 역사적·국제정치적 배경이다. 근대 이후 동북아시아 지역은 다른 아시아·아프리카 지역과 마찬가지로 서구열강의 제국주의적 침략의 대상이 되었는데, 특히 한국과 중국은 일본 제국주의의 희생물이었다. 제2차 대전의 종전과 함께 시작된 동서냉전의 그림자가 동북아시아 지역에 강하게 투명되면서, 동북아시아 국가 간의 도서문제는 보다 큰 대결구도인 동서 양진영 간의 대립 가운데 묻히게 되어 국가 간의 관련 문제 해결을 위한 대화조차도 제대로 시작될 수 없었다. 셋째는 동북아시아 국가 간의 역사논쟁과 민족감정의 충돌이다. 한국과 일본, 중국과 일본, 한국과 중국 간의 해양영토분쟁은 과거사에 대한 인식 문제와 깊게 연결되어 있다. 속성상 국가 간의 해양영토 분쟁은 민족의 자존심과 결부되어 확산되어가는 경향이 있는바, 그러한 악순환이 동북아시아에서 섬의 영유권과 해양문제를 기화로 발생하여 국가 간의 정상적인 대화를 방해하고 있는 것이다.

우리나라가 안고 있는 섬 또는 섬과 유사한 해양지형에 관한 문제로는 독도를 둘러싼 일본과의 갈등과 이어도를 둘러싼 중국과의 문제가 있다. 그러나 이어도는 수중암초에 불과하므로 국제법상의 섬이 아니며 간출지도 아니다. 더구나 한국과 중국의 공식입장은 이어도 문제는 도서영유권 문제가 아니라 해양경계획정 문제라고 보고 있다. 따라서 우리나라의 도서문제중에서 절대적으로 중요한 것은 독도문제라고 하겠다.

국제법적인 관점에서 볼 때 섬의 문제란 섬 자체에 대한 영유권 문제와 섬의 해양수역 문제라고 할 수 있음은 이미 설명한 바와 같다. 그것은 독도의 경우에도 마찬가지이어서, 독도문제도 결국 독도 자체에 대한 영유권 문제와 독도주변 해양수역에 관한 문제인 것이다. 독도에 대한 영유권은 그 어떠한 기준을 적용하든지 대한민국에 속하는 것이지만, 이 문제는 상대방이 있는 문제이어서 일본이 영유권 주장을 포기하지 않는 한 국제법적으로는 완전한 해결에 이르렀다고 할 수가 없다. 따라서 독도영유권 문제에 관해서는 철저하고 다각적인 대처가 필요한데, 이 문제와 관련해서는 시원적 권원, 선점, 시효, 실효적 지배 등 다양한 문제에 대한 국제법적인 검토가 필요하다. 독도는 영해는 물론 경제수역과 대륙붕을 가질 수 있는 섬이라고 할 수 있지만, 독도와 일본의 오키도 사이를 지나는 중간선이 자동적으로 한일 양국 간 해양경계선이 되기는 용이하지 않다는 점에서 대응방안 마련이 필요하다. 독도의 해양수역과 관련해서는 독도가 가질 수 있는 해양수역에 관한 문제 즉 해양수역에 대한 권원 문제부터 시작하여 독도주변 수역에 적합한 경계획정방법, 해양경계획정시 독도가 해양수역 경계선에 미치는 영향 등에 대한 연구가 필요하다.

제 2 장 국제법상 도서제도의 발달과정

국제관계에서 국가영역은 매우 중요한 문제이다. 전통국제법의 가장 중요한 임무는 영토에 근거하여 주권행사의 범위를 정하는 것이었으며, 국가에 대한 정의에는 그 필수적인 요소로서 어느 정도 분명한 영토를 가지고 있어야 한다는 조건이 포함되어 있었다.[01] 따라서 전통적으로 국제법의 가장 중요한 임무의 하나는 국가 간 영토와 해양의 경계선을 분명히 하여 국제분쟁을 방지하고, 분쟁이 발생하는 경우에는 이를 평화적으로 해결하기 위한 방법을 마련해 두는 것이었다.

과거로 거슬러 올라가보면 국제관계에서 섬은 주로 영토문제로 파악되었으며, 주변 해양수역과의 관련성은 그리 중요하게 생각되지 않았다. 전통적으로 섬은 국가영토의 불가분의 일부로 다루어져 왔으며 특히 면적이 넓고 다수의 주민들이 살고 있는 섬은 육지영토와 비슷하게 취급되었다. 해양수역의 원천으로서의 섬의 가치가 인정받기 시작한 것은 그리 오래되지 않았다.

실제로 해양이익과 관련하여 도서문제를 국제사회의 주요 관심사

01 R. Y. Jennings, *The Acquisition of Territory in International Law*, Manchester University Press, 1963, p.2. 국제법에서 가장 중요한 규칙의 하나는 그 어느 국가도 다른 국가의 영토에서 자신의 주권을 행사하면 안 된다는 것이며, 다른 국가의 영토보전에 반하는 방법으로 무력을 행사하는 것은 국제법에 대한 중대한 위반이라는 것이다.

가 되게 한 것은 대륙붕과 배타적 경제수역(EEZ) 제도의 등장이었다. 특히 해양법협약은 연안국에게 기선에서 200해리까지 경제수역을 설치할 수 있게 하였는바, 협약에 의하면 암석(rock)에 속하지 아니하는 모든 국제법상의 섬들은 그 주변에 경제수역을 가질 수 있게 된 것이다. 이러한 광대한 경제적 관할권의 등장은 세계 도처에서 섬의 영유권을 둘러싼 국가 간 분쟁을 촉발하였으며, 인접국이나 대안국들은 경제수역 경계획정시 섬의 처리 방법을 둘러싸고 첨예하게 대립하는 경우가 많아지게 되었다.[02]

미국 국무성의 Geographer이었던 하지슨(Hodgson)은 그의 논문 「섬: 정상적 그리고 특별한 상황」(Islands: Normal and Special Circumstances)에서 섬이 야기하는 국제분쟁을 간결하게 표현하였다. 그는 섬은 때로는 경계획정에 있어서 그리고 때로는 영유권과 관련하여 문제를 야기한다는 것이다. 국가 간의 관계에서 섬 문제가 발생한다면 그것은 대부분 섬에 대한 영유권 문제 또는 섬 주변의 해양경계선 문제인 것이다.[03] 오늘날 지구상에 무주지는 존재하지 않으며 국제분쟁 대상으로 남아 있는 영역 중에는 사람의 거주가 불가능한 섬들이 다수 포함되어 있다. 경제수역의 등장으로 연안국들의 관할권이 연안에서 200해리까지 확대되어 섬들의 경제적 가치가 증대되면서 작은 섬을

02 R. W. Smith and B. Thomas, "Island Disputes and the Law of the Sea: An Examination of Sovereignty and Delimitation Disputes," in M. H. Nordquist and J. N. Moore (eds.), *Security Flashpoints*, Martinus Nijhoff Publishers, 1998, pp.55-56. 섬은 국가영토의 불가분의 일부이므로, 국제법은 여러 가지 점에서 섬을 육지영토와 동등하게(equal) 취급하는 전통을 수립해 왔다. 그러나 이러한 동등한 대우의 원칙은 때때로 도전을 받게 되는바, 특히 200해리 경제수역의 등장 이후 섬의 크기와 위치, 경제적·정치적 지위 등을 이유로 육지영토와의 차별적인 대우를 주장하는 견해가 설득력을 얻게 되었다.

03 R. D. Hodgson, "Islands: Normal and Special Circumstances," in J.K. Gamble and G. Pontecorvo (eds.), *The Law of the Sea: The Emerging Regime of the Oceans*, Ballinger Publishing Co., 1973.

둘러싼 영유권분쟁도 더욱 심화되고 있는 것이다.

1945년 트루먼선언 이후 대륙붕이 제도화되기 이전까지 해양법의 관심은 주로 영해에 집중되어 있었고, 제3차 유엔해양법회의도 섬을 자체의 영해 창설능력에 의해 정의하고 필요한 경우에는 예외를 인정하는 방식을 취하였기 때문에, 섬의 정의는 그간의 섬제도의 발달과정과 밀접하게 연결되어 있다. 하지만 오늘날 섬의 해양수역 중에서 보다 중요한 것은 영해보다는 경제수역과 대륙붕이다. 제3차 유엔해양법회의를 기준으로 그 이전과 이후의 국제법상 도서제도의 발달과정을 살펴본다.

제1절 | 제3차 유엔해양법회의 이전

1. 제1차 유엔해양법회의 이전

근대적 의미에서의 영토개념은 명확한 영토를 소유한 주권국가들이 이전까지 국제사회의 주역이었던 신성로마제국과 교황을 대체해가던 16, 17세기이후 등장하였으며, 당시부터 국가는 자국해안에 인접한 해양에서에 활동을 규제할 수 있는 주권을 갖는다는 것이 널리 인정되었다. 따라서 17세기 해양자유론과 폐쇄해론 간에 대논쟁이 있었을 때 해양자유론의 옹호자이었던 그로티우스도 모든 바다가 모두의 사용에 자유롭게 개방된다고 주장하지는 않았다.[04]

04 R. R. Churchill and A. V. Lowe, *The Law of the Sea*, Manchester University Press, 1999, p.71. 그로티우스는 소유권(dominium)과 관할권 또는 통제권(imperium)을 구분하였던 14세기 이태리 민법학자 발두스(Baldus)의 주장을 따라서 공해에 대한 소유권은 부인하되 육지로부터 효과적으로 통제되어지는 연근해에 대한 관할권은 인정하였다.

국제법의 성문화를 위하여 1930년 개최된 헤이그성문화회의(Hague Codification Conference)는 해양법과 관련하여서는 주로 영해 문제를 다루었지만, 섬을 국제법적으로 정의하기 위한 첫 번째 시도가 있었다. 회의에서 영국과 호주는 항상 만조점 위에 존재하는 점유와 사용이 가능한 해양지형을 섬이라 정의해야 한다고 주장하였으며, 미국은 만조시 수면 위에 솟아 있고 물로 둘러싸여 있는 자연적으로 형성된 해양지형을 섬으로 보아야 한다고 하였다. 결국 국제법상의 섬이 되려면 점유와 사용이 가능해야 한다는 영국 등의 주장은 수용되지 않았고, 헤이그회의 제2위원회 제2소위원회는 "모든 섬은 영해를 갖는다. 섬이란 항상 만조점 위에 존재하는 물로 둘러싸인 육지지역이다"라는 정의를 채택하였다.[05] 그런데 성문화회의 전문가위원회소위원회(Sub-Committee of the Committee of Experts)에서는 원래 만조 시에는 수면아래 잠기지만 간조 시에는 수면 위에 나타나는 간조노출지 또는 간출지(low-tide elevation)도 섬에 포함시키려고 하였었다. 그러나 소위원회가 작성한 초안에 대해 두 가지 입장이 대립하였으니, 섬은 만조시 수면 위에 있어야 한다는 주장과 간조시 수면 위에 있으면 섬으로 인정해야 한다는 주장이 대립하였던 것이다. 그 결과 만조시 수면 위에 있는 섬에만 영해를 인정하되, 영해 내의 간출지는 영해기선 설정 시 이를 고려하기로 하는 선에서 타협이 이루어졌다.

헤이그성문화회의 이후 학자들은 회의가 채택한 섬의 정의에 대하여 다양한 평가를 내어 놓았다. Gidel은 섬은 조직된 인간그룹들의 안정적인 거주를 가능하게 하는 자연조건을 갖추고 있어야 한다고

05 Hiran W. Jayewardene, *The Regime of Islands in International Law*, Martinus Nijhoff Publishers, 1990, pp.3-4.

하여 성문화회의의 입장에 반대하였으며, Johnson 역시 섬의 정의 중에서 '육지지역'(area of land)이란 수면 위에 존재하는 상당한 넓이의 육지이어야 하므로 조그만 암석들을 섬으로 인정하면 안 된다고 하여 회의의 결과에 비판적이었다. 반면에 유엔국제법위원회 특별보고자이었던 François는 헤이그회의가 채택한 섬의 정의를 옹호하였다.[06]

2. 국제법위원회와 제1차 유엔해양법회의

20세기 중반에 접어들면서 국가들은 해양과학기술의 발전을 통해서 접근이 가능해진 해양자원 확보에 관심을 가지게 되었으며, 자원에 대한 배타적인 접근권을 보장받기 위하여 관할권을 확대하였다. 특히 미국의 트루먼 대통령은 1945년 9월 28일 대륙붕 자원과 연안의 어족자원에 대한 연안국의 관할권을 주장하는 두 개의 선언(proclamation)을 발표하였는데, '대륙붕선언'에서는 미국은 대륙붕에 인접해 있는 국가의 대륙붕의 지하와 해저의 천연자원에 대한 관할권 행사는 자원 활용의 효율성 확보와 대륙붕이 연안국 대륙괴(land mass of the coastal nation)의 연장이란 근거에서 합리적이고 정당하다고 하였다.[07]

국제법위원회(International Law Commission)는 국제법의 성문화와 발전을 위해 설립된 유엔의 보조기관으로 해양법의 성문화를 우선적으로 추진하였다. 1949년 시작된 국제법위원회의 해양법 성문화작업은 1956년 「해양법조문과 주석」(Articles Concerning the Law of the Sea with

06 Derek W. Bowett, *The Legal Regime of Islands in International Law*, Oceana Publications Inc., 1979, pp.8-9. 1954년 국제법위원회에서 Lauterpacht가 섬은 실효적 점유와 통제가 가능해야 한다는 조건을 부가하자고 제안하였을 때, François는 이에 반대하였다. 결국 라우터팍트의 제안은 철회되었고, 제1차 유엔해양법회의에서도 섬의 정의와 관련하여 거주가능성 문제는 등장하지 않았다.

07 Policy of the United States with Respect to the Natural Resources of the Subsoil and Sea Bed of the Continental Shelf, United States Presidential Proclamation 2667, Sep.28, 1945.

Commentaries)을 채택함으로써 일단 결실을 보았다.[08] 그런데 국제법위원회 특별보고자 François는 1952년 영해체제에 관한 그의 첫 번째 보고서에 헤이그성문화회의 제2위원회가 작성한 섬의 정의를 포함시켰으며, 그 문안은 1953년 작성된 그의 두 번째 보고서에도 등장하였다. 1954년에 작성된 그의 세 번째 보고서에서는 파일 위에 지은 주거들도 섬의 범주에 포함시키려 하였으나, 다른 위원들의 반대로 철회되었다. 특히 1954년 국제법위원회 회의에서 라우터팍트(Lauterpacht)는 섬은 실효적 점유와 통제가 가능하여야 한다는 조건을 첨부하자고 하면서, '항상 수면 위에'(permanently above high-water mark)라는 말 앞에 '정상적인 상황에서'(in normal circumstances)라는 말을 삽입하자는 수정안을 제출하였다.[09] 결국 국제법위원회는 1956년 해양법에 관한 초안에서 섬이란 "정상적인 상황에서 항상 만조점 위에 있는 물로 둘러싸여 있는 육지지역"(an area of land, surrounded by water, which in normal circumstances is above water at high tide)이라고 정의하였다.

1958년 제1차 유엔해양법회의(UNCLOS I)는 제네바에서 개최되었는데, 총86개국이 참가하여 당시로는 초대형 국제회의이었다. 회의에서는 「영해 및 접속수역에 관한 협약」(The Convention on the Territorial Sea and the Contiguous Zone, 영해협약), 「공해에 관한 협약」(The Convention on the High Seas, 공해협약), 「공해상 어업 및 생물자원보존 협약」(The Convention on Fishing and Conservation of the Living Resources of the High Seas), 「대륙붕에 관한 협약」(The Convention on the Continental Shelf, 대륙붕협약)이

08 Donald R. Rothwell and Tim Stephens, *The International Law of the Sea*, Hart Publishing, 2010, p.6.

09 Bowett, *op.cit.*, pp.8-9; Jayewardene, *op.cit.*, p.4; *ILC Yearbook*, 1954, p.93.

채택되었다. 이 중에서 영해협약과 공해협약은 주로 기존의 국제관습법 규칙을 성문화한 것이었지만, 「공해상 어업 및 생물자원보존 협약」은 어업기술의 발달로 인한 해양생물자원 남획에 대한 우려를 반영하여 체결되었고, 「대륙붕협약」은 해저석유 탐사·개발기술의 발달을 반영하여 채택된 것이다. 특히 대륙붕협약은 1945년 트루만선언 이후 단기간에 이루어진 국제법의 발전을 수용한 것으로 연안국 해양관할권의 급속한 팽창을 가져오는 계기가 되었다. 그런데 영해협약은 영해의 너비를 확정하지 못하는 치명적인 약점을 가지고 있었고, 대륙붕협약은 대륙붕 외측한계 설정을 위한 기준으로 200미터 수심과 함께 도입된 개발가능성은 모호하여 선진국을 이롭게 할 뿐이라는 비판에 직면하였다.[10] 이러한 약점에도 불구하고 제1차 유엔해양법회의가 채택한 4개의 협약들은 오늘날의 국제해양법의 기초를 다진 것으로 평가되며, 관습법 규칙에 의존해온 국제해양법을 다자조약에 근거한 보편적 규범으로 바꾸어 놓았다는 점에서 높이 평가되고 있다.

그런데 제1차 유엔해양법회의에서는 국제법위원회가 작성한 초안이 아닌 미국의 제안에 기초한 섬의 정의를 채택하였다. 회의에서 미국은 초안 제10조의 섬에 관한 정의를 수정하여 "섬은 만조시 수면 위에 존재하는 물로 둘러싸인 자연적으로 형성된 육지지역이다"(An island is a naturally-formed area of land, surrounded by water, which is above water at high tide)라고 하자고 하였다.[11] 이 제안은 국제법위원회가 작성한 초안의 섬의 정의에 '자연적으로 형성된'(naurally formed)이란 말을 첨

10 Rothwell and Stephens, *op.cit.*, pp.7-9.

11 UN Doc.,A/Conf.13/C.1/L.112.

가하고, '항상'(permanently)이란 형용사와 '정상적인 상황에서'(in normal circumstances)라는 말을 삭제하자는 것이었다.[12] 회의는 미국의 이러한 제안을 수용하였으니, 1958년 영해협약은 제10조 1항에 다음과 같은 규정을 두게 되었다.

> 섬은 만조시 수면 위에 존재하는 물로 둘러싸인 자연적으로 형성된 육지지역이다(An island is a naturally formed area of land, surrounded by water, which is above water at high tide).

대륙붕은 1945년 미국이 트루먼선언을 통해 대륙붕에 대한 연안국의 관할권을 주장한 이래 많은 국가들의 유사한 조치가 뒤따르게 되면서 일종의 관습법적인 제도가 된 데 이어, 제1차 유엔해양법회의에서는 대륙붕협약이 채택됨으로써 성문화된 국제법상의 제도가 되었다. 대륙붕협약에 의하여 연안국의 해양관할권은 수심 200미터와 개발가능성이란 기준을 따라서 먼 바다까지 미치게 되었는데, 이와 관련하여 섬의 지위와 역할이 문제가 되었다. 특히 1958년 대륙붕협약에는 대륙붕을 창설할 수 있는 섬의 조건에 관한 규정이 없었기 때문에, 대륙붕을 가지기 위한 섬의 조건과 경계획정시 섬의 역할에 대하여 많은 논의가 있게 되었다.

12 미국은 국제법위원회 초안의 섬의 정의에 의하면 인공섬이 섬에 포함되면 바람직하지 못한 방법으로 영해가 확장되고 그에 따라 공해의 자유가 훼손될 것이므로, '자연적으로 형성된'이란 조건을 첨가하여 인공섬은 해양공간을 갖지 못하게 해야 한다고 하였다. 또한 초안의 '정상적인 상황에서'라는 말과 '항상'이란 말은 상충되므로 삭제해야 한다고 하였다.

제2절 | 제3차 유엔해양법회의 이후

1. 제3차 유엔해양법회의

제1,2차 유엔해양법회의 이후 제3차 유엔해양법회의가 개최되기까지 해양과학기술의 발달과 그에 따른 해양사용 방법의 다양화로 국제해양질서에는 근본적인 변화가 있었다. 원양어업의 발달로 새로운 해양생물자원보호제도의 필요성이 제기되는 가운데 200해리에 이르는 광대한 수역에 대해 연안국의 배타적인 경제적 관할권이 자리를 잡아갔으며, 심해저자원 개발기술의 발달로 공해와는 별도로 심해저와 그 자원의 법적 지위와 개발체제를 정립하기 위한 제도가 필요해졌고, 연안국 해양관할수역의 확대에 따라 새로운 통항제도의 도입이 요구되고 있었다. '공유물의 비극'(tragedy of the commons)에 노출된 해양환경 보호를 위하여 새로운 국제적인 합의가 필요하다는 인식의 확산과 제2차 대전 이후 신생국들의 국제무대 등장 그리고 해양과학기술의 급속한 발달 역시 기존의 해양질서의 개편을 촉진하는 요인이었다. 특히 1960년대 이후 국제사회에 대거 등장한 신생국들은 그들의 국익에 비추어 기존의 국제해양질서를 평가하기 시작하였으며, 국제무대에서는 수적인 우위를 바탕으로 막강한 교섭력을 과시하기도 하였다. 원양어업기술의 발달로 연안국들의 어업이 위협을 받게 되고 관련 해양과학기술의 발달로 망간단괴 등 심해저자원의 개발이 가능해지자, 그들은 단결하여 경제수역과 같은 새로운 해양관할권 제도를 창설하는 데 기여하였고 심해저와 그 자원을 '인류의 공동유산'(common heritage of mankind)으로 만드는 데에도 성공하였다.[13]

제3차 유엔해양법회의(UNCLOS III)가 개최된 직접적인 계기는 몰타 출신 파르도(Arvid Pardo)가 1967년 유엔총회에서의 연설에서 심해저와 그 자원을 '인류의 공동유산'(Common Heritage of Mankind)으로 하자고 제안한 것이었다. 심해저위원회를 거쳐 1973년 시작된 제3차 유엔해양법회의는 1982년 4월 30일 「유엔해양법협약」을 채택하였으며 협약은 동년 12월 10일 서명을 위해 개방되었다.[14]

제3차 유엔해양법회의에서는 배타적 경제수역과 대륙붕, 군도수역을 통한 국가의 해양관할권 확대가 이루어졌기 때문에 1958년 영해협약에 도입된 섬의 정의에 대한 재검토가 필요해졌다. 특히 대륙붕과 경제수역을 통하여 조그만 섬에도 매우 넓은 해양공간을 부여하게 되는 데 따른 비형평의 문제가 제기되어 일부 작은 섬들의 경제수역과 대륙붕을 제한하는 문제가 논의되었다.

지리적인 섬들을 주로 섬의 면적을 기준으로 구분하여 조그만 섬의 해양수역 특히 대륙붕과 경제수역을 제한하여야 한다는 주장은 Hodgson이나 Ely 같은 학자들에 의하여 제기된 바 있다. Hodgson과 Ely는 섬의 면적과 인구·본토와의 거리를 고려하여 그에 상응하는 지위를 부여해야 한다고 하였다. Hodgson은 섬의 가치는 섬의 주민들에 대한 유용성으로부터 나온다고 하였다. 그리고 이러한 유용성은 인간의 거주가능성에 의해 판단되기 때문에, 섬의 표면적이 중요한 요소가 된다고 하면서, 섬을 표면적에 의하여 4가지로 구분

13 이석용, 『국제법』 제4정판, 세창출판사, 2011, pp.298-299.

14 해양법협약은 60번째 비준서나 가입서가 기탁된 날로부터 12개월 후 효력발생에 들어가도록 되어 있는바, 심해저 자원개발 관련 규정에 대하여 불만을 가지고 있던 미국 등 서방국가들의 거부로 해양법협약의 장래에 대해 한때 비관적인 예상들이 널리 퍼지기도 하였다. 그러나 협약은 1994년 11월 16일 효력발생에 들어갔으며, 2014년 4월 현재 166개 국가가 당사국이다.

하고 그에 상응하는 지위를 부여하자고 하였다. 그는 암석(rocks)은 0.001평방마일 이하의 협소한 면적을 가진 섬으로 인간의 거주에 적절하지 못하기 때문에 그 가치는 무시해도 좋다고 하였으며, 소도(islets)는 0.001평방마일 이상 1평방마일 이하의 면적을 가지며 일정한 조건하에서 제한된 범위의 사람들의 거주를 가능하게 한다고 하였다. Isles는 1평방마일 이상 1000평방마일 이하의 면적을 가진 섬으로 상당수의 주민들이 거주할 수 있는데, 서사모아나 나우루, 통가의 주요 섬들이 이에 해당된다고 하였으며, 마지막으로 섬(islands)은 1천 평방마일 이상의 면적을 가지며 대륙의 법적·지리적 특성을 갖고 있는 섬으로 영국, 아이슬란드, 쿠바의 주요 섬들이 여기에 해당된다고 하였다.[15] Ely는 섬의 법적 성격을 결정하기 위해서는 섬의 면적과 인구·해저면적과 해안선길이의 비례성을 고려해야 한다고 하였다. 그는 면적이 작은 섬들도 경제적으로 중요하고 인구가 밀집되어 있는 경우가 있기 때문에 섬의 면적을 절대적인 기준으로 하는 데에는 반대하였지만, 본토에서 멀리 떨어져 있거나 섬을 수비하는 사람들만 거주하고 있는 섬의 해양수역은 제한해야 한다고 하였다.[16]

섬들을 면적을 기준으로 구분하고 작은 섬에 대한 차별대우를 주장하는 국가들의 입장은 제3차 유엔해양법회의 이전 심해저위원회(Seabed Committee)에서부터 표명되었다.[17] 1968년 회의를 시작하여

15 Hodgson, *op.cit.*, pp.150-151.

16 N. Ely, "Seabed Boundaries between Coastal States: The Effect to be Given Islets as Special circumstances," *International Law*, vol. 6, 1972, pp.232-235.

17 J. M. Van Dyke and R. A. Brooks, "Uninhabited Islands: Their Impact on the Ownership of the Ocean's Resources," *Ocean Development and International Law*, vol. 12, 1983, pp.279-281.

1973년 심해저위원회의 작업이 마무리될 때까지 각국이 표명한 섬 문제에 관한 입장을 보면 각국이 처한 환경에 따라 그 주장에 상당한 차이가 있음을 보게 된다. 일반적으로 개발도상국과 지리적 불리국은 섬의 크기와 인구 · 위치 등을 고려하여 섬의 해양공간을 적절히 제한할 것을 주장한 데 비하여, 도서국가들과 많은 섬을 가지고 있는 국가들은 섬의 해양수역도 육지영토에 적용되는 것과 동일한 방법에 의하여 설정되어야 한다고 하였다.[18]

섬을 여러 가지로 분류하여 일부 섬의 해양수역을 제한할 것을 주장하는 입장과 육지의 해양수역과 섬의 해양수역 간의 차별에 반대하는 입장 간의 대립은 제3차 유엔해양법회의에서도 재현되었다. 제3차 유엔해양법회의에서도 도서문제가 이처럼 첨예한 국가 간 관심사항으로 등장한 것은 해양에 대한 국가들의 관점의 변화에 비추어 볼 때에 당연한 것이었다. 자원부족시대를 맞이하여 국가들의 해양에 대한 관심이 안보적인 차원에서 경제적인 관점으로 바뀌고, 해양에 대한 인식이 부수적인 것에서 본질적 · 영토적인 것으로 바뀌면서 나타난 현상이라 볼 수 있기 때문이다. 즉 섬은 항상 국가의 필수적 구성요소인 영토의 일부일 뿐 아니라, 해양에 대한 국가주권과 관할권의 확대와 강화를 가능하게 하는 기초로 받아들여지게 되었기 때문이다.

해양법회의 기간 중 도서문제에 대한 실질적인 토의는 1974년 카라카스회의에서 집중적으로 이루어졌다. 도서국가들과 중요한 섬을 가지고 있는 국가들은 모든 섬은 육지영토와 동일한 해양수역을

18 Clive Ralph Symmons, *The Maritime Zones of Islands in International Law*, Martinus Nijhoff, 1979, pp.12-13.

가져야 하며, 육지영토에 적용되는 것과 동일한 방법으로 섬의 해양수역도 설정되어야 한다고 하였다. 그리스는 1974년 카라카스회기에 제출한 「섬제도와 기타 관련문제들에 관한 초안」(Draft Articles on the Regime of Islands and other Related Matters)에서 섬을 1958년 영해협약의 규정과 동일하게 정의하자고 하면서, 국가영토의 불가분의 일부인 섬의 해양수역은 육지영토의 해양수역에 관한 규정과 동일한 규정에 의해 설정되어야 한다고 하였다.[19] 뉴질랜드를 비롯한 태평양상의 도서국가들도 「섬과 외국의 지배나 통제하에 있는 영토에 관한 초안」(Draft Articles on Islands and on Territories under Foreign Domination or Control)을 제출하여, 1958년 영해협약의 섬에 관한 정의를 그대로 유지하고 섬도 다른 육지영토와 마찬가지 방식에 의해 자체의 영해와 경제수역, 대륙붕을 창설할 수 있게 해야 한다고 하였다.[20]

19 그리스의 「섬제도와 기타 관련문제들에 관한 초안」(Draft Articles on the Regime of Islands and other Related Matters)의 내용은 다음과 같다. U.N. Doc. A/Conf.62/C.2/L.50(1974).

Article 1

1. An island is a naturally formed area of land, surrounded by water, which is above water at high tide.
2. An island forms an integral part of the territory of the State to which it belongs.
3. The foregoing provisions have application to all islands, including those comprised in an island State.

Article 2

1. The sovereignty and jurisdiction of a State extends to the maritime zones of its islands determined and delimited in accordance with the provisions of this Convention applicable to its land territory.
2. The sovereignty over the island extends to its territorial sea, to the air space over the island and its territorial sea, to its sea-bed and the subsoil thereof and to the continental shelf for the purpose of exploring it and exploiting its natural resources.
3. The island has a contiguous zone and an economic zone on the same basis as the continental territory, in accordance with the provisions of this Convention.

20 피지, 뉴질랜드, 통가, 서사모아의 「섬과 외국의 지배나 통제하에 있는 영토에 관한 초안」(Draft Articles on Islands and on Territories under Foreign Domination or Control)의 주요 조문은 다음과 같다. UN Doc. A/Conf.62/C.2/L/30(1974).

A. Islands

1. An island is a naturally formed area of land, surrounded by water, which is above water at

반면에 섬을 여러 가지로 분류하여 섬에 부여될 해양수역을 섬의 면적 등에 비추어 적절히 규제하기를 원하였던 국가들도 나름대로 초안을 작성하여 제출하였다. 루마니아는 「소도 및 소도와 비슷한 섬들의 정의 및 제도에 관한 초안」(Draft Articles On Definition of and Regime applicable to Islets and Islands similar to Islets)을 제출하여, 면적 1평방킬로미터 이하의 섬을 '소도'(islet)라 하고 이보다는 넓지만 사람이 항구적으로 거주할 수 없거나 스스로의 경제생활을 유지할 수 없는 섬은 '소도와 유사한 섬'(island similar to an islet)이라고 하여 이들의 해양수역을 제한하자고 하였다. 루마니아는 제안에서 소도와 소도와 유사한 섬은 해양수역의 확장을 위해 원용될 수 없다고 하면서, 다른 국가의 영해, 대륙붕, EEZ에 위치한 그러한 섬들의 해양수역은 다른 국가와의 합의 또는 기타 평화적 분쟁해결 수단에 의해 정해져야 한다고 하였다.[21, 22] 터키도 「섬제도에 관한 초안」(Draft Articles on the Regime of

high tide.

2. Subject to paragraph 5 of this article, the territorial sea of an island is measured in accordance with the provisions of the Convention applicable to other land territory.
3. The economic zone of an island and its continental shelf are determined in accordance with the provisions of this Convention applicable to other land territory.
4. The foregoing provisions have application to all islands, including those comprised in an island State.
5. In the case of atolls or of islands having fringing reefs, the baseline for measuring the breadth of the territorial sea shall be the seaward edge of the reef, as shown on official charts.

B. Territories Under Foreign Domination or Control

In respect of a territory whose people have attained neither full independence nor some other self-governing status following an act of self-determination under the auspices of the United Nations, the rights to the resources of the economic zone created in respect of that territory and to resources of its continental shelf are vested in the inhabitants of that territory to be exercised by them for their benefit and in accordance with their needs and requirements. Such rights may not be assumed, exercised or profited from or in any way infringed by a metropolitan or foreign power administering or occupying that territory.

21 루마니아의 「소도 및 소도와 비슷한 섬들의 정의 및 제도에 관한 초안」(Draft Articles On Definition of and Regime applicable to Islets and Islands similar to Islets)의 주용 내용은 다음과 같다. U.N. Doc.A/Conf.62/C.2/L.53(1974).

Islands)에서 경제생활을 할 수 없고 본토의 해양 외측에 위치한 섬 및 암석 등의 해양수역을 제한하자고 하였다.[23] 또한 14개 아프리카국가

Article 1

1. An islet is a naturally formed elevation of land (or simply an eminence of the sea-bed) less than one square kilometre in area, surrounded by water, which is above water at high tide.
2. An island similar to an islet is a naturally formed elevation of land (or simply an eminence of the sea-bed) surrounded by water, which is above water at high tide, which is more than one square kilometre but less than ... square kilometres in area, which is not or cannot be inhabited (permanently) or which does not or cannot have its own economic life.

Article 2

1. In principle, a State may not invoke the existence, in one of its maritime zones, of islets or islands similar to islets, as defined in Article 1 for the purpose of extending the marine spaces which belong to its coasts.
2. Where such elevations of land are situated along the coast of the same State, in immediate proximity thereto, they shall be taken into consideration, in accordance with the provisions of this Convention, for the purpose of establishing the baseline from which the breadth of the territorial sea is measured.
3. Where an islet or island similar to an islet is situated in the territorial sea of the same State but very close to its outer limit, the State in question may reasonably extend its territorial waters seaward or establish an additional maritime zone for the protection of lighthouses or other installations on such islet or island. The additional zones thus established shall in no way affect the marine spaces belonging to the coasts of the neighbouring State or States.

Article 3

The marine spaces of islands similar to islets situated in the territorial sea, on the continental shelf or in the economic zone of another State shall be determined by agreement between the States concerned or by other means of pacific settlement used in international practice.

22 루마니아와 우크라이나 간의 「흑해해양경계획정사건」(Case concerning Maritime Delimitation in the Black Sea)은 2004년 9월 16일 루마니아가 국제사법재판소(ICJ) 사무국에 재판신청서(application)를 제출하면서 시작되었다. 그러나 제3차 유엔해양법회의 당시 루마니아의 도서제도에 관한 제안은 Serpent's 섬의 법적 지위를 둘러싼 루마니아와 구소련 간의 갈등을 반영한 것이었다. 당시 회의에서는 루마니아 대표단과 구소련 대표단 사이에 도서제도와 해양경계획정을 둘러싸고 치열한 논쟁이 벌어졌는바, 냉전시대 상호간에 지지발언만 해온 바르샤바동맹 회원국 간의 그러한 갈등은 다른 나라 대표단을 놀라게 하였었다. David H. Anderson, "Maritime Delimitation in the Black Sea Case (Romania v. Ukraine)," *The Law and Practice of International Courts and Tribunals*, vol. 8, 2009, p.306.

23 터키가 제출한 「섬제도에 관한 초안」(Draft Articles on the Regime of Islands)의 주요내용은 다음과 같다. U.N. Doc. A/Conf.62/C.2/L.55(1974).

Article 1(Definitions)

Article 2

Except where otherwise provided in this chapter, the marine spaces of islands are determined in accordance with the provisions of this Convention.

Article 3

1. No economic zone shall be established by any State which has dominion over or controls a foreign island in waters contiguous to that island. The inhabitants of such islands shall be

들은 「섬제도에 관한 초안」(Draft Articles on the Regime of Islands)에서 섬을 4가지로 분류하였는데, 법적인 의미에서의 섬(island)이란 "광대한 면적을 가진 자연적으로 형성된 육지지역"이라고 하였다. 초안은 '섬'보다 면적이 작은 자연적으로 형성된 '소도'(islet), 섬과 유사하지만 바위로 이루어진 '암석'(rock), '간출지'(low-tide elevation)에 대하여 정의하면서, 국가들은 이러한 '소도', '암석', '간출지'에 대한 영유권이나 통제권을 활용하여 해양공간에 대한 관할권을 주장하면 아니 된다고 하였다.[24]

entitled to create their economic zone at any time prior to or after attaining independence or self-rule. The right to the resources of such economic zone and to the resources of its continental shelf are vested in the inhabitants of that island to be exercised by them for their benefit and in accordance with their needs or requirements. In case the inhabitants of such island do not create an economic zone, the Authority shall be entitled to explore and exploit such areas, bearing in mind the interests of the inhabitants.

2. An island situated in the economic zone or the continental shelf of other States shall have no economic zone or continental shelf of its own if it does not contain at least one tenth of the land area and populations of the State to which it belongs.
3. Islands without economic life and situated outside the territorial sea of a State shall have no marine space of their own.
4. Rocks and low-tide elevations shall have no marine space of their own.

Article 4

A coastal State cannot claim rights based on the concept of the archipelago or archipelagic waters over a group of islands situated off its coast.

Article 5

In areas of semi-enclosed seas, having special geographic characteristics, the maritime spaces of islands shall be determined jointly by the States of that area.

Article 6

The provisions of this chapter shall be applied without prejudice to the articles of this Convention relating to delimitation of marine spaces between countries with adjacent and/or opposite coasts.

24 Algeria, Dahomey, Guinea, Ivory Coast, Liberia, Madagascar, Mali, Mauritania, Morocco, Sierra Leone, Sudan, Tunisia, Upper Volta, and Zambia 등 14개 아프리카 국가들이 공동으로 제출한 「섬제도에 관한 초안」(Draft Articles on the Regime of Islands)의 주요 내용은 다음과 같다. U.N.Doc. A/Conf.62/C.2/L.62/Rev.1(1974).

Article 1

1. An island is vast naturally formed area of land, surrounded by water, which is above water at high tide.
2. An islet is a smaller naturally formed area of land, surrounded by water, which is above water at high tide.

제3차 유엔해양법회의에 제출된 초안들과 논의 중에 표명된 각국의 입장 및 이전에 심해저위원회에 제출된 제안들은 1974년 10월 제2위원회(Second Committee)가 작성한 'Main Trends'의 기초가 되었다. 이 문

3. A rock is a naturally formed rocky elevation of ground, surrounded by water, which is above water at high tide.
4. A low-tide elevation is naturally formed area of land which is surrounded by and above water at low tide but submerged at high tide.
5. An island, islet, rock or a low-tide elevation are considered as adjacent when they are situated in proximity to the coasts of the State to which they belong.
6. An island, islet, rock or a low-tide elevation are considered as non-adjaccnt when they are not situated in the proximity of the coasts of the State to which they belong.

Article 2

1. The baselines applicable to adjacent islands, islet, rocks and low-tide elevations, in accordance with article 1, are considered as the baselines applicable to the State to which they belong and consequently are used in the measurement of the marine spaces of that State.
2. The marine spaces of islands considered not adjacent, in accordance with paragraphs 1 and 6, shall be delimited on the basis of relevant factors taking into account equitable criteria.
3. These equitable criteria should notably relate to:
   (a) The size of these naturally formed areas of land;
   (b) Their geographical configuration and their geological and geomorphological structure;
   (c) The needs and interests of the population living thereon;
   (d) The living conditions which prevent a permanent settlement of populations;
   (e) Whether these islands are situated within, or in the proximity of, the marine space of another State;
   (f) Whether, due to their situation far from the coast, they may influence the equity of the delimitation.
4. A State cannot claim jurisdiction over the marine space by vitue of the sovereignty or control which it exercises over an *islet, rock or low-tide elevation* as defined in paragraphs 2,3,4 and 6 of article 1.
5. In accordance with paragraph 4 of this article, safety zones of reasonable breadth may nevertheless be established around such islets, rocks or low-tide elevations

Article 3

1. In accordance with the provisions of article 1, paragraph 6, and article 2, paragraphs 2 and 3, the delimitation of the marine spaces adjacent and/or opposite States must be done in the case of presence of islands, by agreement between them according to principles of equity, the median or equidistance line not being the only method of delimitation.
2. For this purpose, special account should be taken of geological and geomorphological criteria, as well as of all other special circumstances.

Article 4

1. The provisions of articles 1 and 2 shall not apply either to insular or to archipelagic States.
2. A coastal State cannot claim rights based on the concept of archipelago or archipelagic waters by reason of its exercise of sovereignty or control over a group of islands situated off its coasts.

서의 제13부(Part XIII)가 '섬 제도'(Regime of Islands)에 관한 것이었는데, 특히 제239조는 섬의 정의에 관한 세 가지 방식을 담고 있었다. 'A방식'(Formula A)은 그리스와 태평양 도서국가들이 제의한 것으로 1958년 영해협약의 섬의 정의를 답습한 것이고, 'B방식'(Formula B)은 아프리카국가들의 제안을 반영한 것이며, 'C방식'(Formula C)은 루마니아의 제안을 반영한 것이었다.[25] 그러나 카라카스회기에서는 섬에 관한 이러한 상충되는 정의를 조정하기 위한 실질적인 진전은 이루어지지 못하였다.[26]

1982년 채택된 유엔해양법협약 제121조의 섬에 관한 규정은 1975년 4월 당시의 회의의장과 3개 위원회 의장들이 「단일교섭문」(Single Negotiation Text: SNT)을 준비하면서 만들어진 것이다. 그러나 이들은 어느 그룹의 입장에도 크게 반하지 않게 합의가 이루어진 부분만을 조문화하고자 하였기 때문에 섬제도에 관한 문안은 간단하게 작성되었고 1958년 협약의 모호함도 계승되었다.[27] 실제로 1974년 카라카스회기 이후 섬문제에 대한 공식적인 토의는 거의 없었으며, 1975년에 작성된 SNT의 섬제도에 관한 규정에 대해서는 그 후 1976년의 「수정된 단일교섭문」(Revised Single Negotiating Test: RSNT), 1977년의 「비공식통합문섭문」(Informal Composite Negotiating Text: ICNT), 1979년의 「수정된 비공식통합문섭문」(Revised Informal Composite Negotiating Text: RICNT) 및 1980년의 「협약초안」(Draft Convention)을 거치면서 거의 아무런 수정도

25 Symmons, *op.cit.*, p.17.

26 *Ibid.*, pp.17-18. 1975년 제네바에서 인도 대표는 회의에는 수많은 개념들이 등장하였고 'Main Trends'라는 문서도 나왔지만, 오히려 그 때문에 군도나 섬과 같은 중요한 문제들을 다루지 못하였다고 하였다.

27 Van Dyke and Brooks, *op.cit.*, p.282.

이루어지지 않았다.[28] 1979년 RICNT에 대한 설명에서 당시 의장이었던 Amerasinghe는 "섬제도는 아직까지 충분한 심의를 거치지 못하였기 때문에 앞으로 남은 회기에서 보다 많은 논의의 대상이 되어야 한다"고 하였다. 그러나 가능한 빠른 시일 내에 협약을 채택해야 한다는 압력과 심해저문제를 둘러싼 선·후진국 간의 대립은 섬문제에 대한 더 이상의 논의를 불가능하게 하였고, 많은 국가들은 제121조의 섬에 관한 규정들이 자국의 이익에 크게 반하지 않는다고 보았기 때문에 굳이 이 문제를 재론할 필요를 느끼지 않았다.[29]

결국 해양법협약 제121조 1항은 "섬이란 만조시 수면 위에 존재하는, 물로 둘러싸인, 자연적으로 형성된 육지지역"이라는 1958년 영해협약 제10조 1항의 섬의 정의에 관한 규정을 그대로 답습하였다. 따라서 어떠한 지형이 국제법상의 섬이 되려면 그 지형은 자연적으로 형성된, 육지지역으로, 만조시 노출되어 있어야 한다. 섬은 자연적으로 형성된 것이어야 하므로 인공시설물들은 법적인 섬이 될 수 없으며, 육지지역이어야 한다는 조건은 정박해 있는 선박과 빙산들이 섬이 될 수 없게 하였다. 또한 만조시 노출이란 조건 때문에 간출지들은 법적인 섬이 될 수 없게 되었다. 제3차 유엔해양법회의에서는 섬들에게 어떤 해양수역을 인정할 것인가 하는 문제 즉 섬의 해양수역에 대한 권원에 관해서도 많은 논의가 있었다. 모든 섬에게 육지영토와 동일한 방식으로 설정되는 모든 해양수역을 허용해야 한다는 주장이 있었는가 하면, 섬을 여러 가지로 분류하여 일부 보잘것없는 섬들의 해양수역 특히 경제수역과 대륙붕은 부인되어야 한다는 주장도

28 *Ibid.*
29 *Ibid.*, pp.282-283.

있었다. 그 결과 해양법협약은 제121조 1, 2항에서 자연적으로 형성되어 만조시 수면 위에 있는 모든 지형들을 섬으로 인정하여 자체의 영해와 접속수역·경제수역·대륙붕을 가질 수 있게 하되, 3항에는 암석(rock)에 대한 예외조항을 두어 "인간의 거주 또는 독자적인 경제생활을 유지할 수 없는 암석은 자체의 배타적 경제수역과 대륙붕을 가지지 못한다"고 하게 되었다.

2. 국제해양질서의 최근동향과 도서제도의 문제

어떤 학자는 "해양법은 국가만큼이나 오래되었고, 근대 해양법은 근대국제법만큼 오래되었다"고 하였다.[30] 근대적인 의미에 있어서의 국가 즉 주권국가가 등장하면서부터 국제법과 함께 해양법의 역사도 시작되었으니 그것은 틀린 말이 아니다. 하지만 지구 표면적의 70% 이상을 차지하고 있는 해양이 국가들의 주요 관심대상이 된 것은 그리 오래된 일은 아니다. 인류의 역사는 육지영토를 중심으로 전개되어 왔기 때문에 바다에 대한 관심은 오랫동안 유보되었던 것이다.

옥스만(Bernard Oxman) 교수도 논문에서 웨스트팔리아강화회의(Peace of Westphalia) 이래 국제법의 역사의 상당한 부분은 '영토적 유혹'(territorial temptation)에 대한 기술이었다고 하였지만, 실제로 그것은 육지에 해당되는 이야기이며 바다의 경우에는 상황이 달랐다고 하였다. 육지영토에 관한 국제법의 역사가 영토적 유혹의 점진적인 승리의 역사라고 한다면, 국제해양법의 역사는 그 반대 즉 그로티우스가

30 Henkin, *How Nations Behave*, 2nd ed., 1979, p.212.

주장한 '해양자유'의 점진적인 승리의 역사이자 영토주권 주장 금지의 역사이었다는 것이다.[31] 특히 폐쇄해론과의 경쟁에서 자유해론이 승리하면서 해양의 자유는 국제해양질서의 근본적인 원칙으로 자리를 잡게 되었고 그 결과 국제사회는 해양에 대하여 일종의 자유방임적 태도를 취하게 되었던 것이다. 하지만 국제해양질서도 20세기 중반부터 중대한 전환기를 맞이하게 되었다. 역시 옥스만 교수에 의하면 무주지의 소멸과 정복에 의한 영토취득이 금지되면서 육지영토에서는 한계에 직면한 '영토적 유혹'은 이제 바다로 빠르고 광범위하게 확산되어 나아가게 되었다는 것이다.[32]

해양에 대한 연안국 관할권의 강화는 1982년 해양법협약의 채택과 효력발생을 계기로 법적인 기초도 갖추게 되었다. 해양법협약은 군도국가의 특수한 환경에 유념하여 군도의 바깥쪽에 있는 외측점을 직선으로 연결하는 군도기선의 안쪽 수역을 군도수역(archipelagic waters)으로 설정할 수 있게 하였으며, 영해의 경우에는 그 너비를 12해리로 확장하였고, 200해리 배타적 경제수역 제도를 새로이 도입하였으며, 대륙붕의 범위를 확장하였다. 오늘날 '해양의 영토화' 즉 해양에 대한 연안국 관할권의 확대와 강화는 해양법협약의 관련 규정들을 최대한 활용하거나 확대해석하는 방법에 의하여 이루어지고 있다. 또한 영해의 경우에는 기선 제도를 활용한 해양관할수역의 확대, 경제수역의 경우에는 200해리 거리기준의 활용, 대륙붕의 경우에는 확장된 대륙붕 제도의 활용을 통하여 해양관할권의 확장과 강화를 모색하고 있다.

31 Bernard B. Oxman, "The Territorial Temptation: A Siren Song at Sea," *American Journal of International Law*, vol. 100, 2006, p.830.

32 *Ibid.*, pp.831-832. 미국의 트루먼선언은 "좁은 영해 넓은 공해"란 전통적인 해양질서의 붕괴를 알리는 신호탄이었다.

특히 해양관할권 확대와 강화는 보잘것없는 섬 주변에 해양수역을 설치하는 방법을 통하여서도 추구되고 있다.

해양법협약은 오늘날 대다수 국가들이 가입해 있는 보편적인 국제법규범인 동시에 해양에 관한 거의 모든 문제를 실질적으로 규율하는 규정을 담고 있어 '해양의 헌법'이라고 불리고 있다. 그렇지만 해양법협약이 제기된 모든 해양문제들을 명백하게 해결한 것은 아니며 해양법협약의 채택과 효력발생 이후 새로이 나타난 문제들도 있어서 국제적인 대응이 요구되고 있다. 해양법협약이 모호하고 피상적인 규정만을 둔 제도들 가운데에는 국가 간에 첨예한 의견대립이 있었던 분야에 속하는 것들이 주로 포함되어 있지만, 협약문의 채택과정에서 불가피하게 미봉된 부분도 있다. 1973년부터 1982년까지 진행된 제3차 유엔해양법회의는 본래 컨센서스(총의)에 의한 협약채택을 목표로 진행되었기 때문에, 국가들의 이해관계와 입장이 첨예하게 대립되는 사안에 대해서는 적당한 수준에서 타협을 함으로써 해양법협약에는 추상적이고 모호한 규정들이 일부 도입된 것이다.

해양법협약의 섬에 관한 규정도 국가들의 의견대립을 적절히 미봉한 경우에 해당된다. 앞에서 본 바와 같이 도서문제는 제3차 유엔해양법회의에서도 많은 논란이 있던 문제이었다. 모든 섬에게 육지영토와 동일한 해양수역을 허용해야 한다는 입장과 일부 보잘것없는 섬들의 해양수역 특히 경제수역과 대륙붕은 제한해야 한다는 주장이 대립하였기 때문이다. 그렇지만 회의에서 섬제도에 관한 실질적인 논의는 초기 단계에서 종료되었으며 그후에는 심도 있는 논의가 이루어지지는 못하였다. 해양법협약의 섬제도에 대한 미흡한 규정으로 인하여 섬의 기선, 섬의 해양수역에 대한 권원, 섬의 해양경계선에 대한 효과 등을 둘러싸고 국가 간에 분쟁이 발생할 가능성이 상존하고 있는 것이다.

제 3 장 섬의 정의와 기선 설정

해양에 대한 사람들의 관심은 시대에 따라 변해왔다. 예전에 국가들은 해양을 주로 '국가안보'의 측면에서 바라보았기 때문에 국가들의 해양에 대한 관심은 영해에 집중되었고, 그에 따라서 섬의 정의도 어떤 해양지형이 자체의 영해를 가질 수 있는가 하는 관점에서 정해지게 되었다. 그러나 해양에 대한 국가이익의 중심이 '국가안보'에서 '경제적 이익'으로 전환되고 영해보다 대륙붕이나 배타적 경제수역(EEZ)과 같은 경제적 관할수역에 대한 관심이 상대적으로 커지면서, 새로운 환경에 맞게 섬의 정의를 조정해야 한다는 주장이 제기되기도 하였다. 그렇지만 1982년 유엔해양법협약의 섬의 정의는 여전히 전통적인 입장에서 어떤 해양지형이 자체의 영해를 가질 수 있는가 하는 관점에서 다루어졌음을 보여준다.

오늘날 국제해양법에서 도서제도는 커다란 혼란 가운데 있다. 해양수역으로 영해와 공해만이 존재하던 시기에는 섬을 정의하는 데에도 어떤 섬이 영해를 가질 수 있는가 하는 것만을 고려하면 충분하였다. 그러나 오늘날에는 영해와 접속수역 이외에 군도수역, 대륙붕, 경제수역과 같이 광대한 수역을 포괄하는 새로운 해양수역들이 등장하였기 때문에, 섬을 정의하는 데에도 이러한 변화된 해양질서를 고려하여야 한다. 그럼에도 불구하고 제3차 유엔해양법회의의 결과 채택된 해양법협약 제121조는 여전히 섬을 영해창설능력을 기준으로 정의하였기 때문에 전통적인 섬의 정의에서 크게 달라진 것은 없었다. 그렇지만 조그만 섬에게 지나치게 넓은 해양수역을 부여하는 것을 제한하기 위해 '암석'(rock)이라는 새로운 범주를 마련하여 그 해양수역을 제한하려다 보니 그 정확한 의미를 둘러싸고 복잡한 문제들이 발생하기도 하였다.

복잡해진 국제법상 도서제도에도 불구하고 국제법상 섬 제도 연구의 출발점은 여전히 섬의 정의를 보다 확실하게 검토하는 것이다. 따라서 본 장에서는 섬 제도가 발전해온 과정을 되새겨 보면서 섬의 정의를 살펴보고자 한다. 이어서 섬이 되기 위한 조건들인 자연적 형성, 육지지역, 만조시 노출의 문제를 보다 자세히 분석하고 쟁점들을 정리하고자 한다.

아울러 한 국가의 관할권이 미치는 해양수역의 범위를 정하는 데 있어서 기준이 되는 선 즉 기선에 관한 제도를 살펴본다. 과거에는 연안국의 관할권이 미치는 수역으로 영해가 유일하다시피 하였으므로 그 선을 영해기선이라 불렀으나, 오늘날에는 영해 외에 접속수역, 배타적 경제수역, 대륙붕을 설치하는 데에도 기준이 되는 선으로 활용되고 있으므로 그냥 기선이라 부르는 것이 오히려 합당하게 되었다. 기선 설정에 관한 일반적인 제도에 이어 섬 주변에 기선을 설정하는 문제를 살펴보고자 한다.

제1절 | 섬의 정의

보통 섬이란 물로 둘러싸여 있는 육지를 의미한다. 대개 섬은 바다 가운데 있지만 강이나 호수 가운데 위치하기도 한다. 섬은 면적을 기준으로 대륙(continent)과 구분된다. 지구상에 대륙은 면적 순으로 유라시아, 아프리카, 북아메리카, 남아메리카, 남극대륙, 오세아니아 등이 있다. 따라서 지구상의 가장 작은 대륙은 오세아니아이고, 가장 큰 섬은 그린란드이다. 바꿔서 말하면 면적이 760만 ㎢인 오세아니아는 대륙에 속하고, 면적이 210만 ㎢인 그린란드는 섬으로 분류된다. 면적이 그린란드보다 작은 물로 둘러싸인 해양지형은 일단 섬에 속하는 것이다.

섬(island)이란 수면 위에 존재하는 육지지역을 총칭하는 개념이다. 따라서 섬은 그 크기나 형성과정 등을 고려하여 섬(island), 소도(islet), 암석(rock), 암초(cay), 모래톱(bank), 사주(shoal) 등의 명칭으로 불려왔다. 그런데 지리학에서와는 달리, 국제법에서는 섬의 국제법상 지위가 중요하므로, 어떤 해양지형을 국제법상의 섬이라고 할 수 있는지, 어떤 섬들이 육지영토와 유사한 정도로 해양수역에 대한 권원을 가질 수 있는지, 연안국의 해양수역 설정을 위한 기선 설정시 활용될 수 있는 해양지형에는 어떤 것이 있는지, 그리고 해양경계획정시 다양한 해양지형들이 해양경계선에 어떤 영향을 미치는지 밝히는 것이 중요하다.

국가들은 과거에는 해양을 주로 안보적인 측면에서 바라보았으며, 섬을 정의하는 데 있어서도 중요한 기준은 어떠한 해양지형들에게 자체의 영해를 가질 수 있도록 할 것인가 하는 것이었다. 1930년 헤이그성문화회의(Hague Codification Conference)에서 해양법 문제를 다룰 때에도 주요 관심사는 영해문제이었으나, 그 과정에서 섬을 법적으로 정의하기 위한 시도들이 있었다. 그런데 당시 전문가위원회 소위원회에서는 간출지(low-tide elevation)도 섬의 정의에 포함시키려는 시도가 있었으나 실패하였으며, 성문화회의 제2위원회 제2소위원회는 "모든 섬은 영해를 갖는다. 섬이란 항상 만조점 위에 존재하는 물로 둘러싸인 육지지역이다"라는 정의를 채택하였다.[01]

국제연합이 창설된 이후 총회의 보조기관으로 설치된 국제법위원회(ILC)는 해양법의 성문화 작업을 시작하였다. 국제법위원회 보고자(Rapporteur) François는 1952년 영해체제에 관한 그의 첫 번째 보고서에 헤이그성문화회의 제2위원회가 작성한 섬의 정의를 포함시켰으며, 그 정의는 1953년 그의 두 번째 보고서에도 그대로 등장하였다. 결국 1956년 국제법위원회는 해양법에 관한 초안에서 섬이란 "정상적인 상황에서 항상 만조점 위에 있는 물로 둘러싸여 있는 육지지역"이라고 정의하였다.

그렇지만 1958년 제네바에서 열렸던 제1차 유엔해양법회의는 미국이 제출한 수정안을 기초로 섬의 정의를 채택하였다. 미국의 제안은 국제법위원회의 초안에 나타난 섬의 정의에 '자연적으로 형성된'을 추가하고 '항상'이란 형용사와 '정상적인 상황에서'라는 절을 삭제한 것이었다. 따라서 1958년 영해협약은 제10조 1항에 "섬은 만조시 수면 위에 존재하는 물로 둘러싸인 자연적으로 형성된 육지지역이

01 헤이그성문화회의가 채택한 정의 즉 항상 수면 위에 있는 지형을 섬이라고 하는 정의에 의하면 인공시설물이나 해양구조물도 섬의 지위를 가질 수 있게 된다. 이석용, 『섬의 국제법상 지위』, 진성사, 1988, pp.27-28.

다"라는 규정을 두게 되었다.

1973년 시작된 제3차 유엔해양법회의에서 연안국들은 배타적 경제수역(EEZ)과 대륙붕, 군도수역 등을 통해 각국의 해양관할수역을 확대하고자 하였기 때문에 섬의 정의 및 섬의 해양수역에 대한 권원과 관련하여 많은 논의가 있었다. 경제수역과 대륙붕의 등장으로 조그만 섬에도 매우 넓은 해양수역이 부여될 가능성이 제기되면서, 보잘것없는 섬들의 해양수역을 제한하자는 주장과[02] 육지영토에 적용되는 것과 동일한 방법으로 섬에게도 영해, 대륙붕, 경제수역을 허용해야 한다는 주장이 대립하였던 것이다.[03]

제3차 유엔해양법회의는 1975년 제3회기에서 채택된 비공식단일교섭문(ISNT)에서 1958년 영해협약의 섬의 정의를 그대로 계승할 것임을 암시하였으며, 다른 영토에 적용되는 협약의 실질규정들을 원칙적으로 섬에도 그대로 적용하도록 하였다. 다만 인간의 거주와 독자적인 경제생활을 유지할 수 없는 암석들은 경제수역과 대륙붕을 가질 수 없도록 제한하였다.

해양법협약은 제121조에서 다음과 같이 규정하였다.

02 제3차 유엔해양법회의에서 루마니아는 소도(islet)는 물론 소도와 유사한 섬(island similar to an islet)의 해양수역을 제한하자고 하였으며, 터키는 본토의 반대쪽 해양에 위치한 섬들의 해양수역을 제한하자고 하였고, 14개 아프리카 국가들은 초안에서 만조시 물로 둘러싸여 있는 자연적으로 형성된 돌로 이루어진 융기인 암석을 비롯한 일부 섬들의 해양수역을 제한하자고 주장하였다.

03 그리스는 섬도 국가영토의 불가분의 일부라고 하면서 1958년 영해협약의 섬의 정의를 그대로 따를 것을 주장하였으며, 뉴질랜드나 피지와 같은 태평양 도서국가들 역시 영해협약의 섬의 정의를 지지하면서 섬도 육지영토와 마찬가지로 자체의 영해와 경제수역·대륙붕을 가질 수 있어야 한다고 하였다.

제121조 | 섬 제도[04]

1. 섬이라 함은 바닷물로 둘러싸여 있으며, 밀물일 때에도 수면 위에 있는, 자연적으로 형성된 육지지역을 말한다.
2. 제3항에 규정된 경우를 제외하고는 섬의 영해, 접속수역, 배타적 경제수역 및 대륙붕은 다른 영토에 적용가능한 이 협약의 규정에 따라 결정한다.
3. 인간이 거주할 수 없거나 독자적인 경제활동을 유지할 수 없는 암석은 배타적 경제수역이나 대륙붕을 가지지 아니한다.

해양법협약은 제121조 1항에서 자연적으로 형성되어, 만조시 수면 위에 있는, 육지지역을 섬이라 정의하였으며, 2항에서는 이러한 섬들로 하여금 자체의 영해와 접속수역·경제수역·대륙붕을 가질 수 있도록 허용하되, 3항에는 예외규정을 두어 인간이 거주할 수 없거나 독자적인 경제활동을 유지할 수 없는 암석(rock)은 경제수역과 대륙붕을 가지지 못한다고 하였다. 섬의 정의와 관련하여 섬이 되기 위해서 해양지형이 갖추어야 할 조건에 대해서는 절을 바꾸어 보다 자세히 고찰한다.

04 Law of the Sea Convention, Article 121 Regime of islands
1. An island is a naturally formed area of land, surrounded by water, which is above water at high tide.
2. Except as provided for in paragraph 3, the territorial sea, the contiguous zone, the exclusive economic zone and the continental shelf of an island are determined in accordance with the provisions of this Convention applicable to other land territory.
3. Rocks which cannot sustain human habitation or economic life of their own shall have no exclusive economic zone or continental shelf.

제2절 | 섬의 조건

해양법협약은 제121조 1항에서 섬을 정의하여 "섬이라 함은 바닷물로 둘러싸여 있으며, 밀물일 때에도 수면 위에 있는, 자연적으로 형성된 육지지역을 말한다"고 하였다. 따라서 어떠한 지형이 국제법상의 섬이 되려면 그 지형은 자연적으로 형성된 것이어야 하고, 육지로 된 지역이어야 하며, 만조시 수면 위에 노출되어야 하고, 물로 둘러싸여 있어야 한다. 이외에 섬의 조건으로 섬은 상당한 면적을 가져야 한다든가 거주가 가능하고 경제생활이 가능해야 한다는 주장이 있었으며, 제3차 유엔해양법회의에서는 외국 식민지로부터의 독립이라는 정치적인 조건이 추가로 제기되기도 하였으나, 이러한 조건들은 해양법협약의 섬의 정의에는 포함되지 않았다.[05]

해양법협약의 섬의 정의는 국제법의 전통적인 입장을 계승한 것이다. 그런데 바닷물로 둘러싸여 있어야 한다는 조건은 해양법협약상 필요한 조건일 뿐이므로 별도로 검토하지 아니한다면, 보다 구체적인 검토가 필요한 것은 밀물일 때에도 수면 위에 있어야 한다는 조건, 자연적으로 형성된 것이어야 한다는 조건, 육지지역이어야 한다는 조건이다. 이러한 조건들 중에서도 중요한 것은 어떤 해양지형이 항상 수면 위에 있어야 한다는 조건과 자연적으로 형성된 것이어야 한다는 조건이다. 또한 육지지역이어야 한다는 조건의 의미가 독자적으로 중요한 법적 검토사항이 된 경우는 별로 없다고 하는데, 그 이유는 그 앞에 붙어 있는 수식어인 '자연적으로 형성된'이란 조건과 함께

05 Clive Ralph Symmons, *The Maritime Zones of Islands in International Law*, Martinus Nijhoff, 1979, p.20.

검토되는 경우가 대부분이기 때문이다.[06]

자연적 형성, 만조시 노출, 육지지역의 순서로 섬의 조건을 살펴본다.

1. 자연적 형성

국제법상의 섬은 "자연적으로 형성된"(naturally formed) 것이어야 한다. 1958년 제1차 유엔해양법회의 이전에는 인공섬이나 인공시설들도 국제법상의 섬으로 인정해야 한다는 유력한 주장들이 있었다.[07] 그러나 제1차 유엔해양법회의는 자연적 형성을 국제법상의 섬이 되기 위한 조건으로 확정하였고, 1982년 해양법협약도 동일한 입장을 취하였다. 따라서 해저나 간출지(low-tide elevation) 위에 등대와 같은 인공시설물이 건립되어 있는 경우에도 그러한 지형들은 국제법상 섬의 지위를 가질 수 없게 되었다.

오늘날 국제법에서는 어떠한 지형이 법적인 의미의 섬이 되려면 자연적으로 형성된 것이어야 한다는 데 대해서는 이론이 없다. 그러나 해저(seabed)나 간출지 위에 건설된 인공시설물들을 섬으로 인정하여 해양수역을 가질 수 있게 할 것인가 하는 문제는 오랫동안 논란의 대상이었다.

인공시설물을 섬으로 인정할 것인가 하는 문제에 관한 학자들의 견해 및 각국의 실행에는 큰 차이가 있었다. 프랑스의 Gidel은 섬이

06 Clive Symmons, *When is an Island not an Island in International Law? The Riddle of Dinkum Sands in the Case of US v. Alaska*, Maritime Briěfing, vol. 2, no. 6, International Boundaries Research Unit, 1999, p.28.

07 독일과 네덜란드는 1930년 헤이그회의에서 항상 물 위에 존재하는 인공섬이나 인공시설에도 섬의 지위를 부여하자고 주장하였다. 1956년 국제법위원회 특별보고자가 작성한 초안도 인공시설물에 섬의 지위를 부여하려는 것으로 해석되었다. Symmons, *op.cit.*, p.23.

란 "조직된 인간그룹에 의한 항구적인 점유를 가능케 하는 자연적 조건을 갖춘 항상 수면 위에 존재하는 물로 둘러싸여 있는 해저의 자연적 융기"라고 하여, 반쯤 물에 잠긴 암석 위에 건설된 등대와 같은 시설물은 섬이 될 수 없다는 견해를 밝힌 바 있다.[08] 또한 Jessup, Colombos 같은 학자들 및 국제법협회(*Institut de Droit International*)와 1929년 「하바드영해연구초안」(Harvard Research Draft on Territorial Waters) 및 각국의 실행도 같은 입장이었다.[09]

하지만 1930년 헤이그성문화회의에서 독일과 네덜란드는 인공시설물들도 섬의 지위를 갖는다는 견해를 표명하였다. 독일은 인공섬이라 할지라도 그것이 해저에 고착되어 있고 그곳에 주민들이 살고 있으면 자연적인 섬으로 간주되어야 한다고 하였으며, 네덜란드는 섬을 "간조시 수면 위에 존재하는 모든 자연적 또는 인위적인 해저의 융기"(any natural or artificial elevation of the sea bottom above the surface of the sea at low tide)로 하자고 하였다.[10] 또한 제2위원회 제2소위원회도 섬이란 "항상 만조점 위에 존재하는 물로 둘러싸인 육지지역"(an area of land, surrounded by water, which is permanently above high water mark)이라고 하여 인공시설물을 간접적으로 섬으로 인정하였으며,[11] 섬에 관한 제9조에 대한 코멘트에서는 이러한 정의는 부유하는 구조물이 아니라면 이를 제외하지 않는다고 하여 그 입장을 확인한 바 있다.[12] 그러나

08 *Ibid.*, p.29.

09 Derek W. Bowett, *The Legal Regime of Islands in International Law*, Oceana Publications Inc., 1979, p.2.

10 *Bases of Discussion*, Vol II, pp.52-53; Symmons, *op.cit.*, pp.29-30.

11 E. D. Brown, *The Areas within National Jurisdiction*, Graham and Trotman, 1984, p.20.

12 S. Broder and J. Van Dyke, "Ocean Boundaries in the South Pacific," *University of Hawaii Law Review*, vol.4, 1982, p.31.

이러한 제2소위원회의 섬에 대한 정의는 인공시설물을 제외한 자연적으로 형성된 지형만을 법적인 섬에 포함시키고자 하였던 전문가위원회의 견해와는 다른 것이었다.

헤이그성문화회의에서 정리된 입장은 1958년 제1차 유엔해양법회의 때까지 이어졌다. 1956년 국제법위원회 특별보고자는 그의 두 번째 보고서 제9조에서 섬을 "항상 만조점 위에 존재하는 물로 둘러싸여 있는 육지지역"(an area of land surrounded by water, which is permanently above high water mark)이라고 정의하였으며,[13] 국제법위원회는 '영해제도'(Regime of Territorial Sea)에 관한 최종안에서 이를 수용하였는데, 이는 해저에 건설된 인공시설물을 섬으로 인정하는 것으로 해석될 여지가 있었다. 그러나 인공시설물에 해양수역을 인정하기를 거부하는 것은 이미 일반화된 입장이었으며 이러한 입장은 1958년 제1차 해양법회의에서도 확인되었다. 기술적 시설물(technical installations)과 인공섬(artificial island)이 영해를 가지지 못한다는 것을 명백히 하기 위하여, 미국은 "육지지역"(an area of land)이란 용어 앞에 "자연적으로 형성된"(naturally formed)이란 형용사를 삽입하자는 수정안을 제출하였다.[14] 회의는 결국 인공섬에게 영해를 인정하게 되면 공해의 자유가 훼손될 수 있다는 우려에서 수정안을 받아들였다.[15]

1958년 제1차 유엔해양법회의 이후에는 인공시설이나 구조물이 섬의 지위를 가지지 못한다는 데에 대해서 별다른 이의가 제기되지 않았으나, 섬이 자연적으로 형성된 것이어야 한다는 조건과 관련하

13 *ILC Yearbook*, 1956, II, p.270.
14 UN Doc., A/Conf. 13/C.1/L/112.
15 Bowett, *op.cit.*, p.4.

여 제기되는 몇 가지 문제가 있었다. 특히 François가 국제법위원회 회의에서 섬의 정의를 작성하면서 고려하였다는 모래나 자갈을 인위적으로 쌓아놓아 형성된 섬의 지위 문제가 있었다.[16] 1958년 협약과 1982년 협약의 섬에 관한 규정을 엄격히 해석한다면 이렇게 형성된 섬들은 법적인 섬의 지위를 가지지 못한다. 그러나 협약이 '자연적으로 형성된'(naturally formed)이란 말을 사용한 것을 고려할 때 해석상의 문제가 제기될 수 있다.[17] 예를 들어 수로를 항행에 사용하기 위하여 하천이나 항구, 연안을 준설하여 수거한 물질들을 근처 바다에 버리게 되면 나중에 수면에 흙더미가 나타나는 경우가 있다. 일정한 시간이 지나면 조수 등 자연적인 힘에 의하여 대부분의 흙더미는 사라지지만, 때때로 이들 흙더미는 수면 위에 남아서 조수와 파도, 해류, 바람의 영향을 받아서 모양이 변하는 등 그 모습이 '형성되게'(formed) 되어 '자연적으로 형성된 섬'(a naturally formed island)이 나타나게 되는바,[18] 이러한 것을 섬으로 인정할 것인가 하는 문제가 제기되는 것이다.

이 문제에 대해 학자들의 견해는 통일되어 있지 못하다. 사람들이 단순히 자연에 의한 섬의 형성을 촉진하는 간접적인 형태의 참여를 한 경우에는 그렇게 형성된 섬은 자연적인 것으로 보아야 한다는 주장이 있는가 하면, Gidel은 인공구조물이 위치한 해저의 융기의 형태

16 국제법위원회 제260차 회의에서 특별보고자 François는 섬의 정의를 작성함에 있어 다음과 같은 다섯 가지 사례들을 고려하였다. 그것은 모래나 자갈을 인위적으로 쌓아 만든 섬, 간조시만 수면 위에 나타나는 간출지에 건설된 등대, 항상 수면 위에 존재하는 지형에 건설된 등대, 등대 이외의 기술적 시설, 바다에 세워진 파일(pile) 위에 건설된 주거이다. *ILC Yearbook*, 1954, Vol. I, p.91. François는 이 중에서 첫째와 셋째의 경우는 자체의 영해를 가지는 것이 허용되지만, 둘째와 넷째의 경우는 법적인 섬이 되지 못한다고 하였다. 그리고 다섯째의 경우는 회의에서 논의를 거치는 과정에서 제외되었다고 한다. Symmons, *op.cit.*, p.32; Bowett, *op.cit.*, p.4.

17 Hodgson, *op.cit.*, p.148.

18 *Ibid.*

(the type of seabed elevation)를 고려하여 반쯤 물에 잠긴 지형 위에 건설된 인공구조물은 법적인 섬이 될 수 없다고 하였다. Jessup 역시 "국가들이 숨겨진 사주(hidden shoals)에 구조물을 건설하여 새로운 수역을 획득하는 것을 인정하는 것은 위험한 주장"이라고 하면서 Gidel의 견해에 동의하였다.[19] 한편 Johnson은 어떤 섬이 자연적인가 인공적인가 하는 것은 그다지 중요하지 않다고 하면서, 인공구조물들도 "물로 둘러싸여 있고 항상 만조점 위에 존재하며, 통상적인 기후조건에서 상당한 면적을 수면 위에 드러내 놓고 있어 영토의 성격을 갖추게 되면" 섬의 지위를 갖게 해야 한다고 하였다.

섬의 자연적 형성과 관련하여 또 하나 제기된 문제는 그 위에 등대가 있는 지형에 관한 것이었다. 과거에 섬의 자연적 형성과 관련하여 가장 큰 관심사는 항상 바다 밑에 잠겨 있는 해저지형이나 간출지에 건설된 등대의 지위이었다.[20] 일찍이 Gidel은 진정한 섬이 아닌 해저의 융기는 그곳에 등대가 건설되었다는 사실만으로 법적인 섬의 지위를 획득할 수는 없다고 한 바 있거니와,[21] 이러한 견해는 각국의 실행에 의해 지지되어 왔다.[22]

19 Clive Ralph Symmons, *The Maritime Zones of Islands in International Law*, Martinus Nijhoff, 1979, p.226, Note 207.

20 *Ibid.*, p.33.

21 *Ibid.*

22 1925년 *United States v. Henning* 사건에 대한 판결에서 미국의 앨라배마 지방법원은, 미국 해안으로부터 한 시간 항해거리 이내에서는 미국으로 주류를 밀반입하는 선박을 나포할 수 있는 권한을 부여하기로 한 미국과 영국 간의 조약은 암초에 건설된 등대에는 적용되지 않는다고 하였다. 20세기 초 영국도 해저지형에 건설된 등대를 영해를 창설할 수 있는 법적인 섬으로 인정하지 않았다. 1903년 영국 외무성은 Seven Stones Reef의 등대선(lightship)으로부터 3해리 이내 수역에서 조업을 하던 프랑스인들이 체포되었을 때, Seven Stones Reef의 주변수역은 영국의 영해가 아니기 때문에 외국 선박들이 그곳에서 어로를 할 수 있는 권리는 다투어질 수 없다고 하였다. 또한 Eddystone Rock에 대해서도 영국은 1905년 무역위원회의 결정을 통하여 비슷한 입장을 취하였으며, 그러한 입장은 영불대륙붕사건에서도 유지되었다. *Ibid.*, pp.34-35.

1958년 영해협약 제10조 1항과 1982년 해양법협약 제121조 1항은 어떤 지형이 법적인 섬이 되기 위해서는 자연적으로 형성된 것이어야 한다는 것을 명백히 하였으며, 이러한 맥락에서 간출지라든가 해저에 건설된 등대를 비롯한 인공시설물들은 섬의 지위를 가지지 못한다고 할 것이다.

2. 육지지역

국제법상의 섬은 '육지지역'(area of land)이어야 한다. 국제법이 오래전부터 일정한 해양지형을 법적인 섬으로 인정하여 그 주변에 해양수역을 설치할 수 있게 한 것은 그 섬의 육지영토와의 유사성 때문이었으므로, 어떤 섬이 법적인 섬이 되려면 그 해양지형은 육지영토처럼 육지지역이어야 한다는 조건이 생겨나게 된 것이다. 동시에 섬은 다른 육지와 마찬가지로 최소한 해저에 고착되어 있어야 하고, 육지와 유사한 정도의 항구성도 가져야 한다.[23]

그렇지만 섬이 되기 위한 조건으로서의 '육지지역'의 의미 그리고 해저에 고착되어 항구성이 있어야 한다는 조건의 의미에 대해서는 보다 세밀한 고찰이 필요하다. 그리고 이러한 조건들의 의미는 정박해 있는 선박(anchored ships), 자연적으로 형성된 부유하는 물체(naturally-formed floating formations), 해저시설물(seabed installations) 및 파일 위에 건설된 주거(dwellings built on piles)의 지위를 검토해 가면서 살펴보기로 한다.

첫째는 '정박해 있는 선박'의 경우이다. 등대선은 자연적으로 형성

23 Hodgson, *op.cit.*, pp.148-149.

된 것이 아니므로 섬의 지위를 가지지 못한다는 것은 이미 앞에서 설명한 바 있거니와, 등대선 이외에 기타 정박해 있는 선박들도 육지지역이 아니기 때문에도 섬의 지위를 가지지 못한다. 선박들은 육지처럼 해저에 고착되어 있지 아니하고 항구성도 결여되어 있기 때문에 이들은 섬이라 할 수가 없는 것이다. 그리하여 1903년 영국은 등대선이 그 위에 존재함에도 불구하고 Seven Stones Reef가 섬의 지위를 가지지 못한다고 하였다.[24] 정박해 있는 선박의 지위문제는 공해상에서의 해적방송(pirate broadcasting)과 관련해서도 주목을 받은 적이 있다. 1959년 라디오방송선 베로니카(Veronica)가 네덜란드 영해 밖에 정박하여 방송을 시작하였는데, 학자들은 이 선박은 항해를 위한 것이 아니므로 선박으로서의 지위와 성격을 가지지 못하는 것으로 간주하였으며, 네덜란드정부 역시 이를 섬은 물론이고 해저에 건설된 인공구조물로도 볼 수 없다고 하였다.[25]

둘째는 해저시설물(seabed installations)의 지위이다. 해저자원을 개발하기 위해 설치된 시설물은 자연적으로 형성된 것이 아니므로 섬의 지위를 가지지 못한다. 해저시설물은 그 법적인 지위 문제가 다루어지기 시작할 때부터 섬으로서의 지위를 인정받지 못하였다. 해저시설물의 법적 지위 문제가 본격적으로 논의된 것은 대륙붕개발이 국제법적인 문제로 대두되면서부터인데, 1958년 제1차 유엔해양법회의 이전의 국제법위원회 토의내용을 살펴보면, 천연자원의 개발을 위해 연안국이 대륙붕에 인공시설물을 설치하는 것은 허용하되 이들 시설물에게 섬의 지위를 인정하지는 않는 것이 큰 방향이었다. 당

24 Thomas Wemyss Fulton, *The Sovereignty of the Sea*, The Lawbook Exchange Ltd., 1911, p.642.
25 Symmons, *op.cit.*, pp.21-22.

시 국제법위원회 특별보고자였던 François의 보고 내용이나, 회의에 제출된 국제법위원회의 최종보고서도 같은 입장이었으며, 1958년 대륙붕협약도 동일한 입장임을 분명히 하였다. 1982년 해양법협약 제60조(배타적 경제수역에서의 인공섬, 시설 및 구조물)과 제80조(대륙붕상의 인공섬·시설 및 구조물)는 경제수역과 대륙붕의 인공섬, 시설 및 구조물에 대하여 같은 규정을 두었는데, 연안국은 자국의 경제수역과 대륙붕에 인공섬, 시설물, 구조물 등을 설치하여 사용할 수 있으며, 안전수역을 설치할 수 있지만, 이들은 섬의 지위를 가지지 못한다고 하였다. 특히 동조 8항은 "인공섬·시설 및 구조물은 섬의 지위를 가지지 아니한다. 이들은 자체의 영해를 가지지 아니하며 이들의 존재가 영해, 배타적 경제수역 또는 대륙붕의 경계획정에 영향을 미치지 아니한다"는 규정을 두었다.

셋째는 파일 위에 건설된 주거(dwellings built on piles)의 문제이다. 대륙붕이나 경제수역의 인공시설물처럼 '바다에 세워진 파일 위에 건설된 주거'(dwellings which were built on piles erected in the sea) 역시 항구적이지 못하고 해저에 부착되어 있을 뿐 육지의 특성을 가지고 있지 못하므로 섬의 지위를 가지지 못한다.[26] 1954년 국제법위원회 특별보고자 François는 그의 세 번째 보고서에서 이 문제를 그의 초안이 규정하고 있는 섬의 정의에 포함될 가능성이 있는 6가지 사례 중 하나라고 하였으며, 국제법위원회는 이들의 영해문제를 검토하게 되었다.[27] 그가 "나무 위의 집들로 이루어진 마을"을 섬으로 인정하고자 하였던 것은 한때 동남아시아에서는 그러한 집들이 마약밀매자, 밀입국자,

26 *Ibid.*, p.28.
27 League of Nations, Doc. A/CN. 4/SR. 260: *ILC Yearbook*, 1954, p.91.

해적들의 소굴로 사용되었기 때문이다. 이들 마을이 자체의 영해를 가질 수 없다면 그러한 활동을 억제하기 위한 효과적인 조치를 취할 수가 없다고 보았던 것이다. 하지만 그러한 주거나 마을을 섬의 정의에 포함하고자 하였던 François의 시도는, 만일에 이들을 '섬'으로 인정하는 경우에는 이미 채택된 섬에 관한 보편적인 원칙이 희생될 수 있다는 우려 때문에 ILC 위원들의 지지를 받지 못하여, 결실을 맺지는 못하였다.[28]

넷째는 자연에 의해 형성된 다뉴브델타에서 발견되는 갈대섬(reed islands)이나 빙산과 같은 부유하는 자연적 형성물(floating natural formations)의 지위에 관한 것이다. 이미 1954년 국제법위원회 259차 회의에서 Lauterpacht는 섬을 정의하는 데 있어서 논란의 여지가 있는 문제들을 제시하면서 스피츠베르겐(Spitzbergen) 섬과 남극대륙 주변의 '단단한 얼음'(solid ice)의 문제를 제기한 바 있다.[29] 이처럼 빙산과 같은 자연적 형성물의 지위문제가 제기되는 것은 이들의 형성이 자연적이고, 특히 부유하는 빙산에는 흙이나 바위와 같은 빙하의 파편들이 섞여 있어서 육지(terra firma)와 유사한 지형을 가지고 있는 경우가 종종 있기 때문이다.[30] 그렇지만 이러한 부유하는 형성물들은 해저로부터 분리되어 있을 뿐 아니라 바람과 조류의 영향에 의해 부유하는 것이므로 섬의 자격을 가지지 못한다고 보아야 한다.[31]

그 외에 빙원(ice shelves)이나 부빙(ice floes)에 의해 형성된 '얼음섬'(ice

28 *Ibid.*, p.93.

29 *Ibid.* 1920년 파리강화조약에서는 Spitzbergen섬 주변에 항상 존재하는 얼음으로부터 영해를 측정하는 것을 금하였다.

30 Symmons, *op.cit.*, p.22.

31 *Ibid.*

island)들은 소유가 가능하므로, 이들을 '떠다니는 영토의 일부'(floating pieces of territory)로 취급할 것인가 하는 문제도 제기되었다. 이에 대해 Pharand는 일단 빙원의 조각들이 그것이 생성된 곳으로부터 분리되어 공해상으로 떠내려 온 이후에도 이들을 육지로 간주하는 것은 비현실적이라고 하였다.[32] 그는 이러한 논리를 육지에서 형성된 것이 아닌 부빙(ice floes)들에도 적용하였는데, 육지의 기본적 특성인 항구성(permanency)과 안정성(stability)을 결여하고 있다는 것이 주된 이유이었다.[33]

그런데 여기에서 섬의 조건과 관련하여 제기되는 항구성과 안정성은 절대적인 것인지 아니면 상대적인 것인지 검토하여야 한다. 그것이 절대적인 항구성이라면 강하구의 삼각주와 같은 진흙 섬이라든가 화산의 폭발 등에 의해 갑자기 생겨났지만 머지 않아 사라져 버릴 화산섬들은 섬의 지위를 가질 수 없다. 여기에서 섬의 조건에 직접적으로 관련된 조항은 아니지만 해안선이 불안정한 곳에 대한 해양법협약의 입장을 간접적으로나마 알아볼 수 있는 규정이 있어서 검토해 본다. 해양법협약은 기선 설정에 관한 조문인 제2조 7항에서 "삼각주가 있거나 그 밖의 자연조건으로 인하여 해안선이 매우 불안정한 곳에서는, 바다 쪽 가장 바깥 저조선을 따라 적절한 지점을 선택할 수 있으며, 그 후 저조선이 후퇴하더라도 직선기선은 이 협약에 따라 연안국에 의하여 수정될 때까지 유효하다"고 하였다. 해양법협약의 이러한 규정에 비추어 유추해석해 보면 해양법에서 요구하는 항구성이

32 Donat Pharand, *The Law of the Sea of the Arctic: With Special Reference to Canada*, University of Ottawa Press, 1973, note. 63, p.196.

33 *Ibid.*

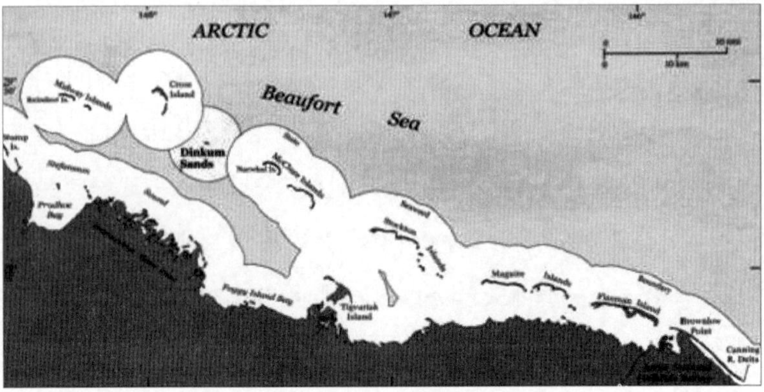

〈지도 3-1〉 Dinkum Sands를 포함한 알래스카 북극해 보초도

결코 절대적인 것이 아닌 것을 알 수 있다.

섬이 되려면 '육지지역'이어야 한다는 조건 그리고 부분적으로는 만조시 노출이라는 조건과 관련하여, 미국 알래스카 주 북쪽 북극해에 위치한 Dinkum Sands라는 작은 해양지형의 법적 지위를 둘러싼 미국 연방정부와 알래스카 주정부 간의 분쟁을 살펴본다. 〈지도 3-1〉에서 보듯이 Dinkum Sands는 알래스카 북쪽 Beaufort Sea의 보초(barrier islands)에 속하는 Narwhal 섬과 Cross 섬 사이에 위치한 작은 해양지형으로 알래스카 본토로부터는 8해리 떨어져 있다. 그런데 그 부근에서 풍부한 석유·가스자원 광상이 발견되면서 주목을 받게 되었다. 가끔 슬리핑백 정도의 크기로 수면에 노출되기도 하지만 대개는 얕은 물로 덮여 있는 간출지인 Dinkum Sands 문제가 국제법 학자들의 관심을 끌게 된 것은, 미국의 국내법이 연방정부와 주정부의 해양관할수역의 범위를 정하는 데 있어서 국제법의 섬에 관한 제도를 원용하고 있기 때문이다.[34] 즉 미국의 Submerged Lands Act에 의하

34 Clive Symmons, *When is an Island not an Island in Interantional Law? The Riddle of Dinkum*

면, 주정부는 그 '해안선'(coastline)으로부터 3해리까지 수역 아래의 땅에 대하여 관할권을 가지며 3해리 이원 수역 아래의 땅인 대륙붕의 자원에 대해서는 연방정부가 권리를 갖도록 되어 있는데, 특수전문가(Special Master)의 결정에 의하면, Submerged Lands Act가 말하는 해안선에서 '해안'(coast)이란 1958년 영해협약이 말하는 기선(baseline)에 해당하는 것으로 보았기 때문이다.[35]

재판 전에 작성된 Dinkum Sands의 구성에 관한 지질학적 보고서에 의하면, 이 해양지형의 윗부분은 얼음과 모래 또는 자갈층이 교차하는바, 그곳에서 채취한 샘플을 분석해 보면 50% 이상이 물로 그것도 담수가 아닌 해수로 구성되어 있다고 하였다. 따라서 1958년 영해협약 제10조와 1982년 해양법협약 제121조 1항의 '육지'(land)라는 말의 의미를 육지의 한 부분이어야 하고 그와 유사한 항구성을 요구하는 것으로 해석한다면, 결빙된 해수얼음(sea-ice)은 이러한 조건들을 충족하지 못한 것으로 보아야 한다. 따라서 미국 연방정부는 섬은 육지로 이루어져 있어야 한다는 1958년 영해협약의 요구는 비항구성(impermanence)을 방지하기 위한 것이라고 하면서, Dinkum Sands와는 달리 '진정한 섬'(a true island)은 기온이 상승한다고 해서 그 높이가 낮아지지 아니하며 계절이 바뀌는 데 따라서 그 해양수역이 생겨났다가 사라지곤 하지도 않는다고 하였다. 이에 대해 알래스카 주정부는

Sands in the Case of US v. Alaska, Maritime Briefing, vol. 2, no. 6, International Boundaries Research Unit, 1999, pp.1-2; No. 84(Original) Supreme Court of the United States(March 1996), *Report of the Special Master*, p.3.

35 미국 연방정부가 1979년 소송을 제기한 이후, 미국 대법원은 스탠포드 대학교의 맨(J. Keith Mann)을 특수전문가(Special Master)로 임명하여 분쟁사실을 수집하고 분쟁해결안을 권고해 주도록 하였었다. 특수전문가는 미국에서 복잡한 사실문제가 얽혀 있는 연방정부와 주정부 간의 분쟁해결에 일반적으로 사용되는 제도이다.

오늘날 국제법에 의하면 자연적으로 형성된 해양지형은 당연히 섬의 지위를 갖는다고 하면서, 법적으로 고려해야 할 것은 오직 그 '육지'가 자연적으로 형성된 것인가 하는 점이라고 하였다. 알래스카 주정부는 특히 '지표면 아래의 얼음'(sub-surface ice)은 '육지'에 해당한다는 점을 강조하였다.[36]

Dinkum Sands 사건에서는 1958년 영해협약 제10조와 관련하여 '만조시 노출'과 '육지지역'의 의미와 '항구성'에 관한 문제가 다루어졌는데, 이 사건에서 가장 중요한 쟁점은 Dinkum Sands라는 해양지형이 알래스카의 일부를 형성하는 섬인가 하는 것이었다. 미국 연방정부는 Dinkum Sands는 기껏해야 간출지에 불과하다고 하였다. 그러나 알래스카는 Dinkum Sands가 섬이라고 주장하였으며, 이 섬이 수면 위로 나타나는 기간만이라도 섬으로 취급되어야 한다고 주장하기도 하였다. 1997년 6월 미국대법원은 18년을 끌어온 이 사건에 대해 판결하였는데, 알래스카 연안인 Beufort Sea에 위치한 Dinkum Sands 부근의 해저육지는 알래스카 주가 아닌 연방정부에 속한다는 것이 그 결론이었다.[37]

3. 만조시 노출

국제법상의 섬은 '만조시 노출'(emergence at high-tide)되어 있어야 한다. 어떤 일정한 지형이 국제법상의 섬이 되려면 항상 수면 위에 노출되어 있어야 하므로, 썰물 때에는 수면 위에 노출되었다가 밀물 때

36 Symmons, *op.cit.*, pp.28-30.

37 Mississippi-Alabama Sea Grant Legal Program, "Alaska Loses Battle for Submerged Lands," http://masglp.olemiss.edu/Water(2014.6.20).

에는 물속에 잠기는 간조노출지(간출지)는 국제법상 섬의 지위를 가지지 못하며, 그것이 연안국의 영해 내에 위치하는 경우 기선 설정에 활용될 수 있을 뿐이다.

국제조약과 각국의 실행 그리고 국제법원과 재판소의 입장을 분석해 보면, 오늘날 법적인 의미에서의 섬이 되기 위한 조건으로 만조시 노출이 필요조건이라는 데 대해서는 별다른 이견이 없다. 그렇지만 섬 제도의 발달과정을 살펴보면, 만조시 노출을 섬이 되기 위한 조건으로 하는 데 대해서 반대가 없었던 것은 아니다. 1930년 헤이그성문화회의에서는 '섬'에 대한 개념조차 정립되지 못하였던 데다가 간출지와의 혼동으로 만조시 노출을 섬의 조건으로 삼는 데 어려움이 있었다.[38] 회의 이전인 1929년 설문지에 대한 답신을 통하여 밝혀진 각국의 입장을 보면 간출지(low-tide elevation)도 섬으로 인정해야 한다는 주장과 만조시 수면에 노출되는 육지지역만을 섬으로 해야 한다는 주장이 균형을 이루고 있었다.[39] 결국 1930년 회의에서는 이들 양측 주장 간의 타협에 의하여 만조시 노출되는 육지만을 법적인 섬으로 하고, 간출지는 그것이 영해 내에 위치하는 경우에는 영해의 한계를 측정하는 데 사용할 수 있게 하였다.[40]

그 후 1954년 국제법위원회 특별보고자 François는 세 번째 보고

38 Clive Ralph Symmons, *The Maritime Zones of Islands in International Law*, Martinus Nijhoff, 1979, p.42: Bowett, *op.cit.*, p.6.

39 설문에 대한 답신에서 영국, 오스트레일리아, 인도, 뉴질랜드 등은 간출지는 섬에서 제외해야 한다고 하였다. 반면에 미국, 루마니아, 덴마크, 핀란드, 독일, 일본, 노르웨이 등은 간출지도 섬의 지위를 가져야 한다는 입장이었다. 특히 미국은 간조시 수면 위에 노출되는 모든 자연적으로 형성된 육지표면이 섬으로 간주되어야 한다고 하였고, 루마니아는 섬이란 그것이 바위로 되어 있든 아니든, 바닷물로 덮여 있든 아니든, 그 위로 항해가 불가능한 것이라고 하였다. *Ibid.*(Symmons), p.230, note 281.

40 Bowett, *op.cit.*, p.6.

서에서 섬을 항상 만조점 위에 존재하는(permanently above high-water mark), 물로 둘러싸인 육지지역이라고 정의하였다. 이에 Lauterpacht는 예외적인 경우에 대비하여 '항상 만조점 위에 존재하는' 앞에 '정상적인 상황에서'(in normal circumstances)라는 표현을 첨가한 수정안을 제출하였다.[41] 이러한 수정안에 대해 일부에서는 "정상적인 상황에서"라는 개념은 이미 초안에 함축되어 있으므로 그러한 표현을 추가할 필요는 없다고 하였으나, François는 Lauterpacht의 제안을 받아들였으며, 국제법위원회는 섬을 "정상적인 상황에서 항상 만조점 위에 존재하는 물로 둘러싸인 육지지역"이라고 정의하였다.[42]

하지만 1958년 제1차 유엔해양법회의는 미국이 제출한 수정안을 심의하는 과정에서 다시금 '정상적인 상황에서'라는 표현을 삭제하기로 하였다. 미국은 수정안을 제출하면서 '정상적인 상황에서'라는 표현과 '항상'이라는 용어는 상충되며 조수의 움직임과 섬의 지위의 관계에 관해 아직 확립된 국가관행이 존재하지 않는다는 것을 이유로 들었다.[43] 그리하여 1958년 영해협약은 만조시 수면 위에 존재하는 섬을 법적인 의미의 섬으로 정의하게 되었다. 결국 법적인 섬이 되려면 만조시 수면 위에 노출되어야 한다는 원칙은 1930년 헤이그성문화회의와 1958년 제1차 유엔해양법회의를 거치면서 확립되었으며, 1982년 해양법협약에서도 이 원칙은 그대로 유지되었다.

'만조시 노출'이란 조건의 정확한 의미도 보다 세밀한 검토가 필요하다. 섬이 되려면 그야말로 항상 수면 위에 존재해야 하는 것인지,

41 *ILC Yearbook*, 1954, Vol. I, p.92.
42 Symmons, *op.cit.*, p.42.
43 UN Doc. A/Conf. 13/C. 1/L.116.

아니면 하루 24시간 중 일정한 시간 이상만 노출되어 있으면 되는 것인지 결정해야 한다. 그러나 각국의 해양수역 확대노력은 만조시 노출의 정확한 의미를 파악하는 데 혼란을 초래하고 있으며, 국제법원과 재판소들도 이 문제에 대해 명확한 입장표명을 유보하고 있다. 영불대륙붕사건에서 영국은 Eddystone Rock의 암석들 중 일부는 통상적인 대조(mean highwater springs)시에도 항상 수면 위에 존재하므로 이들은 섬의 지위를 갖는다고 하였다.[44] 반면에 프랑스는 국제관습법은 섬과 간출지를 구분하는 기준으로 여러 형태의 조수 사이에 구분을 하지 않는다고 하면서, 1년 동안 한 번도 바닷물 속에 잠기지 않는 지형만이 섬의 지위를 갖기 때문에 Eddystone Rock은 간출지라고 하였다.[45] 이러한 양국의 주장에 대해 중재재판소는 Eddystone Rock과 서부 채널지역의 기점설정 문제는 직접적인 관련이 없다고 하면서, Eddystone Rock이 섬의 지위를 갖는가 하는 데 대해서는 명확한 입장을 밝히지 아니하였지만, '만조시 노출'의 기준에 관해서는 영국의 견해가 타당하다는 입장이었다.[46]

미국 연방정부와 알래스카 주정부 간의 Dinkum Sands 사건에서는 섬의 조건 중에서 '육지지역'이어야 한다는 조건과 함께 만조시 노출이라는 조건에 대해서도 검토가 이루어졌었다. Dinkum Sands는 과거에는 항상 수면 위에 노출되어 있었던 때도 있었지만, 최근에는 대

44 영국은 1858년 자국이 조사한 바에 의하면 옛날에 등대가 있었던 House Rock의 표고는 19피트 이었으며, 1960년 조사한 바로는 현재 등대가 위치하고 있는 보다 낮은 암석의 표고는 17피트라고 하였다. 그러나 그 후 조사한 바에 의하면 옛날 등대가 있었던 House Rock는 통상적인 대조(mean highwater spring tide)시에는 단지 수면 위 0.2피트에 불과하였다. *Channel Pilot* 1971 ed., p.108; Symmons, *op.cit.*, p.44.

45 *Anglo French Continental Shelf Case*, Award, 1977, paras.125,138.

46 Symmons, *op.cit.*, pp.44-45.

부분 얕은 물로 덮여 있다가 가끔 슬리핑백 정도의 크기로 수면에 노출되는 간출지라고 할 수 있다. 따라서 미국 연방정부는 1958년 영해협약은 섬의 항구성(impermanence)을 요구한다고 보아서, 기온의 변화에 따라 섬과 주변의 해양수역이 나타났다가 사라지는 해양지형은 '진정한 섬'(a true island)이 될 수 없다고 하였다. 반면에 알래스카 주정부는 오늘날 국제법에서는 그 '육지'가 자연적으로 형성된 것인가 하는 점만을 고려한다고 하면서, Dinkum Sands가 수면 위에 존재하는 기간만이라도 섬으로 취급되어야 한다고 주장하기도 하였으나, 미국 대법원의 지지를 이끌어내지는 못했다.[47]

제3절 | 섬의 기선

1. 기선 설정의 일반원칙

해양법에서 연안국의 관할권에 속하는 영해를 비롯한 대부분의 해양관할수역의 범위는 연안의 일정한 지점에서부터의 거리에 의해 측정되어진다. 그러한 연안국의 관할수역의 출발점을 기선(baseline)이라고 하는데, 기선은 영해는 물론 접속수역과 배타적 경제수역 그리고 때로는 대륙붕의 외측한계를 측정하는 출발점으로 사용된다. 뿐만 아니라 기선은 외국이 아무런 일반적 권리도 가지지 못하는 수역인 내수와 외국이 일정한 권리를 향유하는 수역 간의 분계선이 되기도 하며, 인접한 연안국들이 그들 간의 해양경계선을 중간선·등거리

47 Mississippi-Alabama Sea Grant Legal Program, "Alaska Loses Battle for Submerged Lands," http://masglp.olemiss.edu/Water(2014.6.20).

선 방식으로 획정하고자 하는 경우에는 경계선획정에도 활용되는 등 해양법에서는 매우 중요한 제도이다.[48]

오늘날에는 일반적으로 그냥 '기선'(baseline)이라 부르는 해양관할수역의 출발선인 이 선은 과거에는 '영해기선'(territorial sea baseline)이라 불렸으며 영해법의 일부로 다루어졌다. 영해기선이란 명칭은 영해가 연안국의 유일한 관할수역이었던 때에는 타당한 것이었다. 물론 1982년 해양법협약도 기선에 관한 규정들을 제2부(Part II) '영해 및 접속수역' 부분에 배치하였으나, 오늘날 이 선은 영해는 물론 접속수역, 경제수역, 대륙붕의 외측한계를 측정하는 데 사용되고 있다. 따라서 이 선의 명칭으로 영해기선보다는 기선이 적합하게 되었으며, 기선 제도도 영해법에서 분리하여 다루는 것이 타당하게 되었다.[49]

기선 설정에 관한 규칙은 처음에는 국제관습법에 의해 발달되어 왔으며, 1930년 헤이그성문화회의에서도 논의되었다. 성문화회의는 해양법과 관련하여 아무런 명시적 합의도 도출하지는 못했지만, 회의가 일반적인 영해기선으로 인정한 저조선(low-water loine)은 후일 통상기선으로 널리 사용되게 되었다.[50] 통상기선(normal baseline)은 일반적인 상황에서 사용되는 기선이다. 1958년 영해협약의 규정을 이어받아 1982년 해양법협약은 제5조에서 "이 협약에 다른 규정이 있는 경우를 제외하고는, 영해의 폭을 측정하기 위한 통상기선은 연안국

48 Churchill and Lowe, *op.cit.*, p.31.

49 Bowett, *op.cit.*, p.1.

50 기선 문제가 국제적인 차원에서 본격적으로 논의되기 시작한 것은 1930년 헤이그성문화회의(Hague Codification Conference)부터이지만, 이 회의는 해양법에 관하여 아무런 합의도 이끌어내지 못하였다. 그렇지만 기선과 관련하여 회의가 이룩한 성과들은 1950년대 들어 유엔 국제법위원회(International Law Commission)가 이 문제를 다룰 때 중요한 기초자료가 되었다. Churchill and Lowe, *op.cit.*, p.32.

에 의하여 공인된 대축척해도(large-scale charts)에 표시되어 있는 해안의 저조선(the low-water line along the coast)이다"라고 하였다. 오늘날 해양법은 해안에 특별한 상황이 없는 한 저조선 또는 간조선을 기선으로 삼도록 한 것이다. 해양법이 저조선을 기선으로 채택함으로써, 간만의 차이가 심한 곳에서 영해 등 연안국 해양수역의 외측한계는 그만큼 해양 쪽으로 멀리 나아가게 되었다.[51]

해양법협약 제5조의 '저조선'의 의미에 대해서는 해석상 큰 문제는 없지만 조수간만의 차이가 큰 곳에서는 다소 논란이 있을 수 있다. 저조선을 측정하는 데 관한 국제적인 표준도 확립되어 있는 것은 아니나, 유엔에서는 국제수로기구(IHO)의 결의에 따라 조수가 자주 그 이하로 내려가지 못하는 수준인 조수최저수준(lowest tidal level)을 사용한다. 앞으로 기선관련 문제는 무엇보다도 기후변화로 인한 해수면 상승 때문에 발생할 것으로 예상된다. 해수면상승이 발생하면 통상 기선의 기준이 되는 저조선에 변화가 초래되는 것은 물론이고, 기점으로 사용되어 온 일부 간출지는 완전히 수면 밑으로 내려가 더 이상 기점으로 사용할 수 없는 경우가 발생할 수도 있기 때문이다.[52]

대부분의 해안선이 굴곡이 없이 직선으로 되어 있다면 기선을 긋는 일은 매우 단순한 작업일 것이다. 하지만 실제로 상당히 많은 곳에서 해안선은 굴곡이 심하고 연안에는 크고 작은 섬들이 위치해 있

51 고대 로마시대에는 해안이란 일반적으로 만조점(high-water mark)을 기준으로 말하는 것이었고, 커먼로에서는 만조점과 저조점 사이에서 유동하는 가변적인 수역을 의미하였다. 저조선은 1839년 영국과 프랑스 간 어업협정에 처음 등장하였다고 여겨지며, 1930년 헤이그 성문화회의와 1951년 ICJ의 어업사건 판결을 거치면서 통상기선 설정방법으로 위치를 굳히게 되었다. D. P. O'Connel, *International Law of the Sea*, vol. 1, Clarendon Press, 1982, pp.171-173.

52 Donald R. Rothwell and Tim Stephens, *The International Law of the Sea*, Hart Publishing, 2010, p.42.

어서 매우 복잡한 모습을 보이고 있다. 따라서 기선에 관한 국제법은 이러한 다양한 지리적 상황에 대처할 수 있도록 별도의 규정들을 필요로 하게 되었으며, 통상기선 이외에 직선기선이 사용되고 있다.[53]

오늘날 국제해양법에서는 해안의 굴곡이 심하거나 연안에 많은 섬들이 있는 경우에는 육지나 섬의 외측점인 기점을 직선으로 연결하는 직선기선을 설정할 수 있도록 하였다. 해양법협약도 통상기선인 저조선에 대한 예외로 직선기선을 설정하는 데 관한 규정들을 두고 있다. 협약의 직선기선에 관한 규정으로는 일반적인 규정인 제7조(직선기선)를 비롯하여, 하구를 가로지르는 선(제9조), 만구를 가로지르는 선(제10조), 항구적인 항만시설 연결선(제11조), 군도기선(제47조)에 관한 규정들이 있다.

19세기부터 유럽각국에서 사용되어 온 직선기선은 1951년 영국과 노르웨이 간 어업사건에 대한 국제사법재판소의 판결을 계기로 만 이외에 굴곡이 많은 육지나 섬이 있는 경우에도 널리 사용되게 되었다. 어업사건은 노르웨이가 1935년 국왕령(Royal Decree)을 발표하여 육지의 돌출부와 섬, 암초를 연결하는 직선기선을 설치하고 북위 66도 28분 이북의 1천 마일에 달하는 해안에 4해리 어업전관수역(Exclusive Fishery Zone)을 설치하면서 시작되었다(〈지도 3-2〉 참조). 오래전부터 이곳에서 어로를 해 온 영국의 제소로 국제사법재판소(ICJ)가 이 사건을 다루게 되었는데, 재판소는 1951년 판결에서 영국의 주장을 기각하고 노르웨이의 직선기선은 국제법에 어긋나지 않는다고 하

53 연안국들은 자국의 해양수역 확대를 위하여 의도적으로 과도한 직선기선을 사용하기도 한다. 1951년 어업사건에서 국제사법재판소도 언급한 바와 같이, 각국의 해양수역의 범위는 각국이 결정하지만 해양에 경계선을 긋는 것은 항상 국제적인 측면을 가진다는 점을 유념해야 한다.

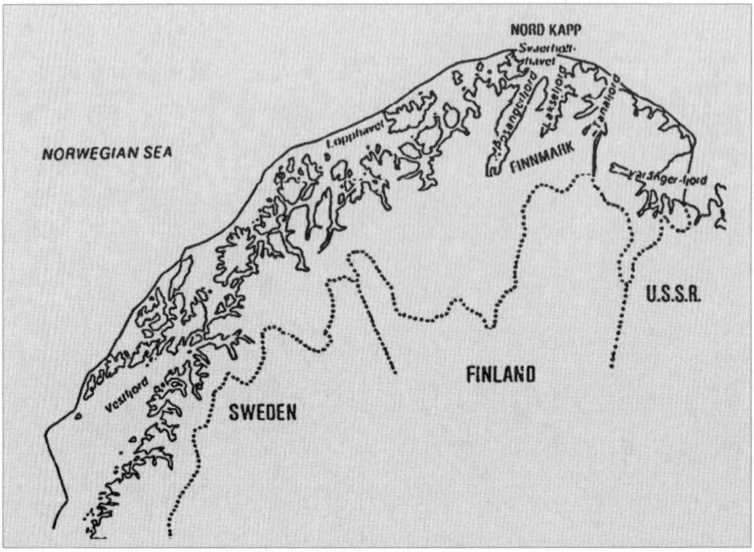

〈지도 3-2〉 노르웨이 직선기선

였다. 재판소는 '스캬엘가드'를 노르웨이 본토의 연장으로 보아서 노르웨이가 획정한 직선기선의 타당성을 인정하였지만, 직선기선 설정 시 지켜야 할 몇 가지 준칙을 제시하였다. 즉 직선기선은 '해안의 일반적 방향'(the general direction of the coast)에서 현저히 벗어나면 안 되며, 직선기선의 안쪽 수역은 내수에 포함될 정도로 육지영토와 밀접한 관련을 가져야 하고, 오랜 관행에 의해 증명되는 어떤 수역에 대한 경제적 이익과 현실, 중요성을 고려해야 한다고 하였다.[54]

1951년 어업사건에 대한 ICJ 판결은 주로 노르웨이 해안의 특수성을 강조하는 것이었지만 거기에서 표명된 직선기선 설정에 관한 준칙은 영해와 기타 해양수역 설정에 많은 영향을 주었다.[55] 1958년 영

54 *Fisheries* (*United Kingdom v. Norway*), Judgement, ICJ Reports, 1951, p.116.
55 Lothar Gündling, "Fisheries Case," in *Encyclopedia of Public International Law*, vol.2, North-

해협약은 직선기선 개념을 받아들였을 뿐 아니라 직선기선 설정과 관련하여 어업사건에 대한 판결에서 ICJ가 제시한 준칙들을 수용하였다. 이러한 입장은 해양법협약에도 계승되어 협약 제7조는 직선기선과 관련하여 다음과 같은 규정을 두었다.

제7조 | 직선기선

1. 해안선이 깊게 굴곡이 지거나 잘려 들어간 지역(coastline is deeply indented and cut into), 또는 해안을 따라 아주 가까이 섬이 흩어져 있는 지역(there is a fringe of islands along the coast in its immediate vicinity)에서는 영해기선을 설정함에 있어서 적절한 지점을 연결하는 직선기선의 방법이 사용될 수 있다.
2. 삼각주가 있거나 그 밖의 자연조건으로 인하여 해안선이 매우 불안정한 곳에서는, 바다쪽 가장 바깥 저조선을 따라 적절한 지점을 선택할 수 있으며, 그 후 저조선이 후퇴하더라도 직선기선은 이 협약에 따라 연안국에 의하여 수정될 때까지 유효하다.
3. 직선기선은 해안의 일반적 방향으로부터 현저히 벗어나게 설정할 수 없으며(must not depart to any appreciable extent from the general direction of the coast), 직선기선 안에 있는 해역은 내수제도에 의하여 규율될 수 있을 만큼 육지와 충분히 밀접하게 관련되어 있어야 한다.
4. 직선기선은 간조노출지(low-tide elevation)까지 또는 간조노출지로부터 설정할 수 없다. 다만, 영구적으로 해면 위에 있는 등대나 이와 유사한 시설이 간조노출지에 세워진 경우 또는 간조노출지 사이의 기선 설정이 일반적으로 승인을 받은 경우에는 그러하지 아니하다.

Holland Publishing Co., 1981, pp.94-95.

5. 제1항의 직선기선의 방법을 적용하는 경우, 특정한 기선을 결정함에 있어서 그 지역에 특유한 경제적 이익이 있다는 사실과 그 중요성이 오랜 관행에 의하여 명백히 증명된 경우 그 경제적 이익을 고려할 수 있다.
6. 어떠한 국가도 다른 국가의 영해를 공해나 배타적 경제수역으로부터 격리시키는 방식으로 직선기선 제도를 적용할 수 없다.

해양법협약은 ICJ의 어업사건에 대한 판결 이후 관습법 규칙으로 인정되어 오다가 마침내 1958년 영해협약에 규정된 직선기선 설정에 관한 규정들을 계승하여, 해안의 굴곡이 심하고 해안에 일련의 섬들이 있는 경우에는 직선기선을 설정할 수 있다고 하였다. 일반적으로 해양법협약은 직선기선 설정과 관련하여 상당히 상세한 규정을 둔 것으로 평가되고 있으나, 일부 학자들은 처음부터 협약 제7조의 모호한 용어들과 기준 때문에 세계 거의 모든 국가들이 그 해안에 직선기선을 그을 수 있게 되었다는 부정적인 평가를 내놓기도 하였다. 이는 해양법협약의 직선기선 제도에는 연안국이 상당한 재량을 행사할 수 있는 부분들이 많이 있어서 남용의 가능성이 크며 국가 간에 갈등의 원천이 될 수가 있다는 의미이다. 직선기선의 사용을 허용하는 조건인 "해안선이 깊게 굴곡이 지거나 잘려 들어간" "해안을 따라 아주 가까이 섬이 흩어져 있는" "해안선이 매우 불안정한"에 대한 판단과 직선기선 설정을 위해 따라야 할 "해안의 일반적 방향" "육지와 밀접한 관계"와 같은 조건에 대한 판단은 상당부분 주관적인 판단을 요하는 만큼 국가 간 갈등의 원인이 될 수 있으며, 협약이 허용가능한 직선기선의 길이에 대하여 아무런 규정을 두지 못한 것도 아쉬운 부분이다.[56]

최근 자료에 의하면 지구상의 150여 개 연안국 중에서 90개 이상의 국가들이 그 국내법에 직선기선에 관한 규정을 두었다고 한다. 물론 그 모든 국가가 실제로 직선기선을 공포한 것은 아니지만, 연안국 중의 일부는 해양법협약의 기선에 관한 규정을 자의적으로 해석하였을 가능성이 있다.[57] Prescott는 해양법협약 제7조에 대한 주요 위반사례로 해안이 깊게 잘려 들어가지 아니한 곳에 직선기선을 그은 경우, 해안 가까이 위치하지 아니한 섬에 직선기선을 그은 경우, 저조점이 아닌 바다에 기점을 설치한 경우, 대륙국가가 연안의 군도 주변에 직선기선을 설치한 경우, 획정된 직선기선의 미공표 등이라고 하였다.[58]

과도한 직선기선을 획정하는 것은 특히 아시아-태평양 지역에서 두드러졌다. 버마는 마르타반만(Gulf of Martaban)을 가로질러 222해리에 달하는 직선기선을 그어 14,300평방해리를 그 내수로 만들었다. 아시아 국가 중에서 인도와 스리랑카, 말레이시아는 직선기선 제도를 채택하지 않았으나, 파키스탄, 몰디브, 방글라데시, 태국, 캄보디아, 베트남, 러시아, 필리핀이 그은 직선기선은 관련 국제법에 다소 어긋나는 것으로 평가되고 있다. 우리나라와 인접한 중국과 일본, 러시아, 대만의 직선기선도 관련 국제법 규칙에 부합하는 것으로 볼 수 없으며, 우리나라의 기선에 대한 평가도 통일되어 있지 않다.[59]

56 Rothwell and Stephens, *op.cit.*, p.44; Clive Schofield, "Departures from the Coast: Trends in the Application of Territorial Sea Baselines under the Law of the Sea Convention," *International Journal of Marine and Coastal Law*, vol. 27, 2012, pp.726-727.

57 Roach와 Smith는 각국의 해양과 그 자원에 대한 욕심은 과도한 직선기선을 초래하여 많은 국제적인 문제를 야기한다고 하면서, 불행하게도 그러한 경향은 아시아 지역에서 강하게 나타나고 있다고 하였다. Ashley Roach and Robert W. Smith, "Straight Baselines: The Need for a Universally Applied Norm," *Ocean Development and International Law*, vol. 31, 2000, pp.47-48.

58 Rothwell and Stephens, *op.cit.*, p.50.

59 J. Ashley Roach and Robert W. Smith, *United States Responses to Excessive Maritime Claims*, 2nd edition, Martinus Nijhoff, 1996, pp.47-48.

그런데 기선은 한 국가에 의해 일방적으로 설정되는 것이기 때문에, 과도한 주장이 있는 경우에도 직접 그 영향을 받게 될 국가만이 항의를 제기할 뿐, 다른 국가들이 이와 관련하여 공식적으로 항의하거나 문제를 제기하는 경우는 매우 드물다. 더구나 국제적인 재판기관이나 사법기관은 일단 사건이 자신에게 부탁된 경우에만 기선의 합법성을 심의하게 되는바, 국제적인 차원에서 기선의 정당성 문제를 다루는 데에는 한계가 있다.[60]

2. 섬의 기선

1982년 유엔해양법협약은 물로 둘러싸여 있으며, 밀물일 때에도 수면 위에 있는, 자연적으로 형성된 육지지역을 섬이라고 하면서, '암석'(rock)에 해당하지 않는 한 섬의 영해, 접속수역, 배타적 경제수역 및 대륙붕은 다른 영토에 적용가능한 협약의 규정에 따라 결정한다고 하였다. 이는 섬의 해양수역창설능력은 물론이고 기선의 설정방법도 육지영토의 그것에 준하도록 한 것이다.

기선은 한 국가의 영토 또는 내수와 다른 해양수역 간의 경계선을 나타내는 선으로, 정상적인 상황에서는 해양법협약의 규정대로 연안국에 의하여 공인된 대축척해도에 표시되어 있는 해안의 저조선(the low-water line along the coast)이다. 그러나 해안의 굴곡이 심하거나 연안에 많은 섬들이 있는 경우에는 육지나 섬들의 외곽점을 기점(base point)으로 연결하는 직선기선을 설정할 수 있다. ICJ는 1951년 영국과 노르웨이 간 어업사건에 대한 판결에서 '스캬엘가드'는 노르웨이

60 Rothwell and Stephens, *op.cit.*, p.51.

본토의 연장이고 영토와 바다를 구분하는 것은 본토의 해안선이 아니라 스캬엘가드의 외측선이라고 하여 직선기선의 정당성을 인정한 바 있다.

카타르 대 바레인사건에서, 바레인은 자국은 복수도서국가(Multiple-island State)라고 하면서 외곽의 섬들과 그 영해 내에 위치한 간출지를 연결하는 직선기선을 사용한 지도를 재판소에 제출하였었다. 바레인은 자국의 주요 섬들 연안에는 많은 섬들이 존재하므로, 외곽의 섬들과 간출지를 직선으로 연결할 권한이 있다고 하였다. 이에 대해 재판소는 직선기선의 사용은 기선 설정을 위한 통상적인 규칙에 대한 예외로서 허용되는 것이며, 이를 위해서는 해안이 만곡이 심하거나 그 주변에 일련의 섬들이 존재하는 등의 조건을 충족해야 한다고 하였다. 재판소는 바레인 주요 섬의 해안은 만곡이 심하지 않으며 그 주변에 일련의 섬들이 가까이 산재해 있는 것도 아니라고 하면서, 스스로를 복수도서국가 또는 사실상의 군도국가라고 주장하는 국가도 기선 설정을 위한 통상적인 규칙으로부터 이탈할 수는 없다고 하였다.[61]

유엔해양법협약은 암초(reefs)의 기선에 관하여 특별한 규정을 두었다. 협약은 제6조에서 "환초상에 위치한 섬 또는 가장자리에 암초를 가진 섬의 경우, 영해의 폭을 측정하기 위한 기선은 연안국이 공인한 해도상에 적절한 기호로 표시된 암초의 바다 쪽 저조선으로 한다"고 하였다. 이는 환초상에 위치한 섬과 가장자리에 암초를 가진 섬은 암초의 바다쪽 저조선을 기선으로 한다는 것인데, 여기에서 말하는 '환초'(atolls)란 원형의 암초로서 해수면에 근접해 있거나 저조시 노출되

61 *Maritime Delimitation and Territorial Questions between Qatar and Bahrain* (*Qatar v. Bahrain*), Judgement, ICJ Reports, 2001, paras.210-214.

는 암석을 의미하고, '가장자리 암초'(fringing reefs)란 해안이나 육지에 가까이 붙어 있는 암초와 바로 부근에 위치한 암초를 뜻한다.[62]

기선 설정은 본래 국내문제에 속하는 것일 수 있지만, 한 국가에 의한 기선 설정이 다른 국가의 이익을 침해할 수 있으므로 그 정당성에 대한 판단은 국제법에 비추어 결정되어야 한다. 그러한 맥락에서 황해와 동중국해에서의 해양관할권 문제와 관련하여 우리나라와 주변국가들의 기선제도를 살펴본다.

우리나라의 영해법과 시행령은 1977년에 마련되었으며, 1995년에 개정되었다. 우리나라는 동해안의 단순함을 고려하여 기점 1번 북쪽에는 통상기선을 설치하였다(〈지도 3-3〉 참조). 그러나 우리나라의 남해안과 서해안은 요철이 심하고 주변에는 섬과 암초가 많아서 직선기선의 사용을 정당화한다. 그러나 미국 국무부가 발간하는 *Limits in the Seas*에 의하면, 한국은 해양법협약이 상정한 직선기선 사용을 위한 지리적 조건을 충족하지 못하는 곳에 긴 직선기선을 사용하였다고 하였다. 또한 우리나라가 사용한 기점 중의 일부는 기점으로 삼기에 부적합하며, 우리나라가 사용한 총 19개의 직선기선 가운데 24해리 이내인 것이 12개, 24해리에서 48해리 사이가 5개, 48해리 이상인 직선기선이 2개에 달한다는 것이다.[63] 특히 서해와 남해에 획정한 직선기선 중에서 홍도와 간여암 사이, 절명서와 소흑산도 사이, 횡도와 고서 사이의 직선기선은 길이가 46.9해리, 60.3해리, 53.91해리에 달하

62 해양법포럼, 『유엔해양법협약 해설서 I』, 지인북스, 2009, pp.37-38; UN Office for Ocean Affairs and the Law of the Sea, *Baselines: An Examination of the Relevant Provisions of the United Nations Convention on the Law of the Sea*, Appendix I (Glossary of Technical Terms), 1989, p.47.

63 United States Department of State, "Straight Baselines and Territorial Sea Claims: South Korea," *Limits in the Seas*, No. 121, 1998, pp.4-8.

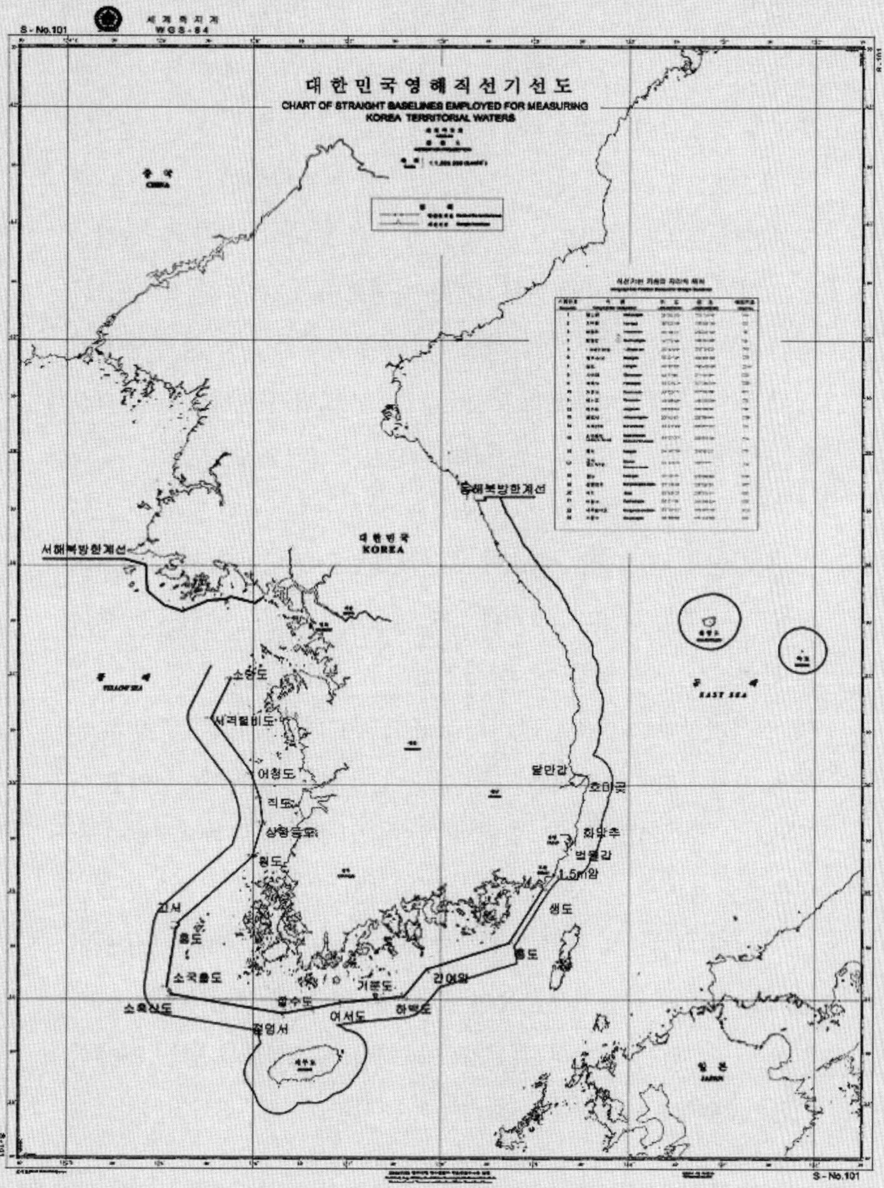

〈지도 3-3〉 한국의 직선기선

는 비교적 긴 것이어서 다른 국가들이 이의를 제기할 수는 있다.

중국은 우리나라보다 훨씬 긴 직선기선들을 사용하고 있으며, 간출지와 암초들이 기점으로 사용되고 있다. 중국은 1958년 9월 4일 「中華人民共和國政府關于領海的聲明」을 통해 발해만을 내수로 선언하면서 본토와 연안도서 중 제일 바깥 쪽 도서의 기점들을 연결하는 직선기선을 기선으로 한다고 발표하였으며, 1992년 2월 25일 중화인민공화국 제7차 전국인민대표회의 상무위원회 24차 회의에서 채택된 「中華人民共和國領海及毗連區法」은 12해리 영해와 직선기선을 주장하면서, 제2조에서는 영해를 가질 수 있는 육지영토를 "대륙과 연안도서 대만 및 조어도를 포함하는 대만에 부속된 도서, 팽호열도, 동사군도, 서사군도, 중사군도, 남사군도, 그리고 그 외의 일체의 중국 도서"라고 하였다. 그러나 1958년도와 1992년도에 공표된 중국의 관련법은 모두 저조선을 통상기선으로 한다는 언급을 한 바 없으며, 직선기선의 기점을 나타내는 좌표도 공표한 바 없었다.[64] 특히 중국은 1996년 5월 15일 제8차 전국인민대표대회에서 해양법협약을 비준하기로 동의하면서 상무위원회 명의로 해양법에 관한 4개항의 성명을 발표하면서 자국의 직선기선을 발표하였는데, 대륙연안과 해남도의 49개 기점으로 구성된 직선기선군과 서사군도 주변의 28개 기점으로 구성된 직선기선군을 발표하였다. 본토와 해남도에는 49개 기점을 연결하는 48개의 직선기선 중에서 50퍼센트를 넘는 25개의 기선이 24해리 이상이며, 24해리에서 48해리가 9개, 48해리에서 100

64 United States Department of State, "Straight Baselines and Territorial Sea Claims: China," *Limits in the Seas*, No.117, 1996, p.2. 그렇지만 중국은 자국의 해안선은 깊게 굴입되어 있고 주변에 많은 섬들이 있어서 직선기선을 사용할 수 있는 조건을 갖추고 있는 것으로 보고 있다는 해석도 있다. Jeanette Greenfield, *China's Practice in the Law of the Sea*, Clarendon Press, 1992, pp.64-65.

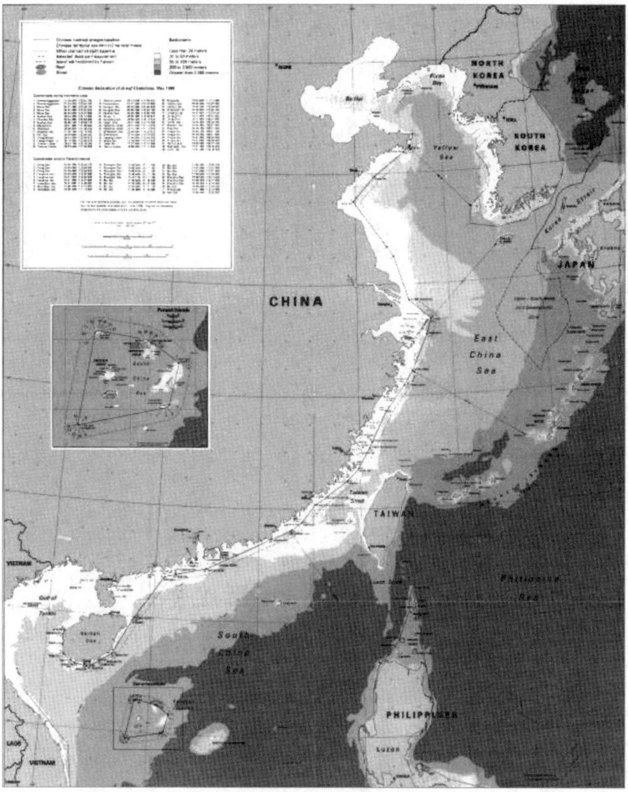

〈지도 3-4〉 중국의 직선기선
출처: U.S Department of State, Limits in the Seas, No. 117.

해리가 13개, 100해리 이상인 직선기선도 3개에 달한다. 더구나 중국이 기점을 설치한 일부 해양지형은 간출지나 외딴 암초에 불과하여, 해양법협약에 비추어 볼 때 상당히 문제가 많다. 중국의 과도한 직선기선은 주변국가의 해양이익에 손상을 가져올 수 있는 것으로 국제법에 비추어 정당성을 인정받기는 어렵다고 할 것이다(〈지도 3-4〉 참조).[65] 하지만 버마, 캄보디아, 말레이시아, 북한, 러시아, 태국, 베트남

65 *Ibid.*, pp.4-8.

의 기선주장도 중국의 주장과 별반 다르지 않다고 하면서, 해양법협약의 정신을 훼손해가면서 과도한 기선을 주장하는 것이 아시아에서는 너무도 흔한 일이라는 평가도 있다.[66]

일본은 1996년 영해법을 개정하면서 직선기선 제도를 정비하였다. 일본은 섬들의 해안을 따라 15개의 직선기선군(groupings of straight baselines)을 설치하였는데, 길이가 0.09해리에서 85.2해리에 이르는 총 162개의 기선 중에서 72퍼센트는 24해리 이내이나 나머지 28퍼센트는 24해리 이상이었다.[67] 또한 그 주변에 직선기선이 설정된 일본의 섬들의 해안지리는 일반적으로 해양법협약 제7조의 요건을 충족하지 못하고 있다는 것이다. 일본의 도서의 해안선은 대부분 깊게 만입되어 있지 아니하며, 섬 가까이에 암초들이 많이 있는 것도 아니라는 것이다.[68] 일본의 직선기선 중에서 특히 우리나라에게 영향을 줄 수 있는 것은 동해안 쪽에 그어진 직선기선들이다.

3. 간조노출지의 지위와 기선

간조노출지 또는 간출지(low-tide elevation)란 썰물일 때에는 물로 둘러싸여 물위에 노출되나 밀물일 때에는 물에 잠기는 자연적으로 형성된 육지지역을 말하는데, 과거에는 각종 문헌이나 조약 등에서 'drying rock'나 'bank'라 언급되기도 하였다. 그러나 종래의 국제관습

66 Daniel J. Dzurek, *The People's Republic of China Straight Baseline Claim*, Boundary and Security Bulletin, IBRU, 1996, p.85.

67 United States Department of State, "Straight Baselines and Territorial Sea Claims: Japan," *Limits in the Seas*, No. 120, 1998, pp.5-6. 해양법협약에는 직선기선의 길이에 관하여 아무런 규정이 없으며, 학자들은 24해리에서 48해리 사이에서 그 한계를 주장한다. 그러나 미국은 직선기선의 길이가 24해리를 넘어서는 안 된다는 입장이다.

68 *Ibid.*, p.6.

법에서 영해경계획정에 대한 간조노출지의 효과는 불분명한 상태에 있었다.[69]

오늘날 간출지의 기선 설정에 있어서의 지위는 1930년 헤이그성문화회의에서 이루어진 타협의 산물이다. 헤이그회의에서는 만조시 수면 위에 드러나는 지형만을 국제법상의 섬으로 인정하자는 주장과 간조시 드러나는 지형도 섬으로 하자는 주장이 대립하였다. 그러나 결국 양측 간에 타협이 이루어져서, 만조시 드러나는 지형만을 국제법상의 섬으로 인정하되, 간출지가 영해 내에 위치하는 경우에는 기선 설정에 활용할 수 있도록 한 것이다.[70]

하지만 간출지의 정의와 법적 지위가 분명해진 것은 1958년 영해협약에 의해서이다. 영해협약 제11조는 1982년 해양법협약 제13조에 그대로 계승되었는데, 간조노출지가 본토나 섬으로부터 영해의 폭을 넘지 아니하는 거리에 위치하는 경우 간조노출지의 저조선을 영해기선으로 사용할 수 있으며, 간조노출지가 본토나 섬으로부터 영해의 폭을 넘는 곳에 위치하는 경우에는 자체의 영해를 가지지 못한다고 하였다.

해양법협약도 간출지에 대하여 특별한 규정을 두었다. 협약 제13조 1항에 의하면 간조노출지란 "썰물일 때에는 물로 둘러싸여 물위에 노출되나 밀물일 때에는 물에 잠기는 자연적으로 형성된 육지지역"이다. 연안국의 해양수역은 연안국의 '해안'으로부터 설정되며, 여기에서 말하는 해안이란 육지영토와 법적인 섬의 해안을 의미하므로, 간출지는 원칙적으로 기선 설정에 활용될 수가 없다. 그러나 "간출지

69 Churchill and Lowe, *op.cit.,* p.48.
70 Bowett, *op.cit.*, p.10.

의 전부 또는 일부가 본토나 섬으로부터 영해의 폭을 넘지 아니하는 거리에 위치하는 경우"에는 그 간출지의 저조선을 영해기선으로 사용할 수 있는 것이다. 결국 해양법협약에 의하면 영해 내의 간출지들이 기선 설정에 활용될 수는 있지만 그것은 하나의 간출지에 적용되는 것일 뿐이며, 하나의 간출지로부터 영내너비 안에 위치하는 다른 간출지를 기선 설정에 활용하는 이른바 'leapfrogging'은 허용되지 않는다.[71]

간출지는 직선기선의 설정에 활용될 수 없다. 다만 등대나 이와 유사한 시설이 간조노출지에 세워진 경우 및 간조노출지 사이의 기선 설정이 국제적인 승인을 받은 경우에는 직선기선 설정에 활용될 수 있다. 해양법협약은 제7조 4항에서 "직선기선은 간조노출지까지 또는 간조노출지로부터 설정할 수 없다"고 하면서, 다만 "영구적으로 해면 위에 있는 등대나 이와 유사한 시설이 간출지에 세워진 경우 또는 간출지 사이의 기선 설정이 일반적으로 국제적인 승인을 받은 경우에는" 직선기선을 그을 수 있다고 하였기 때문이다.

일부 연안국들은 자국 해양관할수역의 확대를 위하여 간출지와 같은 작은 해양지형들을 자국의 해양수역 설정을 위한 기점으로 사용하고자 시도하고 있다. ICJ는 카타르 대 바레인사건에서 간출지에 대한 영유권과 간출지의 해양수역 문제를 검토하면서 간접적으로 기선문제도 고려하였다. 이 사건에서 카타르와 바레인 양국은 Fasht ad Dibal이 간출지라는 데 대해서는 의견이 일치하였다. 그러나 카타르는 Fasht ad Dibal은 전유의 대상이 될 수 없다고 주장한 데 비해, 바

71 Churchill and Lowe, *op.cit.*, p.35; Bowett, *op.cit.*, p.12; 이석용, *op.cit.*, p.49.

레인은 간출지도 본래 영토이므로 영토획득에 관한 기준에 따라 전유의 대상이 될 수 있다고 하면서 그 귀속에 관한 문제는 양국이 제시하는 실효성을 근거로 판단해야 한다고 주장하였다.[72] 재판소는 본 사건에서 중요한 것은 어떤 간출지가 다른 국가의 영해 안에 위치하는 경우에도 그에 대해 영유권을 가질 수 있는가 하는 것이라고 하면서, 간출지의 전유를 허용하거나 배제하는 관습법규를 창설할 만한 일관되고 보편화된 국가관행은 아직 존재하지 않는다고 하였다.[73] 하지만 섬이 아닌 간출지라 할지라도 역사적 권원이 존재하는 때에는 그 법적 성격이 문제가 될 수는 있다. 예를 들어 남태평양상의 도서국가인 통가가 영유권을 주장하고 있는 간출지 Minerva 환초는 가장 가까운 거리에 있는 Ata섬으로부터 170해리나 떨어져 있지만 주변국가로부터 역사적 권리를 인정받은 바 있다.[74]

4. 섬의 기선과 해양경계획정

오늘날 해양경계획정에서는 잠정경계선으로 중간선 또는 등거리선을 긋고 관련상황을 고려하여 이를 교정해가는 방법을 사용하는 경우가 많다. 일단 해양경계획정이 필요한 관련해안(relevant coast)이 결정되면 잠정경계선으로 사용될 중간선 또는 등거리선을 긋게 되는데, 이때에 사용되는 기선은 각국이 자국의 해양관할 수역의 범위를

72 *Qatar v. Bahrain case, op.cit.*, paras.199-200.

73 *Ibid.*, paras.203-206.

74 통가가 정식으로 미네르바 환초에 대해 관할권을 주장한 것은 1972년의 일이었지만, Teleki Tonga와 Teleki Tokelau 두 개의 환초로 이루어진 Minerva 환초는 그 이전부터 통가왕국의 소유로 인정되어 왔다. 1972년초 미국 네바다주 카슨시에 본부가 있는 Ocean Life Research Foundation이란 단체가 이곳에 Minerva 공화국을 선포하였었다. 그러나 이 공화국을 승인한 나라는 하나도 없었으며, 동년 2월 호주, 뉴질랜드, 나우루, 서사모아, 피지 등 인근 국가들은 이 환초에 대한 통가의 역사적 권리를 확인하였다. Broder and Van Dyke, *op.cit.*, pp.9-29.

확정하기 위해 설정하는 기선과 다를 수 있다.

각국이 기선을 설정하는 데에는 일반적인 상황에서 해안의 저조선을 기선으로 삼는 정상기선과 해안선의 굴곡이 심하고 연안에 일련의 섬들이 있어 해안선이 복잡한 경우에 사용되는 직선기선을 사용하고 있다. 그렇지만 해양경계획정 문제가 국제사법재판소와 같은 국제법원이나 재판소에서 다루어질 때, 그곳에서는 각국이 설정한 기선을 그대로 따르지 않으며, 이를 적절히 조정하여 사용하거나 경계획정을 위한 기선을 별도로 설정하여 사용함으로써 비형평을 방지한다.

그리하여 국제사법재판소는 한 국가가 자국의 대륙붕과 경제수역의 범위를 정하기 위한 목적에서 기선을 결정하는 것과 인접국 또는 대안국 간의 대륙붕과 경제수역 경계획정을 위한 목적에서 등거리선/중간선을 긋기 위하여 기선을 정하는 것은 별개라고 하였다. 전자의 경우에 연안국은 해양법협약 제7, 9, 10, 12, 15조 규정에 부합하도록 관련 기점을 정하면 되지만, 후자의 경우 즉 2개국 또는 그 이상의 국가가 관련된 해양수역 경계획정에서는 재판소는 관련 당사국들의 기점선택에 의지할 필요가 없다고 하였다. 대륙붕과 경제수역 경계획정을 할 때에 재판소는 관련해안의 '물리적 지리'(physical geography)를 고려하여 기점을 선택한다는 것이다.[75]

그런데 최근의 국제사법재판소의 루마니아와 우크라이나 간 흑해 해양경계획정사건에 대한 판결에서, 재판소는 잠정등거리선 획정을 위하여 당사국의 직선기선과 해양수역 제도가 아닌 관련해안의 '적

75 *Romania v. Ukraine case*, *op.cit.*, para.137.

절한 기점'(appropriate points)을 찾아내는 데 집중하였다는 평가가 있어서 주목을 끌었다.[76] 이전에도 각국이 설정한 기선과 상이한 가상기선을 그어서 해양경계획정에 활용하는 사례는 있었지만, 본 사건에서는 형평을 고려하여 '가장 적절한 기점'(most appropriate basepoints)을 선정하여 해양경계선 획정에 사용함으로써, 해양경계획정에서 기점을 선정하는 것이 매우 중요한 작업이 되었다는 것이다.[77] 접근방법에 차이는 있지만, 해양경계획정과 관련하여 이전에도 미시지리적(micro-geographic) 접근방법과 거시지리적(macro-geographic) 접근방법에 관한 논의가 있었다. 거시지리적 접근방법은 '긴 해변'(long coastal front) 즉 경계획정 대상 수역 너머의 해변까지 고려하는 것이며, 미시지리적 접근방법은 일부 지리적 형상만을 고려하거나 '짧은 해변'(short coastal front) 즉 경계획정 대상 수역에 한정된 해변만을 고려하는 것이다. 거시지리적 방법에서는 소축적해도를 사용하고, 미시지리적 방법에서는 대축적해도를 사용한다. 따라서 섬이나 암초, 돌출부 및 이와 유사한 지리적 형상들은 대축적해도상의 미시지리적 방법에서는 해안의 중요한 요소가 되지만, 소축적해도를 사용하는 거시적 방법에서는 중요하지 않은 경우가 있어서 '해안의 일반적 방향'에 영향을 미치지 않는 것으로 간주되기도 하였다.[78]

국가들 중에는 주변 국가들과의 해양경계선 획정 협상을 앞두고 자국의 입장을 유리하게 하기 위하여 해양법협약 제7조 규정을 보다

76 David H. Anderson, "Maritime Delimitation in the Black Sea Case(Romania v. Ukraine)," *Law and Practice of International Courts and Tribunals*, vol. 8, 2009, pp.325-326.

77 '가장 적절한' 기점선정에 대해서도 우려가 있다. 기점의 선정도 법에 따른 것이어야 하므로 기점 선정의 자유를 지나치게 넓게 인정하면 아니 된다는 주장이다.

78 P. Weil, "Geographic Considerations in Maritime Delimitation," in Charney and Alexander (eds.), *International Maritime Boundaries*, vol.1, Martinus Nijhoff Publishers, 1993, p.122.

자유롭게 해석하여 자국의 해양정책에 반영하는 경우가 있다. 실제로 해양경계획정을 위한 대화를 앞두고 인접국들이 균형을 맞추기 위하여 주거니 받거니 직선기선을 선언하는 사례들이 있었다. 그러나 국가 간의 실행을 보면, 과도한 직선기선을 설정한 국가가 그로 인해 해양경계획정에서 큰 이득을 보는 경우가 그리 많지는 않으며, 과도한 직선기선이 해양경계획정을 결정적으로 어렵게 하는 것도 아님을 알 수 있다고 한다. 국가들은 협상을 통해서 적절히 고려해야 할 직선기선과 무시해도 좋은 직선기선을 구분하여 부여할 효과를 결정하기 때문이다.[79]

79 Schofield, *op.cit.*, p.728.

제 4 장 섬의 해양수역

제3차 유엔해양법회의에는 지구상 대부분의 국가들이 참여하였을 뿐 아니라 의제도 매우 다양하였기 때문에 협상을 마무리하기까지 많은 시간이 소요되었다.[01] 그러나 회의가 1982년 4월 30일 채택한 '유엔해양법협약'은 각종 해양수역에 대하여 비교적 상세한 규정을 두었을 뿐 아니라, 해양환경보호, 해양과학조사, 해양자원관리, 심해저개발, 해양분쟁해결 등 거의 모든 해양문제에 대하여 비교적 상세한 규정들을 두게 되어 '해양의 헌법'이라 불리게 되었다. 협약은 특히 "좁은 영해 넓은 공해"라는 기존의 패러다임을 부분적으로 극복해 가면서, 영해를 12해리까지 확대하였고, 군도수역과 200해리 배타적 경제수역을 새로이 성문화하였으며, 대륙붕도 기본적으로 200해리까지는 나아갈 수 있게 하되 대륙변계가 잘 발달해 있는 경우에는 200해리 이원까지 대륙붕의 바깥한계를 넓혀갈 수 있게 하는 등 연안국의 해양수역을 크게 확대하였다.

그로티우스의 해양자유론 이래 20세기 중반에 이르기까지 연안국이 해양에 대하여 관할권을 행사할 수 있는 수역으로는 오직 영해밖

01 Robert L. Freidheim, *Negotiating the New Ocean Regime*, University of South Carolina Press, 1993, pp.3-5.

에 없었다. 더구나 당시 섬의 정의는 어떤 지형이 자체의 영해를 가질 수 있는가 하는 것을 기준으로 정하여졌기 때문에 모든 법적인 섬은 자동적으로 주변에 영해를 가지게 되므로, 섬의 해양수역에 대한 권원 문제가 발생할 소지가 별로 없었다. 하지만 1948년 미국의 트루먼선언을 통하여 대륙붕제도가 등장한 데 이어 1970년대에는 200해리 배타적 경제수역이라는 해양수역이 관습법적 발달을 통해 등장함으로써, 연안국들은 자국의 영토는 물론 자국 소유의 섬을 통해서 과거와는 비교할 수 없을 정도로 광범위한 해양수역에 대하여 관할권을 행사할 수 있게 되었다.

육상자원의 고갈로 해양자원개발에 대한 관심이 커져가는 가운데, 오늘날 연안국들은 자국의 해양관할권 확대를 위해서 엄청난 노력을 경주하고 있다. 이미 앞에서 소개한 바와 같이 옥스만(Oxman) 교수는 육지로부터 벗어나 이제는 바다로 향하고 있는 '영토적 유혹'을 통해 연안국들의 해양관할권 확대와 강화를 위한 노력을 설명한 바 있거니와, 오늘날 국가들은 소위 '해양영토'의 획득과 수호를 위하여 치열하게 경쟁하고 있다. 국제법에서는 "육지가 바다를 지배한다"는 규칙이 일반적으로 통용되어 오고 있다. 이러한 원칙으로부터 해양수역에 대한 권원은 바로 육지에 대한 주권으로부터 나오는 것이고, 모든 해양관할권은 육지영토와 섬의 해변(coastal front)에서 출발하여 해양쪽으로 일정한 범위까지 인정되는 것임을 알 수 있다.[02]

02 "육지가 바다를 지배한다"는 원칙에 대한 반대의 논리는 성립되지 않는다. 따라서 해양관할권을 근거로 일정한 지역에 대한 영유권을 주장할 수는 없다. 국제사법재판소(ICJ)는 영국과 프랑스 간 멩키에·에크레오 사건에서 이 문제를 검토하였다. 1839년 8월 2일 프랑스와 영국은 어업 특히 Jersey 섬과 프랑스 근해 사이 수역에서의 굴어업에 관한 협약을 체결하였다. 프랑스는 멩키에·에크레호 섬이 합의된 공동어업구역 내에 포함되므로 이 협약이 도서영유권에 영향을 미치게 되었다고 주장하였으나, 영국은 영국의 모든 섬의 저조선으로부터 3해리 이내에는 영국의 배타적 어업권

각국의 해양영토 확보를 위한 노력은 우선 유엔해양법협약의 관련 규정을 최대한 자국의 국익에 부합하는 방법으로 해석하고 적용함으로써 실현된다. 그러나 각국은 여기에서 더 나아가 해양법협약 관련 규정에 대한 확대해석을 통하여 그리고 때로는 관련 규정에 대한 자의적인 해석을 통하여 자국 해양관할수역 확대를 꾀하고 있는 것이다.

한 국가의 영토의 불가분의 일부인 섬은 해양수역확대를 위한 중요한 매개가 될 수 있다. 과거부터 많은 주민들이 정착해 살고 있는 상당한 규모의 섬들은 당연히 국가영토의 일부로서 육지영토와 유사한 정도의 대우를 받아왔다. 반면에 면적이 작고 사람들의 거주에 부적합한 섬들은 오랫동안 사람들의 관심영역 밖에 머물러 있었으나, 과학기술의 발달로 사람들의 관심과 활동영역이 연근해에서 먼 바다로 확대되어 가면서 재평가를 받게 되었다. 나아가 국가들이 섬의 해양수역 창출 능력에 집착하게 되면서, 섬의 해양수역에 대한 권원과 섬의 해양수역 범위 문제가 해양법에서는 초미의 관심사가 되었다.03

본 장에서는 섬의 영해, 대륙붕, 배타적 경제수역에 대한 권원과 범위에 관한 문제를 차례대로 살펴보고, 암석의 해양수역 문제도 검토하고자 한다.

이 미친다는 규정을 원용하여 반박하였다. 이에 대해 ICJ는 본 사건의 재판을 위하여 이들 도서군의 수역이 양국 간 협약 제3조가 규정하는 공동어업구역 내에 있는지 아니면 밖에 있는지 결정할 필요도 없다고 하였다. 그 이유는 이 도서군이 공동어업구역 내에 있더라도, 공동어업구역이 소도 및 암초의 육지영토까지 공동으로 사용한다는 것을 의미하는 것은 아니라고 보았기 때문이다. 해양법포럼, 『국제해양분쟁사례연구 I』, 해양수산부, 2005, pp.43-70.

03 오늘날 섬을 통한 연안국 해양수역의 확대와 강화는 주로 모호한 암석에 관한 규정, 섬의 기선에 관한 규정, 경제수역제도에서 잔여권리에 관한 규정, 대륙붕제도 중에서 대륙변계를 활용한 광역대륙붕 설정에 관한 규정을 활용하여 시도되고 있다. 이석용, "연안국 해양수역확대가 국제해양질서에 미치는 영향," 『안암법학』, 제28집, 2009, pp.325-326.

제1절 | 섬의 영해

1. 영해제도 일반

영토개념의 등장과 함께 명확한 영토를 소유한 주권국가들이 신성로마제국을 대체해 가던 16, 17세기 이래, 국가가 자국해안에 인접한 해양에서의 활동을 규제할 권한을 갖는다는 것은 일반적으로 인정되어 왔다. 폐쇄해론과의 대논쟁에서 해양자유론의 대표자이었던 그로티우스조차도 모든 바다가 모두의 사용에 자유롭게 개방되어야 한다고 주장하지는 않았다.[04]

영해에 대한 연안국의 권한은 주권(sovereignty)이다. 1982년 해양법협약은 제2조에서 "연안국의 주권은 그 육지영토와 내수를 넘어 영해라 부르는 인접 해대의 상공과 해저·지하에 미친다"고 하였다. 이는 연안국의 국가주권이 연안국의 영토와 내수에 인접한 영해의 상부수역·해저·지하에 미친다는 오래된 국제법의 기본원칙을 확인한 것이다.

영해의 폭을 얼마로 할 것인가 하는 것은 영해제도의 등장 이후 항상 논란거리이었다. 16, 17세기에는 연안국의 관할권이 미치는 범위를 결정하는 데 목측거리설이나 1일 항해거리설처럼 막연한 기준을 사용하는 경우가 많았다. 그러나 18세기 초 빈커스후크(Bynkershoeck)는 당시 국가들의 관행을 반영하여 "무기의 힘이 끝나는 곳에서 영토의 힘도 끝난다"고 하여, 해양에 대한 연안국의 권리는 연안포대에

04 R. R. Churchill and A.V. Lowe, *The Law of the Sea*, Manchester University Press, 1999, p.71. 그로티우스는 소유권(dominium)과 관할권 또는 통제권(imperium)을 구분하였던 14세기 이태리 민법학자 발두스(Baldus)의 주장을 빌려, 공해에 대한 소유권은 인정하지 아니하되 육지로부터 효과적으로 통제되어지는 연근해에 대해서는 관할권을 인정하였다.

의해 통제되는 지점까지 미친다는 착탄거리설(Cannon-shot Rule)을 주장하였다.[05] 그 후 착탄거리설과 '확정된 거리'(fixed distance)에 관한 규칙 즉 3해리 규칙은 상당기간 공존하다가 18세기 말 이후 3해리 규칙으로 합쳐지게 되는데, 이는 착탄거리설은 포대의 위치와 대포의 사정거리에 따라 영해의 너비가 달라져 합리적이지 못하다는 갈리아니(Galiani)의 논증에 따른 것이다. 국가관행에 3해리 영해가 처음 도입된 것은 1793년이었으니, 당시 전쟁 중이던 영국과 프랑스가 중립국 미국에게 관할수역의 범위를 밝혀 줄 것을 요청하였을 때 미국이 제시한 기준이 3해리이었다.[06] 그 후 3해리 규칙은 급속하게 퍼져나가 19세기에는 대부분의 국가들이 3해리 규칙을 준수하게 되었다. 대포의 사정거리가 크게 증가하였음에도 불구하고 3해리 규칙이 지켜지게 된 것은, 3해리 규칙이 상선과 군함의 통항의 자유를 보장하는 데 기여함으로써 해양강대국의 이익에 부합하였기 때문이다.[07]

19세기를 지나면서 3해리 규칙은 대부분의 국가들에 의해 준수되었지만 모든 국가들이 이를 지킨 것은 아니었다. 더구나 20세기 들어서는 3해리 규칙에 대한 불만이 점차 커졌다. 1930년 헤이그성문화회의에 참가한 국가 중에는 3해리 영해를 지지하는 국가들이 다수이었지만,[08] 1958년 제1차 유엔해양법회의 때에는 86개국 중 21개국

05 *Ibid.*, pp.77-87. 착탄거리설은 네덜란드와 지중해 국가들의 당시 관행에 따라 연안국의 통제에 속하는 구역을 설정하려는 것이었다.

06 Louis Henkin, Richard Crawford Pugh, Oscar Schachter, and Hans Smit, *International Law: Cases and Materials*, West Publishing Co., 1993, p.1241.

07 Churchill and Lowe, *op.cit.*, p.78.

08 Thomas A. Clingan, *The Law of the Sea: Ocean Law and Policy*, Austin & Winfield, 1994. pp.85-86. 1900년 당시를 기준으로 볼 때 영해를 선포한 21개국 중에서 20개국이 3해리 영해를 선언하였으나, 1930년에는 헤이그성문화회의에 참석하였던 38개국 중에서 20개국이 3해리 영해를 가지고 있었다.

만이 3해리 영해를 지지하였다. 결국 1958년 제1차 유엔해양법회의와 1960년 제2차 유엔해양법회의는 모두 영해의 너비를 확정하는 데 실패하였다. 그러나 1960년 회의에서 6해리 영해에 6해리 접속수역을 인정하자는 미국의 제안(6 plus 6 formula)이 표결결과 채택에 필요한 3분의 2에서 1 표가 모자라 부결됨에 따라, 각국은 3해리와 12해리 사이에서 영해의 너비를 결정할 수 있다는 묵시적인 합의가 이루어진 것으로 간주하게 되었다. 오늘날에는 12해리 영해가 보편화되어, 해양법협약도 제3조에서 "모든 국가는 이 협약에 따라 결정된 기선으로부터 12해리를 넘지 아니하는 범위에서 영해의 폭을 설정할 권리를 가진다"고 하였다.

오늘날 영해의 너비에 관한 국가들의 실행은 상당히 안정되어 있다. Roach와 Smith는 1996년 이미 영해에 관한 국가실행은 대부분 안정적인 모습을 보이고 있다고 하였다. 당시 146개국 중에서 82%인 120개국이 12해리 영해를 선포한 상태이었으며, 미국의 항의 등으로 16개국은 과도한 영해주장을 철회하였다고 한다.[09] 2009년 현재로는 150개국 중에서 91%인 137개국이 12해리 영해를 선포하였으며, 12해리 이내의 영해를 가지고 있는 4개국을 포함하면 전체의 94%인 141개국이 해양법협약 제3조의 영해의 너비에 관한 규정을 준수하고 있다고 할 수 있다.[10]

영해에 대하여 연안국이 가지는 주권과 관할권의 범위는 매우 광범위하고 강력한 것이다. 해양법협약은 제2조 1항에서 "연안국의 주

09 J. Ashley Roach and Robert W. Smith, *United States Responses to Excessive Maritime Claims*, 2nd edition, Martinus Nijhoff, 1996, pp.148-149.

10 Donald R. Rothwell, and Tim Stephens, *The International Law of the Sea*, Hart Publishing, 2010, p.72.

권은 영토와 내수 밖의 영해라고 하는 인접해역, 군도국가의 경우에는 군도수역 밖의 영해라고 하는 인접해역에까지 미친다"고 하면서, 2항에서는 "이러한 주권은 영해의 상공·해저 및 하층토에까지 미친다"고 하였다. 연안국의 주권은 영토와 내수 밖의 영해와 영해의 상공·해저 및 지하에까지 미치므로, 연안국은 영해는 물론 그 상공과 해저에서 별다른 제한 없이 포괄적이고 배타적인 관할권을 행사한다.

영해에 대한 연안국의 주권에 대한 가장 중요한 예외는 영해에서 외국선박들이 누리는 무해통항권이다. 선박의 외국영해에의 무해통항권은 관습법으로 내려오다가 1958년 영해협약에 규정되었다. 그런데 1958년 영해협약은 "통항은 연안국의 평화·질서·안전을 해하지 아니하는 한 무해하다"는 매우 간단한 규정을 두었었다. 1982년 해양법협약은 영해협약에 비하여 무해통항제도에 대해 상당히 상세한 규정들을 두었다. 협약은 제18조에서 '통항'(passage)이란 내수에 들어감이 없이 영해를 횡단하거나, 내수를 향하여 또는 내수로부터 항진하는 것이라고 하였다. 이어서 제19조에서는 통항은 연안국의 평화·질서·안전을 해하지 아니하는 한 무해하다고 하면서 연안국의 평화와 질서, 안전을 해하는 '유해한 통항'에 해당되는 12가지 사례를 나열하였다. 무력행사, 군사훈련, 정보수집, 선전행위, 항공기의 선상 이착륙, 오염행위, 어로활동, 연구조사활동이 그러한 사례에 해당되는데, 그 목록의 마지막에 포함된 '통항과 직접 관련이 없는 기타 활동(any other activities not having a direct bearing on passage)이란 항목은 해양법협약 제19조에 적시된 사례들이 소진적인 것이 아님을 보여준다.[11] 한편

11 K. Hakapaa and E. J. Molenaar, "Innocent Passage – Past and Present," *Marine Policy*, vol. 23, 1999, p.132.

제20조는 “잠수함 및 기타 잠수항행기기는 수면 위에 부상하여 국기를 게양하고 항행해야 한다”고 하여 잠수함과 잠수정에게는 비정상적인 항해를 요구하였다.

1982년 해양법협약의 무해통항 관련 규정에서 발견되는 특징의 하나는 통항의 ‘무해’ 여부를 판단하는 데 있어서 일정한 행위를 기준으로 삼고 있는 점이다. 1958년 영해협약은 비록 모호하지만 여러가지 복합적인 사항들을 고려하여 통항의 ‘무해’ 여부를 판단할 수 있게 규정한 데 반하여, 1982년 해양법협약에서는 일단 장비불량, 장비미비, 화물의 위험성과 같은 요소들을 고려할 수 없게 되었다는 지적이 있다.[12]

연안국은 무해통항을 방해하지는 못하지만, 안전한 항로를 이용하도록 요구할 수는 있다. 해양법협약도 “연안국은 필요한 경우 항행의 안전을 고려하여 영해에서 무해통항권을 행사하는 외국선박에게 선박의 통항을 규율하기 위하여 지정하거나 규정한 항로대 및 통항분리방식을 이용하도록 요구할 수 있다”고 하였다. 연안국은 항로대를 지정하고 통항분리방식을 규정할 때 국제해사기구(IMO)와 같은 권한 있는 국제기구의 권고 등 다양한 요소들을 고려해야 한다. 연안국은 특히 유조선, 핵추진선박, 핵 등 위험물질이나 유독물질을 운반하는 선박에게 이 항로대를 이용하도록 요구할 수 있다.[13] 무해통항권은 이러한 경우에도 연안국의 통제권보다 우월하므로, 연안국은 핵폐기물을 적재한 선박의 영해진입을 거부할 수는 없으며 다만 보다 안전한 항로를 사용하도록 요구할 수 있을 뿐이다.[14]

12 *Ibid.*, pp.132-133.

13 해양법협약, 제22조.

영해제도와 관련하여 제3차 유엔해양법회의에서도 군함의 무행통항 문제에 대해서는 많은 논란이 있었다. 1958년 영해협약과 1982년 해양법협약도 군함의 무해통항과 관련하여 아무런 규정을 두지 못하였다. 군함에 대한 예외규정이 없으므로, 논리적으로 해양법협약의 무해통항에 관한 규정들은 군함에게도 동일하게 적용되는 것으로 해석하는 것이 타당해 보인다. 그러나 실제로 군함의 외국영해 통항은 해양법회의에서 중요한 고비 때마다 논란이 많았던 문제로서, 그렇게 간단하게 결론을 내릴 수 있는 문제가 아니다. 결국 중요한 것은 무해통항에 관한 일반적 규칙이 군함의 경우에는 연안국이 요구하는 사전허가(prior authorization)나 사전통고(prior notification)를 조건으로 허용되어도 되는가 하는 것이다.[15] 군함의 무해통항권에 관련된 국가실행을 분류해 보면 사전통고를 요구하는 국가, 사전허가를 요구하는 국가, 그리고 사전통고와 사전허가 모두에 반대하는 국가로 나눌 수 있다. 현재로는 사전허가를 요구하는 국가가 많으나, 강력한 해군력을 보유한 국가들은 사전허가와 사전통고 요구에 반대하고 있다.[16]

우리나라는 1977년 12월 영해법을 제정하고 1978년 영해법시행령을 마련하였다. 1978년 4월 30일 효력을 발생한 우리나라 영해법은 제1조에서 기선으로부터 12해리까지의 수역을 영해로 하고, 대통령령이 정하는 수역에서는 이를 12해리 이내로 할 수 있다고 하였다. 시행령은 대한해협의 일부 수역에서 직선기선 외측에 너비 3해리에 해당하는 영해를 설정하였다.[17] 영해의 너비를 12해리로 한 것

14 Hakapaa and Molenaar, *op.cit.*, p.133.
15 Rothwell and Stephens, *op.cit.*, p.76.
16 Hakapaa and Molenaar, *op.cit.*, p.143.
17 영해법 1조; 영해법시행령 3조, 별표2 참조.

은 1960년대 이후 일반화되기 시작한 12해리 영해에 관한 국제적 관행을 따른 것으로 생각되며, 대한해협에 예외적으로 3해리 영해를 설정하기로 한 것은 국제항행에 사용되는 해협의 중요성을 감안한 것이다. 외국선박의 우리나라 영해에의 무해통항도 인정된다. 영해법은 우리 나라의 평화·공공질서·안보를 침해하지 아니하는 무해통항권을 외국선박들에게 인정하였다. 다만 외국의 군함과 정부선박은 우리 영해를 통항하기 3일 전까지 우리나라 외무장관에게 선명·종류·목적·항로·일정을 통고하여야 한다.[18] 영해법은 무해하지 아니한 통항, 즉 유해통항에 해당하는 13가지 사례를 규정하고 있으며, 안전보장을 위해 대통령령에 따라 무해통항을 정지시킬 수 있게 하였다.[19]

2. 섬의 영해

국제법에서는 전통적으로 모든 법적인 섬은 자체의 영해를 가질 수 있는 권원을 가지는 것으로 보아왔다. 그러나 20세기 중반까지 국가관할권이 미치는 수역은 영해밖에 없었기 때문에 섬의 해양수역에 대한 권원은 종종 섬의 영해창설 능력으로 인식되곤 하였다.[20] 과거에도 국제관습법은 모든 섬의 영해에 대한 권원을 인정하고 있었지만, 당시 국가 간의 조약과 각국의 국내법에서는 자체의 영해를 가질 수 있는 지형에 관하여 일관된 입장을 취하지 못하고 있었다. 예를 들어 북해어업협약은 "각국의 어민들은 모든 해안과 독립된 모

18 영해법 5조 1항; 영해법시행령 4조.

19 영해법 5조 2항, 3항.

20 1905년 영국 '무역위원회'(Board of Trade)는 Eddyston Rock 부근에서의 외국인 어부들의 어업권에 대해 결정하면서, 이 수역이 영국의 영해인가 하는 것만을 다루었을 뿐, 등대가 있는 이 암석이 섬의 지위를 갖는가 하는 문제는 검토하지 않았다. M. S. Mcdougal and W. T. Burke, *The Public Order of the Oceans*, Yale University Press, 1962. p.377.

든 섬 및 모래톱에 면한 저조점으로부터 3해리 이내에서는 배타적인 어업권을 갖는다"고 규정하였으나, 여기에 '암석'(rocks)에 대해 언급이 없었다는 이유에서 몇 개의 암석은 주변에 영해를 설치하지 못하였다.[21] 그러나 1901년 「영국과 덴마크 간의 어업조약」(Anglo-Danish Fishery Treaty)은 고립해 있는 소도(isles), 암석(rocks), 모래톱(banks) 모두를 영해설정을 위한 저조점으로 사용할 수 있게 하였고, 1899년 덴마크와 스웨덴 간의 협정과 1921년 아아랜드제도에 관한 협약은 섬과 항상 물속에 잠겨 있지 아니한 소도(islets)와 암석(rocks)은 어업수역이나 영해의 설정을 위해 저조점으로 사용할 수 있게 하였다.[22]

모든 법적인 섬에게 영해에 대한 권원을 인정하는 전통적인 견해는 제1차 유엔해양법회의 및 제3차 유엔해양법회의에서도 보편적인 지지를 받았다. 1958년 제1차 회의에서는 이미 1930년 헤이그성문화회의가 표명한 섬의 정의와 유사한 내용의 정의를 채택하였는데, 제2장에서 설명한 바와 같이 당시 회의에서는 항상 수면 위에 존재할 뿐 아니라 점유와 사용이 가능한 지형만을 법적인 의미의 섬으로 정의해야 한다는 일부의 주장은 받아들이지 않았다. 결국 1958년 제1차 유엔해양법회의는 섬을 물로 둘러싸인 항상 수면 위에 존재하는 자연적으로 형성된 육지지역이라 정의하여, 그 크기나 위치에 관계없이 모든 법적인 섬은 자체의 영해를 가질 수 있도록 하였다.[23]

21 Fulton은 당시에 영국이 Eddystone Rock, Bell Rock 및 Seven Stones Reef 주변에 영해를 설정하지 아니한 것은 협약에 암석(rocks)에 관한 규정이 없었기 때문이라고 하였다. Fulton, Thomas Wemyss, *The Sovereignty of the Sea*, The Lawbook Exchange Ltd., 1911, pp.640-642.

22 Clive Ralph Symmons, *The Maritime Zones of Islands in International Law*, Martinus Nijhoff, 1979, p.83.

23 1958년 영해협약은 모든 법적인 섬들이 자체의 영해와 기타 해양수역을 가질 수 있음을 인정하였지만, 회의에서는 실질적 또는 형식적 이유에서 약간의 반대가 있었다. 버마는 "한 국가에 속하는 섬이 다른 국가의 영해 내에 위치하는 경우에는 그 섬은 자체의 영해를 가지지 못한다"는 문장

그런데 20세기 중반 이후 영해를 12해리까지 확장하는 데 찬성한 국가들은 대부분 소련을 위시한 공산권 국가들과 제3세계국가들이었으며, 미국 등 서방국가들은 3해리 영해를 고집했었다. 미국은 오랫동안 3해리 영해주장을 고수하였는데, 자국 소유의 섬들에 3해리 영해를 적용하는 것은 물론이고 다른 국가들의 영해확장 시도에도 적극적으로 반대하였다.[24] 나아가 미국은 이러한 원칙을 다른 국가에도 적용하여 필리핀 등 일부 국가들의 군도수역 주장에 대하여 항의하였다.[25] 그러나 미국 등 주요 해양국가들의 3해리 영해 고수 노력에도 불구하고 영해를 확장하고자 하는 시도는 계속되어 1960년대에는 동구권 국가들은 물론이고 영국과 같은 해양국가들까지도 육지영토와 자국의 섬들에 10해리 이상의 영해를 설정하는 입법조치를 취

을 추가하자고 하였으나, 많은 반대에 직면하였다. 특히 그리스는 그러한 제안은 섬의 안보는 전혀 고려하지 않은 것이라고 하면서, 주권은 불가양의 것이므로 섬의 영해에 대한 관할권은 부인될 수 없다고 하였다. 보다 자세한 것은 다음을 참조할 것. 이석용, 『섬의 국제법상 지위』, 진성사, 1988, pp.69-70.

24 미국은 3해리 영해정책을 해외의 자국소유의 섬들에도 적용하였다. 1947년 미국국무성 법률고문보(Assistant Legal Adviser to the Department of State) Leonard Meeker는, 마셜, 캐롤라인, 마리아나 군도와 같은 미국의 태평양신탁통치지역(The United States Pacific Trust Territory)의 영해문제에 대한 답신에서 "약간의 예외를 제외하고는, 섬의 영해는 그 위치에 관계없이 각 섬 주위의 3해리의 해대를 포함한다. 따라서 섬들과 일단의 섬들의 영해는 대륙과 같은 보다 큰 대륙괴의 처리방식과 거의 같다"고 하였다. Leonard Meeker, Assistant Legal Adviser, Department of State, "Territorial Waters of Former Japanese Mandated Islands," *Memorandum*, Jan. 2, 1947, MS. Department of State, File 894. 0145/1~247. 또한 1964년 당시 미국 국무장관 Rusk도 법무장관 Kennedy에게 보낸 서신에서 "미국의 전통적인 입장은 미국의 영해는 해안의 저조점으로부터 측정하여 3해리 너비인 것이다. 섬도 기선으로부터 측정된 자신의 영해를 갖는다"고 하였다. Secretary of State Rusk to Attorney General Kennedy, *Letter*, May 21, 1964, M. S. Department of State, File Av 6 US/IA, Statement for use in Litigation in Civil Aeronautics Board v. Island Airlines, Inc., Civil Action No. 2162 (D. Hawaj 1963)]; M. M. Whiteman, *Digest of International Law*, vol.4, United States Department of State Affairs, p.281.

25 1955년 필리핀정부가 미국, 스페인, 영국과의 양자조약들을 거론하며 자국의 섬들을 직선으로 연결하는 기선을 채택하였을 때, 미국은 각 섬에 3해리 영해만을 인정하겠다고 하였다. 1957년 인도네시아 정부가 인도네시아군도는 오래 전부터 하나의 실체였음을 주장하면서, "12해리 너비의 영해경계선은 인도네시아 섬들의 최외측점을 연결하는 직선기선으로부터 측정된다"는 선언을 하였을 때에도 미국은 인도네시아정부에 항의하였다. *Ibid.*, pp.282-284.

하였다.[26] 뿐만 아니라 아주 작은 섬 주변에도 최소한 영해는 설정하는 경향은 더욱 강화되어, 그리스는 에게 해의 모든 소도 주변에 대해 영해를 주장하였고, 영국도 Rockall섬과 Eddystone Rock 주변에 영해를 설치하였다.[27]

이상에서 본 바와 같이 전통적으로 섬은 육지영토와 마찬가지로 자체의 해양수역을 가질 수 있는 것으로 인정되어 왔으나, 이러한 입장에 대한 반론이 없지는 않았다. 따라서 영해 등 섬의 해양수역에 대한 권원에 대해서는 제3차 유엔해양법회의는 물론이고 그 이전 1968년부터 회의 개막 때까지 활동해 온 심해저위원회에서도 많은 논의가 있었는데, 심해저위원회에서는 모든 섬의 해양수역을 대륙에 적용되는 것과 동일한 방식에 의하도록 해야 한다는 견해와 섬의 여러 가지 상황을 고려하여 섬의 해양수역은 적절히 제한해야 한다는 견해가 대립하였다.[28]

1973년 시작된 제3차 유엔해양법회의에서도 모든 섬의 해양수역을 육지영토와 동일한 방식에 의하여 설정하게 해야 한다는 주장과 조그만 섬의 해양수역은 제한되어야 한다는 견해 간의 대립은 이어졌다. 전자의 주장에 의하면 모든 영토에 대한 국가주권은 동등하며, 이미 1958년 영해협약에 의해 허용된 해양수역을 일종의 사후법

26 유고는 1965년 5월 22일에 제정된 법에 의하여 본토와 섬의 저조선에서 10해리까지의 영해를 설정하였다. 소련은 1960년 8월 「변경방어에 관한 규칙」(Regulations for the Defence of the Frontier)을 제정하여 12해리 영해를 설정하였으며, 영국도 1964년의 「영해에 관한 추밀원령」(Territorial Waters Order-in-Council)을 제정하여 12해리 영해를 도입하였다.

27 Symmons, *op.cit.*, p.89.

28 전자의 입장은 주로 도서국가들과 많은 섬을 가지고 있는 국가들이 주장한 것으로, 섬의 크기나 인구에 관계없이 모든 섬을 동등하게 다루어야 한다는 것이다. 반면에 일부 개발도상국들과 지리적 불리국들은 섬의 해양수역은 섬의 면적, 주민 숫자, 본토에의 근접성, 해저의 구조 등을 고려하여 형평에 맞게 결정해야 한다고 하였다.

에 의하여 박탈하는 것은 불가하다고 하였다. 예를 들어서 그리스는 1974년 회의에 제출한 섬제도에 관한 초안에서, 섬은 국가영토의 불가분의 일체를 형성하며 섬의 해양수역은 육지영토에 적용되는 것과 동일한 방식에 의하여 결정되어야 한다고 하였다.[29] 피지, 뉴질랜드, 통가, 서사모아 등 태평양 도서국가들도 그들의 초안에서, 섬의 영해는 다른 육지영토에 적용되는 협약규정에 준하여 측정되어야 한다고 하면서, 환초나 외곽에 암초들이 있는 섬의 기선은 그 외측선을 영해의 기선으로 삼아야 한다고 하였다.[30] 특히 뉴질랜드 대표는 영해는 국가영토에 대한 국가주권으로부터 나오는 것이라고 하면서, 섬에 대한 주권과 그 외의 영토에 대한 주권 사이에는 아무런 차이가 있을 수 없다고 하였다.[31]

반면에 제3차 유엔해양법회의에서는 섬을 여러 가지 기준에 의해 구분하여 소도나 암석 및 간출지의 해양수역을 제한하고, 섬의 해양수역에 대한 권원은 본토와의 거리라든가 자체의 경제생활 가능성과 같은 기준을 고려하여 결정해야 한다는 입장들이 표명되었다. 14개 아프리카국가들은 카라카스회기 때 공동으로 제출한 「섬제도에 관한 초안」(Draft Articles on the Regime of Islands)에서 섬을 '섬'(island)과 '소도'(islet), '암석'(rock) 및 '간출지'(low-tide-elevation)로 구분하고, 소도와 암석 및 간출지의 해양수역을 적절히 제한하며 법적인 섬들도 위치에 따라 제한된 범위의 해양수역을 갖게 하자고 주장하였다.[32] 그 외에

29 그리스의 초안 「Draft Articles on the Regime of Islands and other Related Matters」의 제1조 2항과 제2조 1항을 참조할 것.

30 Fiji, New Zealand, Tonga 및 Western Samoa의 초안 「Draft Articles on Islands and on Territories under Foreign Domination or Control」의 제2조와 제5조를 참조할 것.

31 Symmons, *op.cit.*, p.95.

32 *Ibid.*, p.98; 아프리카 국가들의 초안 「Draft Articles on the Regime of Islands」의 제1조 1-4항을 참

터키는 경제생활이 불가능하거나 영해 외측에 위치하는 섬은 어떠한 해양수역도 가지지 못하게 하자고 하였으며, 루마니아 역시 초안을 제출하여 '소도'와 '소도와 유사한 섬'의 해양수역을 제한할 것을 주장하였다.[33]

제3차 유엔해양법회의에서의 국가의 해양관할권에 관한 논의는 연안국의 해양에 대한 경제적 관할권인 경제수역과 대륙붕에 집중되었었다. 국가안보가 주목적인 영해에 대한 섬의 권원에 대해서는 대부분의 국가들은 이를 처음부터 수용하는 입장이었다. 해양법협약체제에서 국제법상의 섬 주변에 기선에서 12해리까지 영해를 선포할 수 있게 하자는 데 대해서는 특별히 반대가 없었던 것이다.

과거에나 현재에나 국가들은 자국의 섬을 이용하여 자국의 해양관할권이 미치는 수역을 가능한 확대하고자 시도한다. 연안국들의 이러한 시도는, 그 섬이 다른 국가의 영토나 섬에 근접해 있어서 다른 국가에게 큰 불이익을 줄 우려가 있거나 연안국 간에 영유권분쟁이 있는 경우가 아니면, 다른 국가들이 항의하는 경우가 드물어 비교적 쉽게 기정사실화될 수 있다. 섬이 다른 국가의 영토에 근접해 있어서 섬의 영해에 관한 분쟁이 발생한 경우로는 그리스와 터키 간 동부 에게 해에서의 분쟁이 있으며, 영불대륙붕사건에서도 몇몇 섬의 영해가 문제가 되었었다. 1974년 그리스가 자국의 에게 해 섬 주변의 영해를 6해리에서 12해리로 확장할 것이라는 보도에 의해 촉발된 분쟁에서, 터키는 양국이 6해리 영해를 적용함으로써 유지해 온 이 지역

조할 것.

33 루마니아는 면적 1평방킬로미터 이하의 섬을 '소도'(islet)라 하고, 그 이상 명시되지 아니한 면적 이하의 섬으로 사람이 항구적으로 거주할 수 없거나 자체의 경제생활을 유지할 수 없는 것은 '소도와 유사한 섬'(islands similar to islets)이라고 하였다.

의 '매우 미묘한 균형'(very delicate balance)이 그리스의 영해확장에 의해 파괴될 수 있음을 경고하였다.[34] 1977년 영국과 프랑스 간의 대륙붕사건에서도 조그만 섬의 영해문제가 간접적으로 다루어졌다. 영국은 1965년의 해도에서 Eddystone Rock이 영해와 어업수역을 가지는 것으로 명시하였는데, 1966년부터 1967년 사이의 각서교환(Exchange of Notes)을 통해 프랑스도 이를 용인하였다고 주장하였다.[35] 이에 대해 프랑스는 Eddystone Rock은 간출지에 불과하다면서, 자국은 그 주변에 12해리의 어업수역을 창설하는 것을 인정하였을 뿐 영해설치에 동의한 적은 없다고 하였다.[36] 중재재판소는 Eddstone Rcok이 영해를 창설할 권한을 가지는가 하는 것은 재판소의 관심사가 아니라고 하면서도, 어업수역도 영해기선으로부터 측정되므로 Eddystone Rock의 어업수역은 인정하였지만 영해는 인정하지 않았다는 프랑스의 주장을 받아들이지 않았다.[37]

섬의 영해 특히 12해리 영해에 대한 권원과 관련하여 2007년 ICJ가 판결한 니카라과와 온두라스 간 영토·해양분쟁 사건을 검토해 본다. 이 사건에서 ICJ는 본토로부터의 해양경계선과는 별도로, 카리브해의 15도선을 중심으로 남쪽과 북쪽에 위치한 섬들의 주변과 섬들 간의 해양경계선을 획정해야 했다. 니카라과와 온두라스는 이들 5개의 섬이 영해만을 가진다는 데 대해서는 의견의 일치를 보았으므로, 재

34 그리스가 에게 해에 있는 섬들의 영해를 6해리에서 12해리로 확장하게 되면 에게 해의 3분의 2가 그리스의 "호수"(lake)가 되며, Izmir항이 봉쇄되어 터키의 지중해로의 통로가 봉쇄된다. 따라서 터키는 그리스의 그러한 조치는 전쟁사유(*casus belli*)가 될 것이라고 경고하였었다. *The Times,* 1975.6.10.; Symmons, *op.cit*. p.91.

35 *Anglo-French case*, *op.cit.,* paras.129-131.

36 *Ibid*., paras.134-136.

37 *Ibid*., paras.139-140.

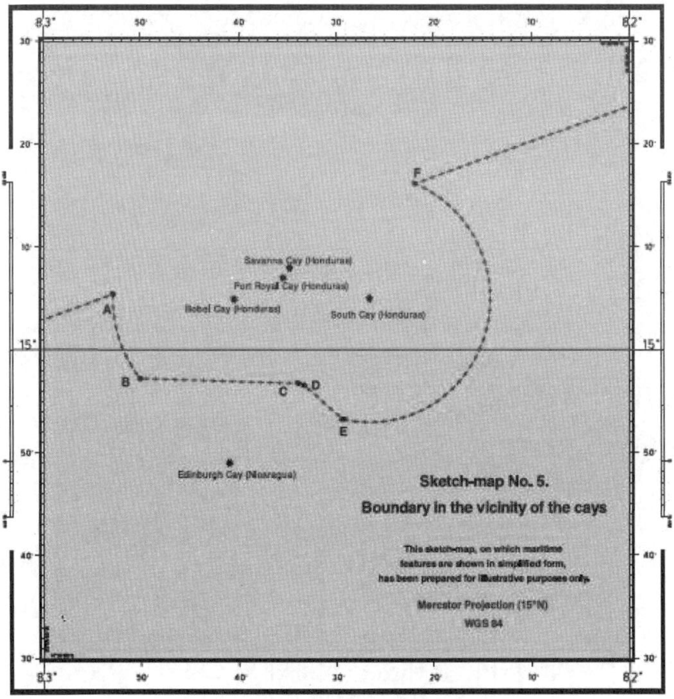

〈지도 4-1〉 니카라과-온두라스 사건의 영해경계선
Nicaragua/Honduras Case, ICJ Reports, 2007.

판소는 이 분쟁수역에 영해경계획정의 원칙을 적용하는 문제를 검토하게 되었다. 온두라스는 이들 섬들도 12해리 영해를 가져야 한다고 주장하였다. 그러나 니카라과는 이들 섬들에게 12해리 영해를 인정하면 결과적으로 온두라스에게 비례에 어긋나는 과도한 해양수역을 부여하는 결과가 된다고 하면서, 섬들이 온두라스에 귀속되는 경우에는 그 면적과 불안정성을 고려하여 3해리 영해위요지(enclave)를 부여할 것을 주장하였다.[38] 재판소는 해양법협약 제3조에 따라서 온두라스 소유로 결정된 Bobel Cay, Savanna Cay, Port Royal Cay, South Cay와 니카라과 소유인 Edinburgh Cay 모두 12해리 너비의 영해를 가진다고 하였다.[39]

제2절 | 섬의 대륙붕

1. 제3차 유엔해양법회의 이전

해양은 오래전부터 자원의 보고로 인식되어 왔다. 하지만 과거에는 인류가 이용가능한 해양자원으로 수산자원이 압도적으로 중요하였던 데 비해, 오늘날에는 해저와 지하의 각종 광물자원이 중요한 경제적 자원으로 보다 큰 관심을 끌고 있다. 대륙붕의 자원 중에서도 커다란 경제적 이익이 걸려 있는 석유와 가스자원은 최근 에너지 가격의 급등으로 더욱 주목을 받고 있다. 더구나 대륙붕에는 미래의 에너지원이라 일컬어지는 엄청난 양의 가스하이드레이트(gas hydrate) 자원과 심해저에 많이 분포되어 있는 다금속단괴(polymetallic nodule)도 부존되어 있다.[40]

국제법에서 말하는 대륙붕은 지질학에서 말하는 대륙붕과는 다르다. 지질학에서는 육지에 인접한 해저를 세 부분으로 나눈다. 지질학자들은 해안에서 수심 200미터에 이르는 지점까지의 완만한 경사

(*Nicaragua v. Honduras*), Judgment, ICJ Reports, 2007, para.300.

39 *Ibid.*, para.303.

40 Huw Llewellyn, "The Commission on the Limits of the Continental Shelf: Joint Submission by France, Ireland, Spain, and the United Kingdom," *International and Comparative Law Quarterly*, vol. 56, 2007. pp.679-680.

를 보이는 곳을 대륙붕(continental shelf), 대륙붕을 지나 대략 수심 2500미터에 이르는 보다 경사가 급한 부분은 대륙사면(continental slope), 대륙사면을 넘어 수심 4000미터까지의 비교적 완만한 경사를 이루고 있는 부분은 대륙대(continental rise)라고 부르며, 이들 세부분 즉 대륙붕, 대륙사면, 대륙대를 합하여 대륙변계 또는 대륙주변부(continental margin)라고 부른다.[41] 하지만 국제법에서 말하는 대륙붕의 범위는 국제법이 정하는 바에 따라서 즉 시대에 따라서 달라져 왔다. 초기에는 대륙붕에 대한 정의는 지질학에서의 정의와 상당히 유사한 부분이 있었으나, 오늘날 국제해양법에서 말하는 대륙붕은 해양법협약 규정에서 보듯이 200해리 거리기준과 지질학에서 말하는 대륙변계를 기초로 새로이 정립된 것이다.

해양자원에 대한 관할권 문제는 헤이그성문화회의에서도 검토되도록 제안되었지만 당시 회의에서는 제대로 다루어지지 않았다. 그렇지만 해저자원의 중요성에 비추어 볼 때 국가들이 자국연안에 인접해 있는 해저에 대해 일정한 조치를 취해가리라는 것은 쉽게 예상되었다. 그 첫 번째 조치는 1942년 트리니다드토바고를 대신한 영국과 베네수엘라가 체결한 파리아만(Gulf of Paria)에서의 「해양 및 해저지역 경계획정 조약」이었다. 양국은 이 조약에서 파리아만의 양국의 영해 이원의 해저를 두 개의 부분으로 나누고 서로 상대방이 취득한 주권이나 통제권을 인정하며 그에 대해 아무런 이의를 제기하지 않기로 합의하였다. 이 조약은 체약국인 양국을 구속하는 것이지만, 다른 국가들이 그 수역을 실효적으로 점유하여 어떠한 권원을 세우는

41 Churchill and Lowe, *op.cit.*, p.106.

것은 불가능하였기 때문에 실제로는 양국 간에 파리아만을 분할하는 효과를 가졌다. 그런 의미에서 1942년 파리아만 조약은 대륙붕의 법적인 개념이 아직 정립되지 못하였던 시기에 실제로 대륙붕 경계획정에 합의한 사례라고 할 수 있다.[42]

1945년 9월 28일 미국은 대륙붕의 해저와 지하의 천연자원에 관한 미국의 정책을 밝히는 트루먼선언(Truman Proclamation)을 발표하였는데, 이것이 대륙붕에 대한 연안국 최초의 체계적인 관할권 주장이었다. 여기에서 미국은 대륙붕에 인접해 있는 국가의 대륙붕의 지하와 해저 천연자원에 대한 관할권 행사는 자원 활용의 효율성 확보와 대륙붕이 연안국 대륙괴(land mass of the coastal nation)의 연장이란 근거에서 합리적이고 정당하다고 하였다.[43] 이 선언은 '대륙붕선언'이라는 그 명칭에도 불구하고 대륙의 대륙붕은 물론이고 섬의 대륙붕에도 당연히 적용되는 것이다.[44] 트루먼선언 이후 다른 국가들의 대륙붕 관련 주장들이 이어졌다. 그중에는 대륙붕의 자원에 대한 관할권을 주장하는 국가가 있는가 하면, 대륙붕 자체에 대한 관할권을 주장하는 국가도 있었으며, 일부 라틴아메리카 국가들은 대륙붕만이 아니라 그 상부수역과 수역 상공에 대해서도 관할권을 주장하였다.[45] 미국의 대륙붕선언 이후 많은 국가들이 미국의 예에 따라 자국연안

42 *Ibid.*, p.143.

43 *Policy of the United States with Respect to the Natural Resources of the Subsoil and Sea Bed of the Continental Shelf,* United States Presidential Proclamation 2667, Sep.28, 1945. 선언에 첨부된 언론보도문에 의하면 여기서 대륙붕이란 수심이 100fathom 즉 600피트에 달하는 곳까지를 고려하였다고 한다.

44 Symmons, *op.cit.*, p.130.

45 Churchill and Lowe, *op.cit.*, pp.143-144. 트루먼선언 이후 국가들의 실행이 일관된 모습을 보이지 못하였기 때문에, 1951년 아스퀴스경(Lord Asquith)은 대륙붕 이론은 아직 국제법 규칙으로서 확고한 지위를 획득하지 못하였다고 하였다.

의 대륙붕에 대한 권리를 주장하였는데, 이러한 국가들도 대륙붕에 대한 각국의 관할권은 당연히 섬의 대륙붕에도 적용되는 것으로 보았다.[46] 이러한 일반화된 실행에 따라 1950년대 국제법위원회가 초안을 작성할 때에도 '대륙붕'이란 대륙의 해저뿐 아니라 섬에 인접한 해저도 의미한다는 것을 명백히 밝혔었다.[47]

각국의 대륙붕 관련 주장이 증가해 가는 가운데 국제법위원회(ILC)에서는 1950년 공해문제에 관한 연구를 시작하였으며 네덜란드 출신 J.P.A.François를 특별보고자(Special Rapporteur)로 임명하였다. 그리고 그러한 연구의 일환으로 ILC는 1951년 대륙붕에 관한 첫 번째 초안을 채택하였는데, 여기에서는 개발가능성(exploitability)을 중요한 기준으로 삼았다. 이처럼 1951년 초안은 대륙붕의 바깥한계를 연안국이 대륙붕의 자원을 개발할 수 있는 능력에 따라 결정되게 하였으나, 1953년 ILC는 대륙붕의 정의를 개발가능성 기준에서 고정된 수심에 기초한 정의로 변경하였다.[48] 한편 1956년 5월 Ciudad Trujillo에서는 「범미천연자원보존특별회의: 대륙붕과 해양수역」(Inter-American Specialized Conference on Conservation of Natural Resources: The Continental Shelf and Marine Waters)이라는 명칭의 회의가 열렸다. 여기에서는 대륙붕에 대한 연안국의 권리는 수심 200미터까지 그리고 그 한계를 넘어서도 상부수역

46 1940년대 후반부터 1950년대에 걸쳐서 남미국가들은 국내법적 조치를 통하여 대륙붕이란 대륙과 섬에 인접한 해저임을 분명히 하였다. 특히 칠레, 코스타리카, 에콰도르, 페루는 1952년의 산티아고 선언(Santiago Declaration)을 통하여 200해리 수역은 각국의 주권에 종속된다고 하면서, 이 수역은 각국의 본토 및 섬으로부터 측정된다고 하였다. 또한 1956년 트루히요선언(Declaration of Ciudad Trujillo) 역시 대륙의 대륙붕(continental shelf)뿐 아니라 섬의 대륙붕(insular terrace)에 대한 관할권을 명시하였다.

47 *ILC Yearbook*, 1956, Vol. II, p.297.

48 University of Virginia Center for Oceans Law and Policy, *United Nations Convention on the Law of the Sea 1982: A Commentary*, Vol. II, 1993, p.828.

의 수심이 해저와 지하의 천연자원 개발을 허용하는 곳까지 확장될 수 있다고 하였다.[49] 이러한 결론은 ILC가 대륙붕의 바깥한계와 관련하여 개발가능성 기준을 유지하도록 하는 데 영향을 주었으니, ILC의 1956년 최종문서는 수심과 개발가능성 양 요소를 조합한 정의를 채택하였다.[50]

1958년 해양법회의에서 일부 국가들은 섬의 대륙붕에 대한 권원을 명백히 하기 위하여 국제법위원회 초안의 수정보완을 요구하였다. 필리핀은 ILC가 작성한 초안의 대륙붕이란 용어는 섬의 해저에도 적용된다는 조항을 추가할 것을 요구하였으며, 네덜란드와 파나마는 대륙붕의 정의에 섬에 관련된 지질학적 용어를 포함시키자고 하였다. 결국 회의에서는 대륙붕(continental shelf)이란 용어는 그대로 유지하되 섬에 관한 언급을 추가하여 섬도 인접한 해저지역의 해저와 하층토를 대륙붕으로 가질 수 있음을 명시하기로 하였다.[51] 따라서 섬도 수심 200미터와 개발가능성이란 기준에 의하여 육지와 동일한 범위의 대륙붕을 가질 수 있게 되었는데, 대륙붕협약 제1조에 나타난 섬의 정의는 영해협약의 섬의 정의와 동일한 것이므로, 만조시 수면 위에 존재하는 물로 둘러싸인 자연적으로 형성된 육지지역인 섬은 자체의 대륙붕을 가질 수 있게 된 것이다.[52]

1958년 대륙붕협약은 제1조에서 '대륙붕'이란 영해를 넘어 수심 200미터 또는 그 한계를 넘어 상부수역의 수심이 천연자원의 개발을

49 A/CN.4/102/Add.1(1959, mimeo.), *ILC Yearbook*, 1956, Vol. II, pp.251-252.

50 University of Virginia Center for Oceans Law and Policy, *op.cit.*, p.828.

51 1958년 대륙붕협약, 제1조 참조.

52 E. D. Brown, *The Areas within National Jurisdiction*, Graham and Trotman, 1984, I. 4 19; Bowett, *op.cit.*, p.139.

가능하게 하는 곳까지의 해안에 인접한 해저 및 지하와 "섬의 해안에 인접한 유사한 해저지역의 해저와 지하까지"(to the seabed and subsoil of similar submarine areas adjacent to the coast of islands)라고 하였다. 그런데 1958년 제1차 유엔해양법회의에서 채택된 영해협약과 대륙붕협약은 상호간에 보완관계에 있으므로, 영해협약 제10조 1항의 조건들을 충족하는 국제법상의 섬들은 대륙붕협약에 규정된 대륙붕에 대한 권원을 갖는다고 한 것이다.[53]

1958년 대륙붕협약에 의하면 모든 섬이 대륙붕을 가질 수는 없다. 지질학적인 대륙붕의 발달이 미약하여 해안선에서 멀지 않은 곳에서 수심이 갑자기 깊어지는 곳에 있는 섬은 대륙붕을 가질 수가 없는 것이다. 이것은 불공평한 것으로 보이지만, 대륙붕협약 제1조는 그렇게 규정한 것이다. 그런데 이러한 문제점은 이미 국제법위원회(ILC)의 준비작업 단계에서부터 인지된 것으로, 1950년 유엔총회에 보낸 ILC 보고서에도 나타나 있다. ILC는 1951년 대륙붕에는 섬 주변의 해저도 포함된다는 것을 확정하였는바, 이 원칙은 1953년 ILC가 대륙붕 경계획정에 관한 제안에 대해 평가하면서 '대륙붕'(continental shelf)이란 표현은 일반적인 용어로서의 대륙에만 관한 것이 아니라 섬에 인접한 해저지역도 포함하는 것임을 밝힘으로써 확인되었다. 그리고 제1차 유엔해양법회의는 이 문제에 대한 오해의 소지를 없애기 위하여, 대륙붕협약 제1조 2항에 섬의 대륙붕에 대한 권원을 분명히 인정하는 조항을 포함시키게 되었다.[54]

53 Hiran W. Jayewardene, *The Regime of Islands in International Law*, Martinus Nijhoff Publishers, 1990, p.14.

54 *Ibid.*, pp.14-15.

1958년 대륙붕협약은 이처럼 대륙붕이란 연안국의 해안과 섬에 인접한 영해 외측 수심 200미터까지의 지점이나 천연자원의 개발이 가능한 곳까지라고 하였으나, 개발가능성(exploitability)이란 상대적 기준을 채용한 것이어서 많은 비판을 받았다. 개발가능성이란 기준을 적용하게 되면 과학기술의 발달에 따라 대륙붕의 외측한계는 점차 해양 쪽으로 확대되어 갈 것이 분명하였으며, 개발가능성이 단순히 연안국의 능력인지 아니면 다른 국가들의 능력까지도 감안하여 판단해야 하는 것인지 불명확하였기 때문이다.[55]

1969년 북해대륙붕사건에 대한 국제사법재판소(ICJ)의 판결은 대륙붕 개념에 커다란 변화를 가져왔다. 재판소는 판결에서 법적인 의미의 대륙붕은 지질학에서의 대륙붕, 대륙사면, 대륙대를 포함하는 3차원적인 구조로 되어 있다고 하였다. 재판소는 대륙붕협약이 당시의 관습법을 반영한 것임을 인정하면서도, 협약의 대륙붕에 대한 정의를 거부하고 대륙붕은 '육지영토의 자연적 연장'(natural prolongation of land territory)이라고 하였다.[56] 이 판결은 대륙붕의 법적인 개념을 지질학적 대륙붕에서 지질학적 대륙변계(continental margin)로 확장한 것으로, 오코넬(O'Connel)은 이 판결을 '대륙붕선언'에 비추어 '대륙변계선언'(Continental Margin Doctrine)이라고 평하였다.[57] 재판소의 이러한 입장은 그 후 국가들의 실행과 국제법원과 재판소의 판결에도 많은 영향을 주었다. 특히 일부 국가들은 자국 영토의 자연적 연장 위에 있는 아주 작은 섬 주변에 대륙붕을 주장하였으며, 자국영토 가까이 위치

55 Churchill and Lowe, *op.cit.*, pp.124-125.

56 *North Sea Continental Shelf Cases*, ICJ Reports, 1969, p.47.

57 D. P. O'Connel,, *International Law of the Sea*, vol. 1, Clarendon Press, 1982, p.491.

한 다른 국가 소유인 섬의 대륙붕을 부인하기도 하였다. 또한 자연적 연장론으로부터의 유추에 의해 조그만 암석이나 소도는 대륙붕의 돌출(protuberance)에 불과하므로 이들 도서에 대한 영유권은 그 섬이 어느 국가에 연결된 대륙붕에 있는가 하는 것에 의해 결정되어야 한다는 주장까지도 나오게 되었다.[58]

연안국의 대륙붕에 대한 권원의 의미는 리비아/몰타사건에서 국제사법재판소(ICJ)에 의해서 보다 명확해졌다. 이 사건에서 리비아는 해안배후의 대륙괴(landmass behind the coast)가 국가의 대륙붕에 대한 권리에 법적인 정당성을 부여한다고 주장하였다. 그러나 재판소는 이제까지의 국가관행과 법학자들의 학설, 제3차 유엔해양법회의 작업문서를 검토해 보건대, 해안의 배후지를 대륙붕에 대한 권리창출을 위한 기초로 인정한 경우는 없다고 하였다. 재판소는 무해안국(landlocked state)이 대륙붕을 가질 수 없는 현실을 예로 들면서 대륙붕을 창설하는 권리는 대륙괴가 아니라 대륙괴가 해양과 만나는 선을 통하여 실현된다고 하였다.[59]

육지의 자연적 연장 원칙을 원용하여 다른 국가의 섬의 대륙붕 주장을 반대하는 경우도 있었다. 1969년 발표된 유엔극동경제위원회(ECAFE)의 조사보고서는 황해와 동중국해에 막대한 양의 석유가 매장되어 있을 가능성이 매우 높다는 내용을 담고 있었는데, 이를 계기로 일본과 대만 사이에는 8개의 암초로 형성된 조어도(센카쿠) 영유권문제가 제기되었다. 대만은 대륙의 자연적 연장 원칙을 원용하여 소도(islets)와 암석(rocks)은 이들이 위치하고 있는 대륙붕의 일부이므로 이

58 이석용, *op.cit.*, pp.83-84.

59 *Continental Shelf (Libyan Arab Jamahiriya/Malta)*, Judgment, ICJ Reports, 1985, para.49.

들 지형의 독립된 지위에 근거한 대륙붕 주장은 있을 수 없다고 하였다.[60] 에게 해 대륙붕 분쟁에서 터키도 동부 에게 해의 그리스 섬들은 자국 대륙붕의 '조그만 돌출'(mere protuberance)에 불과하므로 독자적으로 대륙붕을 가질 수 없다고 하였다.[61] 영불대륙붕사건에서 프랑스도 대륙붕의 자연적 돌출(natural protuberance)의 이론을 원용하여, 채널제도(Channel Islands)는 대양상의 섬들과는 달리 자체의 대륙붕을 가지지 못한다고 하였다.[62] 그러나 이러한 '자연적 돌출' 이론은 ICJ가 1969년 북해대륙붕사건에서 제시한 자연적 연장의 원칙을 남용하는 것이어서 타당성을 인정받지는 못하였다. 에게 해 대륙붕사건에서 소송대리인 O'Connel은 터키의 '조그만 돌출' 주장은 사실을 가장하여 결론을 이끌어 내기 위한 '편향된' 주장이라고 반박하였으며,[63] 영불대륙붕사건에서 중재재판소는 프랑스가 대륙붕에 대한 지질학적 개념과 법적인 개념을 혼동하고 있다고 하였다.[64]

1958년 대륙붕협약의 채택 이후 대륙붕 이원에 있는 심해저 자원이 점차 관심대상이 되었다. 급속히 발달해 가는 해양과학기술을 감안할 때 충분한 투자가 이루어지면 어떠한 형태로든 개발이 불가능한 해저지역은 지구상에서 거의 사라질 것이기 때문이다. 개발가능성이란 기준을 고수하는 경우에는 과학기술의 발전으로 개발가능한

60 조어도(센카쿠) 문제는 처음에는 대만과 오키나와 행정부 간의 문제였다. 1970년 7월 대만이 오키나와 연안수역을 포함하는 제2해저광구에 대한 탐사권을 미국의 걸프회사에 부여하자, 오키나와 행정부는 그 해 9월 센카쿠가 오키나와 행정부에 속한다는 선언을 하였다. 그러나 바로 그날 중국이 센카쿠군도에 대한 영유권을 선언하고 나섬으로써 센카쿠 문제는 새로운 양상을 맞이하게 되었다. 박춘호, "한국의 대륙붕 경계문제," 『법학논집』, 제27집, 1983, p.72.

61 Libya/Malta case, *op.cit.*, p.137.

62 *Anglo-French Continental Shelf Case*, Award, 1977, paras.156-157.

63 Symmons, *op.cit.*, pp.136-137.

64 *Anglo-French case*, *op.cit.*, para.119.

해저지역은 계속 확대되어 지구상 거의 모든 해저가 연안국들의 대륙붕이 될 것이며, 과학기술에서 앞선 선진국들이 최대수혜자가 되리라는 우려도 있었다.

2. 제3차 유엔해양법회의 이후

제3차 유엔해양법회의에서 대륙붕의 정의와 범위에 관해 합의에 도달하기까지는 많은 난관이 있었다. 200해리 배타적 경제수역 제도가 정착되면서 200해리 거리기준이 대륙붕 제도에 직접적으로 영향을 미치게 되었고, 그에 따라 대륙붕의 바깥한계도 200해리로 제한하자는 의견이 내륙국과 지리적 불리국을 중심으로 제기되었다. 그러나 미국, 영국, 소련 등 넓은 대륙변계를 소유한 국가들은 그들의 육지영토의 자연적 연장에 있는 자원에 대한 관할권을 포기하려고 하지 않아 많은 갈등이 있었다.[65]

1974년 제2회기 때에는 대륙붕 제도의 유지를 원하는 국가들의 주장과 대륙붕 제도를 배타적 경제수역이라는 새로운 제도에 포함시켜야 한다는 주장 간에 논란이 계속되었다. 전자의 국가들은 경제수역의 200해리 한계를 넘어 대륙붕에 대한 관할권 주장을 유지하기를 원하였으며, 후자의 국가들은 연안국 관할권의 한계를 기선으로부터 200해리로 제한해야 한다고 주장하였던 것이다. 200해리 거리기준을 옹호한 국가 중에는 무해안국과 지리적 불리국, 좁은 대륙붕을 가진

65 제3차 유엔해양법회의가 시작되기 이전의 심해저위원회에서는 많은 국가들이 대륙붕에 대한 입장을 발표하였는데, 라틴아메리카 3개국, 소련, 중국, 호주와 노르웨이, 아르헨티나, 네덜란드 등이 대륙붕에 대하여 다양한 정의를 제시하였다. 특히 중국은 "대륙붕은 대륙영토의 자연적 연장이란 원칙에 따라 연안국은 그 배타적 관할권에 속하는 대륙붕의 한계를 합리적으로 정할 수 있다"고 하였다. University of Virginia Center for Oceans Law and Policy, *United Nations Convention on the Law of the Sea 1982: A Commentary,* vol. I, 1985, pp.842-844.

국가들이 많았으니, 오스트리아, 싱가포르, 일본, 아프리카단결기구(OAU) 국가들, 니카라과, 아르헨티나, 베네수엘라 등이었다.[66] 기선으로부터 200해리 한계를 넘어서도 자연적 연장이 발달해 있는 경우에는 확대된 대륙붕에 대한 관할권을 인정해야 한다는 주장은 캐나다, 칠레, 아이슬란드, 인도, 인도네시아, 모리셔스, 멕시코, 뉴질랜드, 노르웨이 등 9개국과 그리스, 소련, 미국 등에 의하여 제기되었다. 특히 상기 9개국은 국가실행과 국내입법, 조약 등을 통하여 이미 확립된 자연적 연장에 따른 연안국의 법적인 지위를 무시하는 것은 비현실적인 것일 뿐 아니라 형평에도 어긋난다고 하면서, 대륙붕은 기선에서 200해리까지 또는 육지영토의 자연적 연장까지라고 정의할 것을 주장하였다.[67]

제3차 유엔해양법회의 결과 탄생한 1982년 해양법협약은 대륙붕을 경제수역에서 사용된 200해리 거리기준과 국제관습법이 지지해 온 대륙변계라는 지질학 개념을 사용하여 정의하였다. 해양법협약은 제76조에 대륙붕의 정의 또는 범위에 관한 규정을 두었는데, 다음과 같다.

제76조 | 대륙붕의 정의

1. 연안국의 대륙붕은 영해 밖으로 영토의 자연적 연장에 따라 대륙변계의 바깥 끝까지, 또는 대륙변계의 바깥 끝이 200해리에 미치지 아니하는 경우, 영해기선으로부터 200해리까지의 해저지역의 해저와 하층토로 이루어진다.

66 일본은 연안국들이 200해리를 넘어 대륙변계의 끝까지 자원관할권을 주장하게 되면, 연안국에게 지나치게 많은 자원이 부여되어 국제심해저기구의 수입을 감소하게 하여서 개발도상국에 피해를 주게 된다고 하였다.

67 University of Virginia Center for Oceans Law and Policy, *op.cit.*, pp.844-848.

2. 연안국의 대륙붕은 제4항부터 제6항까지 규정한 한계 밖으로 확장될 수 없다.

3. 대륙변계는 연안국 육지의 해면 아래쪽 연장으로서, 대륙붕·대륙사면·대륙융기의 해저와 하층토로 이루어진다. 대륙변계는 해양산맥을 포함한 심해대양저나 그 하층토를 포함하지 아니한다.

4. (a) 이 협약의 목적상 연안국은 대륙변계가 영해기선으로부터 200해리 밖까지 확장되는 곳에서는 아래 선 중 어느 하나로 대륙변계의 바깥끝을 정한다.

   (i) 퇴적암의 두께가 그 가장 바깥 고정점으로부터 대륙사면의 끝까지를 연결한 가장 가까운 거리의 최소한 1퍼센트인 가장 바깥 고정점을 제7항에 따라 연결한 선

   (ii) 대륙사면의 끝으로부터 60해리를 넘지 아니하는 고정점을 제7항에 따라 연결한 선

   (b) 반대의 증거가 없는 경우, 대륙사면의 끝은 그 기저에서 경사도의 최대변경점으로 결정된다.

5. 제4항 (a) (i)과 (ii)의 규정에 따라 그은 해저에 있는 대륙붕의 바깥 한계선을 이루는 고정점은 영해기선으로부터 350해리를 넘거나 2500미터 수심을 연결하는 선인 2500미터 등심선으로부터 100해리를 넘을 수 없다.

6. 제5항의 규정에도 불구하고 해저산맥에서는 대륙붕의 바깥한계는 영해기선으로부터 350해리를 넘을 수 없다. 이 항은 해양고원·융기·캡·해퇴 및 해저돌출부와 같은 대륙변계의 자연적 구성요소인 해저고지에는 적용하지 아니한다.

7. 대륙붕이 영해기선으로부터 200해리 밖으로 확장되는 경우, 연안국

은 경도와 위도 좌표로 표시된 고정점을 연결하여 그 길이가 60해리를 넘지 아니하는 직선으로 대륙붕의 바깥한계를 그어야 한다.

8. 연안국은 영해기선으로부터 200해리를 넘는 대륙붕의 한계에 관한 정보를 공평한 지리적 배분의 원칙에 입각하여 제2부속서에 따라 설립된 대륙붕한계위원회에 제출한다. 위원회는 대륙붕의 바깥한계 설정에 관련된 사항에 관하여 연안국에 권고를 행한다. 이러한 권고를 기초로 연안국이 확정한 대륙붕의 한계는 최종적이며 구속력을 가진다.
9. 연안국은 측지자료를 비롯하여 항구적으로 자국 대륙붕의 바깥한계를 표시하는 해도와 관련정보를 국제연합사무총장에게 기탁한다. 국제연합사무총장은 이를 적절히 공표한다.
10. 이 조의 규정은 서로 마주보고 있거나 이웃한 연안국의 대륙붕경계 획정문제에 영향을 미치지 아니한다.

해양법협약은 제76조 1항에서 연안국의 대륙붕은 육지영토의 자연적 연장을 통하여 대륙변계의 바깥한계까지, 대륙변계의 바깥한계의 끝이 기선에서부터 200해리에 미치지 못하는 경우에는 영해기선으로부터 200해리에 이르는 해저지역의 해저 및 지하까지라고 정의하였다. 여기서 말하는 대륙변계란 대륙붕·대륙사면·대륙대를 포괄하는 개념으로 대륙변계가 200해리를 넘어서는 경우에는 대륙붕의 외측한계를 정하는 데에는 매우 복잡한 규칙이 적용된다. 중요한 것은 연안국의 대륙변계(continental margin) 외측으로의 자연적 연장이 영해기선으로부터 200해리 거리에 획정된 선을 넘어서까지 확장되어 있는 경우, 연안국 대륙붕의 바깥한계는 1퍼센트 퇴적암선

(1 percent sediment thickness line)이나 대륙사면의 끝(foot of the continental shelf)에서부터 60해리 거리에 획정된 선까지 확장될 수 있지만, 영해기선으로부터 350해리 거리에 획정된 선이나 2500미터 등수심선에서 100해리 떨어진 곳에 획정된 선을 넘어설 수는 없다는 한계에 관한 것이다(〈지도 4-2〉 참조).[68]

해양법협약은 제76조 8항에서 연안국은 영해기선으로부터 200해리를 넘는 대륙붕의 한계에 관한 정보를 심사를 위하여 대륙붕한계위원회(CLCS)에 제출하여야 한다고 하였다. 대륙붕한계위원회의 주요 임무는 대륙붕의 바깥한계가 200해리 이원까지 확장되는 연안국들의 제출문서를 심사하여 권고하는 것인데, 그러한 권고를 기초로 확정한 대륙붕의 한계는 최종적이고 구속력을 갖는다. 하지만 CLCS의 권고는 연안국의 대륙붕에 대한 권원에 관한 것이지 연안국의 배타적 관할권이 적용되는 대륙붕의 범위를 정하는 것은 아니다. 따라서 인접국 또는 대안국 간의 대륙붕 경계획정은 CLCS의 권고와는 직접적인 관계가 없으며 필요한 경우 경계획정은 연안국 간 협의를 통해 별도로 추진되어야 한다.[69]

68 1999년 5월 3일부터 14일까지 뉴욕에서 개최된 제5차 해양법협약당사국회의에서는 「대륙붕한계위원회 과학기술지침」(Scientific and Technical Guidelines of the Commission on the Limits of the Continental Shelf)을 채택하였다. 대륙붕한계위원회(CLCS)가 이 과학기술지침을 만든 것은 CLCS가 협약 제76조와 제2부속서에 따라 국가들이 준비한 제출문서에 대하여 권고하기 위한 기초를 마련하고, 대륙붕의 바깥한계가 영해기선에서 200해리를 넘어서까지 확장되는 곳에서 대륙붕의 한계에 관한 자료를 제출하고자 하는 연안국에게 지침을 제공하기 위한 것이었다.

69 CLCS 의사규칙 제46조와 제1부속서는 대안국이나 인접국 간 대륙붕경계획정과 관련하여 분쟁이 있거나 영토 또는 해양관련 분쟁이 있는 경우에는 위원회가 제출자료를 심사하지 않는다고 하였다. 따라서 우리나라처럼 주변 국가들과 해양분쟁을 안고 있는 국가의 경우에는 문서를 제출하여도 심사가 이루어지지 아니할 수 있다. 동중국해에서는 우리나라, 중국, 일본 간에 해양경계획정이 이루어져야 하지만 아직은 잠정적인 성격의 어업협정과 1974년 체결된 한일대륙붕협정만이 존재하고 있을 뿐이다. 더구나 우리나라와 주변의 국가들이 주장하는 해양경계획정 원칙은 상이하며, 중국은 1974년 한일대륙붕협정과 공동개발구역을 인정하기를 거부하고 있다.

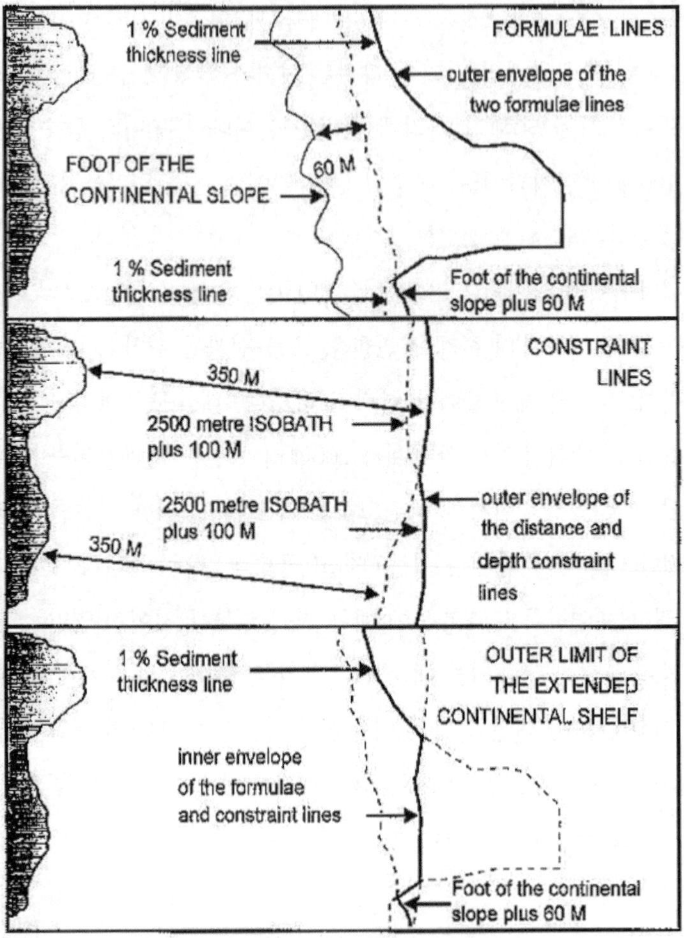

〈지도 4-2〉 광역대륙붕 외측한계의 결정
출처: 대륙붕한계위원회(CLCS) 과학기술지침

해양법협약은 연안국의 대륙붕에 대한 권원을 200해리 거리와 자연적 연장에 의하여 인정하였는바, 이 두 가지 기준이 충돌될 경우의 해법을 강구해 둘 필요가 있다. 옥스만(Bernard H. Oxman) 교수도 지적한 바와 같이 해양법협약 제76조 1항은 연안국의 대륙붕은 영토의 자연적 연장에 따라 대륙변계의 바깥 끝까지 또는 대륙변계의 바깥 끝이 200해리에 미치지 아니하는 경우에는 영해기선으로부터 200해리까지의 해저지역의 해저와 하층토까지 확장되도록 하였으나, 대륙변계와 200해리 거리기준이 충돌하는 경우 어떠한 것이 우월한 것인가 하는 데 대해서는 아무런 언급이 없다.[70] 해양법협약에서 알 수 있는 것은 200해리 거리기준보다 대륙변계가 먼저 언급되어 있다는 사실뿐이다. 따라서 영해기선에서 200해리 이내에서는 대륙붕의 경우에도 자연적 연장보다는 거리가 우선한다는 일견 보편화된(?) 인식은 경제수역제도가 각광을 받으면서 나타난 오해일 수 있다는 지적이다. 특히 대륙붕에 근본적인 단절이 있는 경우에는 기선에서 200해리 거리보다는 육지영토의 자연적 연장이 우월한 기준이 될 수 있다는 주장은 대륙붕에 대한 연안국의 권원의 역사를 고려할 때 충분히 근거가 있는 것이다.

1985년 국제사법재판소(ICJ)의 리비아/몰타 대륙붕사건에 대한 판결은 바다가 충분히 넓지 않은 경우 연안국에게 대륙붕에 대한 권원을 부여하는 기준으로서 자연적 연장보다 200해리 거리기준이 중요하다는 일반적인 인식이 형성되는 데 크게 기여하였다. 이 사건에 대한 판결에서 당시 재판부는 "경계획정은, 형평의 원칙에 따라 모든 관련상황을 고려하여, 형평에 맞는 결과에 도달하도록 이루어져야 한다"고 하면서도, "당사국 해안으로부터 200해리를 초과하지 않으면서 어떤 당사국에 속하는 것으로 결정되어야 하는 대륙붕 지역에서는 대륙붕 경계획정을 위한 그 어떠한 기준도 물리적인 의미에서

70 Bernard H. Oxman, 2008, pp.2-3.

의 자연적 연장 원칙으로부터 나오지 않는다"고 하였다.[71] 재판소가 이 판결에서 국가의 권원을 확인하는 데 있어서 좁은 바다에서는 지리적·지구물리학적 요소에 어떠한 역할도 부여할 수 없다고 한 것은 곧 당해수역의 폭이 400해리 이내인 수역에서는 그 권원의 기초로서 거리만이 인정된다는 주장의 근거가 된 것이다. 하지만 그러한 견해는 지나치게 단순하고 피상적인 것일 수 있다는 비판이 있는 것이다. 경계획정 대상 수역에 근본적인 단절이 존재하지 아니하는 경우에는 그러한 입장이 나름대로 설득력을 가질 수도 있지만, 깊은 해구 등의 존재로 일정한 부분에서 해양지형이 단절되어 있는 경우에는 해양경계획정시 거리보다는 해저지형을 중요시해야 한다는 주장도 설득력이 있기 때문이다.

1958년 대륙붕협약과는 달리, 해양법협약에는 섬의 대륙붕에 대한 권원을 분명하게 인정하는 직접적인 규정은 없다. 그러나 해양법협약이 제121조 1항에서 섬을 정의하고, 2항에서는 제3항에 규정된 암석을 제외하고는 "섬의 영해, 접속수역, 배타적 경제수역 및 대륙붕은 다른 영토에 적용가능한 이 협약의 규정에 따라 결정한다"고 하였는데, 이는 대륙붕을 포함하는 섬의 각종 해양수역에 대한 권원을 명시적으로 인정하는 것으로 해석될 수 있다. 또한 동조 3항이 "인간이 거주할 수 없거나 독자적인 경제활동을 유지할 수 없는 암석은 배타적 경제수역이나 대륙붕을 가지지 아니한다"고 한 것은 간접적으로 섬의 대륙붕에 대한 권원을 인정한 것이라고 하겠다.[72] 대륙붕제도의 역사와 관련 국제관습법의 발달과정을 고려하면, 국제법상의 섬

71 Libya/Malta case, *op.cit.*, para.78.
72 Jayewardene, *op.cit.*, p.14.

이 주변의 대륙붕에 대한 권원을 갖는다는 것은 당연하다. 그리하여 해양법협약 제77조가 1항에서 "연안국은 대륙붕을 탐사하고 그 천연자원을 개발할 수 있는 대륙붕에 대한 주권적 권리를 행사한다"고 하면서, 2항에서 "제1항에 언급된 권리는 연안국이 대륙붕을 탐사하지 아니하거나 그 천연자원을 개발하지 아니하더라도 다른 국가는 연안국의 명시적인 동의 없이는 이러한 활동을 할 수 없다는 의미에서 배타적 권리이다"라고 하고, 3항에서는 "대륙붕에 대한 연안국의 권리는 실효적이거나 관념적인 점유 또는 명시적 선언에 의존하지 아니한다"고 한 것은 모두 대륙붕에 대한 연안국의 권리의 속성을 표현한 것이다. 그리고 그러한 대륙붕에 대한 연안국의 권리는 그 국가영토의 불가분의 일부인 섬에도 적용되는 것이다.

제3절 | 섬의 경제수역

1. 경제수역제도 일반

배타적 경제수역(EEZ)은 유엔해양법협약에 의해 성문화된 제도로 기선에서 200해리 이내의 상부수역, 해저, 지하의 생물·무생물 자원에 대한 배타적 관할권을 연안국에게 부여하는 제도이다. 경제수역제도가 등장하게 된 주요 원동력은 형평에 맞는 신국제경제질서 수립에 대한 남미국가들과 개발도상국들의 열망과 해양생물자원의 무분별한 개발과 해양오염으로 인한 공유물의 비극을 막아보려는 국제사회의 기대와 노력이었다.[73]

73 Rothwell and Stephens, *op.cit.*, p.82.

1945년 미국 대통령 트루먼은 「대륙붕선언」을 발표하면서 연안에서의 어업과 관련해서도 자국의 정책을 발표하였다. 「공해 일부 지역에서의 연안어업에 관한 미국의 정책」(Policy of the United States with Respect to Coastal Fisheries in Certain Areas of the High Seas)이라는 명칭의 선언에서 미국은 어업자원의 보존과 보호를 위한 절박한 필요에 따라 이미 대규모로 어로활동이 이루어졌고 앞으로도 그럴 것으로 예상되는 미국연안에 인접한 공해수역에 '보존수역'(conservation zone)을 설치하겠다고 하였던 것이다.[74] 미국연안에 인접한 공해수역의 어족자원 보호를 위해 보존수역을 설치하고자 하였던 이 선언은 실행에 옮겨지지는 않았으나, 그 후 남미국가들의 200해리수역 주장에 중요한 단초가 되었다.

대륙붕과 별도로 새로운 경제적 관할수역이 남미국가들에 의하여 주장되게 된 것은 그곳의 지리적·지질학적 환경과 관련이 있다. 남미대륙의 서해안은 수심이 수천 미터에 달하는 해구가 해안 가까이에 위치해 있어서 지질학적 대륙붕이 거의 존재하지 않으며, 그 해구를 따라서는 플랑크톤이 풍부한 홈볼트해류(Humboldt Current)가 흐르고 있다. 따라서 그곳에는 풍부한 어족자원이 있지만 대륙붕 제도로는 이에 대한 배타적 관할권 행사가 불가능하였던 것이다.

칠레는 1947년 대통령령을 통하여 자국의 모든 해안과 섬으로부터 200해리에 달하는 수역에 대해 '국가주권'(national sovereignty)을 주장함으로써 200해리 수역을 주장한 최초의 국가가 되었는데, 칠레의 그러한 주장에는 제2차대전 기간 중 급성장한 자국의 포경산업을 보

74 *Presidential Proclamation No. 2668*, Sept. 28, 1945.

호하려는 목적도 있었다.[75] 동년 8월에는 페루도 유사한 선언을 하였으며, 1952년 8월 칠레, 페루, 에콰도르는 「산티아고선언」(Santiago Declaration)을 통하여 각국은 본토의 해안과 섬으로부터 200해리에 이르는 수역에 대해 주권과 관할권을 갖는다고 선언하였다.[76] 그 후 미주기구(OAS)의 권고에 의하여 1956년 개최된 제3차 미주국가법률가 이사회 제3차 회의는 미국이 반대하고 일부 국가들이 기권한 가운데 "각국은 지리적, 지질학적, 생물학적 요소와 주민의 경제적 필요 및 안보를 고려하여 합리적인 한계 내에서 자국의 영해를 설정한다"는 결의를 채택하였으며, 동년 Ciudad Trujillo에서 개최된 회의에서는 영해의 너비에 관해 국가 간에 의견이 상이함을 인정하였으며, 페루, 칠레, 에콰도르는 그 결의가 자국의 입장에 아무런 영향을 주지 않는다는 성명을 발표하였다.[77]

1958년 제1차 유엔해양법회의에서 채택된 「공해어업 및 생물자원 보존에 관한 협약」(Convention on Fishing and Conservation of Living Resources of the High Seas)은 제6조 1항에서 한 국가의 영해에 인접한 공해의 수산자원에 대한 연안국의 특별한 이익을 인정하였으나, 이 협약은 가입국 수가 적어서 소기의 성과를 거두지 못하였으며 경제수역 제도의 등장에 영향을 미치지도 못하였다.

태평양 연안의 남미국가들에 의하여 주장되기 시작한 200해리 수

75 제2차 세계대전 중 칠레의 포경업이 급성장하였다. 그러나 종전이 임박하면서 영국 등이 1930년대에 체결된 원양포경을 규제하는 국제조약의 개정문제를 제기하였고, 종전 후에는 일본어부들에게도 어업이 허용되기 시작하였다. A. L. Hollick, "The Origins of 200-Mile Offshore Zones," *American Journal of International Law,* vol. 71, 1977, pp.494-500.

76 산티아고 선언은 항해(navigation)란 용어를 사용하지 않고 '무해통항'(innocent passage)이란 용어를 사용하였기 때문에 200해리 영해를 선포한 것으로 간주되었다.

77 Hollick, *op.cit.*, pp.556-557.

역은 1970년대 들어서 영해나 어업수역의 성격을 가진 수역으로부터 오늘날의 배타적 경제수역(EEZ)과 유사한 성격의 수역으로 진화하면서 개발도상국들의 적극적인 지지를 받아 다른 지역으로 확산되어 갔다. 남미국가들은 1970년의 「몬테비데오선언」(The Montevideo Declaration)과 리마라틴아메리카국가회의(Lima Conference of Latin-American States)에 이어 1972년에는 「산토도밍고선언」(Declaration of Santo Domingo)을 채택하여 천연자원만을 대상으로 하는 200해리 '유산수역'(Patrimonial Sea)을 주장하기도 하였다.[78] 또한 아프리카 국가들은 1971년의 카사블랑카회의와 아디스아바바에서 개최된 아프리카단결기구(OAS) 각료회의에 이어, 1972년에는 야운데(Yaounde)에서 아프리카지역해양법세미나(African States Regional Seminar on the Law of the Sea)를 개최하여 경제수역 설치를 지지하는 권고안을 채택하였다. 그리고 1972년 8월 케냐는 심해저위원회에 배타적 경제수역에 관한 초안을 제출하였는데, 제3차 유엔해양법회의가 개최되면서 배타적 경제수역은 '유산수역' 등의 제도를 통합하여 오늘날의 배타적 경제수역과 유사한 제도가 되었다.[79] 그리하여 1974년 정도에는 오늘날의 배타적 경제수역 제도와 유사한 내용을 갖춘 제도가 만들어졌고, 1975년 이후에는 이 제도에 반대하는 국가가 없게 되었다. 특히 국제사법재판소(ICJ)는 1985년 리비아/몰타 대륙붕사건에 대한 판결에서 경제수역 제도가 관습국제법의 일부가 되었다는 것은 명확해졌다고 하였다. 경제수역제도는 1970년대 중반 국제관습법 제도로 정착되었으며, 해

78 C. H. Park, *East Asia and the Law of the Sea*, Seoul National University Press, 1983, p.4.

79 *Ibid.* 배타적 경제수역(Exclusive Economic Zone)이란 표현은 1971년 콜롬보에서 개최된 아프리카-아시아법률자문위원회(Afro-Asian Legal Consultative Committee) 회의에서의 케냐의 제안으로부터 비롯되었다.

양법협약에도 성문화된 제도로 등장하게 된 것이다.[80]

대륙붕은 태생적으로 해저지형과 밀접한 관련을 가지고 있어서 그 정의와 범위에 관한 규정이 복잡하지만, 경제수역은 오직 '거리'를 중심으로 하기 때문에 그 범위에 관한 규정도 간단하다. 해양법협약은 제57조에서 경제수역의 폭에 대하여 규정하였는데, "배타적 경제수역은 영해기선으로부터 200해리를 넘을 수 없다"는 간단한 규정을 두었다. 협약의 이러한 규정에 따라 오늘날 대부분의 연안국은 이미 200해리까지 경제수역을 선포하였거나 경제수역 선포를 가능하게 하는 법을 제정하였다. 연안국의 경제수역의 크기는 해안선의 길이와 인접국과의 거리에 따라 달라지게 된다. 그렇지만 본토에서 멀리 떨어진 곳에 도서를 가지고 있거나 영토나 속령을 가지고 있는 국가들의 경제수역은 엄청나게 넓어지게 된다.[81]

해양법협약은 배타적 경제수역의 법적 지위에 대하여 명확한 규정을 두지 않았다. 제3차 유엔해양법회의 당시부터 미국 등 해양강국들은 경제수역을 연안국의 특별한 권리에 종속되는 공해의 일부로 이해하는 입장이었지만, 중국 등 많은 국가들은 경제수역란 제3국의 항해와 상공비행의 자유가 인정되는 연안국 관할수역의 일부라고 생각하였다.[82] 이러한 의견대립으로 인하여 해양법협약 제55조는 "배타적 경제수역은 영해 밖에 인접한 수역으로서, 연안국의 권리와 관할권 및 다른 국가의 권리와 자유가 이 협약의 관련규정에 의하여 규율되

80 Louis B. Sohn and John E. Noyes, *Cases and Materials in the Law of the Sea*, Transnational Publishers, 2004, p.551.

81 세계에서 가장 넓은 경제수역을 가지고 있는 국가 중에 미국, 호주, 브라질, 캐나다, 칠레, 인도와 함께 프랑스, 인도네시아, 뉴질랜드, 일본, 키리바시 등이 들어 있는 것은 섬이 경제수역 확대에 큰 효과가 있음을 보여준다.

82 Sohn and Noyes, *op.cit.*, p.552.

도록 이 부에서 수립된 특별한 법제도에 따른다"고 하여 특별한 법제도임을 밝혔으나 문제가 해결된 것은 아니다.

해양법협약은 연안국은 경제수역에서 천연자원의 탐사 및 개발과 에너지개발 등의 경제활동에 대하여 주권적 권리(sovereign right)를 가지며, 인공섬 및 시설물의 설치와 사용, 해양과학조사, 해양환경보호 등에 대해서는 관할권(jurisdiction)을 가진다고 하였다. 그렇지만 경제수역이란 본래 과거에는 공해에 속하였던 수역으로 연안국의 관할권과 공해의 법질서가 공존하는 곳이므로, 다른 국가들의 권리와 자유가 넓게 인정된다. 따라서 전통적인 공해의 자유 중에서 어업의 자유를 제외한 나머지 자유들은 경제수역에서도 계속 인정된다. 그리하여 협약 제58조는 모든 국가는 배타적 경제수역에서 항행·상공비행의 자유, 해저전선·관선부설의 자유 및 선박·항공기·해저전선·관선의 운용 등과 같은 해양이용의 자유를 갖는다고 하였다.[83]

제3차 유엔해양법회의 기간 중 1974년 제2회기(카라카스)에서는 100개국 이상의 대표들이 경제수역 제도에 찬성하는 발언을 함으로써 경제수역 제도의 도입에 대해서는 일찌감치 합의가 이루어졌다. 그러나 연안국의 경제수역에 대한 관할권의 성격, 경제수역과 대륙붕의 관계, 해양생물자원에 대한 연안국의 권리와 의무, 연안국의 해양과학조사와 해양환경보호에 있어서의 권한과 의무 등 해결해야 할 문제들이 아직도 많이 남아 있다.[84]

앞에서 언급한 대로 배타적 경제수역은 그 법적 성격에 관하여 아직 논란이 계속되고 있고 그 이행을 둘러싸고도 다소 마찰이 있다.

83 이석용, *op.cit.*, p.350.
84 Sohn and Noyes, *op.cit.*, p.547.

그러나 EEZ의 등장은 전체해양의 30퍼센트를 연안국의 관할권에 속하게 하였을 뿐 아니라, 연안국의 해양자원에 대한 관할권을 200해리까지 획기적으로 확대하였고, 해양환경을 보호할 수 있는 관할권을 연안국에게 부여하는 등 해양질서에 많은 변화를 가져왔다. 더구나 최근에는 해상테러, 해적, 대량살상무기의 확산과 같은 해양보안에 관한 문제들이 제기되면서 EEZ에서의 항행의 자유를 제한하려는 움직임까지 나타나는 등 배타적 경제수역에서 안보를 강조하는 추세가 강해지고 있다.[85]

2. 섬의 경제수역

배타적 경제수역과 대륙붕은 모두 국가의 해양에 대한 경제적 관할권에 속하는 것으로, 그 범위도 비슷하다. 그렇지만 이들 두 제도의 생성 및 발달과정 그리고 법적 성격을 비교해 보면 큰 차이가 있다. 대륙붕에 대한 연안국의 관할권은 1945년 미국의 트루먼선언에서도 언급된 바대로 대륙의 자연적인 연장이란 근거에서 주장된 것이며, 이러한 논리는 1958년 대륙붕협약과 국제사법재판소의 1969년 북해대륙붕사건에 대한 판결 등 국제법원과 재판소의 판결에서도 확인되었다. 더구나 1982년 해양법협약은 대륙붕을 정의하는 데 있어서 200해리 거리와 함께 육지영토의 자연적 연장인 대륙변계 개념을 중시하였다. 협약은 제77조에서는 연안국은 대륙붕을 탐사하고 그 천연자원을 개발할 수 있는 대륙붕에 대한 주권적 권리를 행사한다고 하면서(1항), 그 권리는 연안국이 대륙붕을 탐사하지 아니

85 Rothwell and Stephens, *op.cit.*, pp.83-84.

하거나 그 천연자원을 개발하지 아니하더라도 다른 국가는 연안국의 명시적인 동의 없이는 이러한 활동을 할 수 없다는 의미에서 배타적 권리라고 하였고(2항), 대륙붕에 대한 연안국의 권리는 실효적이거나 관념적인 점유 또는 명시적 선언에 의존하지 아니한다고도 하였다(3항). 대륙붕에 대한 연안국의 권리는 육지영토의 자연적 연장에서 자연스럽게 나오는 배타적인 것이고 명시적인 권리주장이 없어도 당연히 존재하는 것이라는 의미이다.

반면에 배타적 경제수역은 처음부터 당연히 존재하는 수역이 아니고 연안국들이 해양법협약을 근거로 '주장할 수 있는'(claimable) 해양수역이다. 해양법협약은 제57조에서 국가들은 EEZ를 영해기선으로부터 200해리까지 설정할 수 있다고 하였으며, 오늘날 대부분의 국가들은 이 규정을 근거로 200해리 범위 내에서 EEZ를 선포하고 있다. 하지만 배타적 경제수역의 성격상 국가들은 원하면 200해리 이내에서 EEZ를 주장할 수 있으며, 어업수역처럼 EEZ 제도보다 연안국에게 부여하는 권리가 미약한 해양관할권을 주장할 수도 있다.[86]

이처럼 배타적 경제수역은 그간의 국가실행에 의해 성립된 국제관습법과 1982년 해양법협약의 규정에 의해 성립된 제도로서, 대륙붕에서와는 달리 경제수역에 대한 연안국의 관할권 행사를 뒷받침하는 다른 근거를 가지지 못한다. 제3차 유엔해양법회의에서는 연안국의 경제수역에 대한 관할권도 본래부터 존재하였다는 주장이 제기되기도 하였으며, 국제공동체의 이익을 위하여 어족자원을 보존할 연안국의 의무로부터 연안국의 경제수역에 대한 관할권이 나온다는

86 *Ibid.*, p.85.

주장도 있었다. 1974년 카라카스회의에서 피지와 통가는 경제수역에 대한 연안국의 관할권은 1958년 영해협약과 대륙붕협약의 '자연적 확장'을 통해 이미 인정되었다고 주장하였으나 역시 설득력이 없었다.[87] 육지영토의 경제수역에 대한 권원과 마찬가지로 섬의 경제수역에 대한 권원도 국가들의 실행과 그 후의 관습법적 발달 및 1982년 해양법협약 규정에서 찾아져야 하는 이유이다.

미국의 트루먼 대통령이 대륙붕선언과 함께 발표한 「공해 일부 지역에서의 연안어업에 관한 미국의 정책」(Policy of the United States with Respect to Coastal Fisheries in Certain Areas of the High Seas)은 어족자원의 보존을 위해 미국 연안에 '보존수역'을 설치하려는 것이었으나 실행에 옮겨지지는 못하였다. 그 후 1940년대 후반부터 남미국가들의 200해리 수역 선언이 이어지는데, 그러한 선언들은 하나같이 200해리 수역은 대륙의 해안뿐 아니라 섬 주변에도 설치된다는 점을 분명히 하였다. 칠레는 1947년의 대통령선언과 1952년 「해양수역에 관한 선언」(Declaration on the Maritime Zone)으로 200해리 배타적 수역을 설치하면서, 이 수역은 자국의 섬들 특히 칠레 본토에서 3,700㎞나 떨어진 협소한 면적의 Easter섬에도 적용된다고 하였다.[88] 페루와 에콰도르도 비슷한 조치를 취하여 모든 섬과 군도 주변에 광대한 수역을 설치하였다. 그리고 이들 3개국은 1952년 산티아고선언에서 "200해리 수역은 영토를 형성하는 모든 섬과 군도로부터 모든 방향으로 확

87 O'Connel, *op.cit.*, pp.571-572; Symmons, *op.cit.*, pp.122-123.

88 칠레는 200해리 수역을 선포할 때 외국의 반발에 대비하여 국제적인 선례를 찾았는데, 그것은 1939년 파나마의 선언(Declaration of Panama)이었다. 그러나 1939년 제2차 세계대전 발발 후 미국의 주도로 설치된 '안전구역'(security zone)은 미국의 참전으로 유명무실해졌고, 그 수역의 너비는 300 내지 500해리에 달하는 것이어서 칠레의 200해리 수역과는 다른 것이었다. Hollick, *op.cit.*, pp.488-489.

장된다"고 하여 섬의 200해리 수역에 대한 권원을 분명히 밝혔다.[89] 200해리 수역이 개발도상국들에 의하여 널리 받아들여지기 시작한 것은 1970년대 이후의 일이지만, 그 이전에도 남미국가들의 실행을 따라서 그와 유사한 선언을 하는 국가들이 있었다. 특히 우리나라는 1952년 「대한민국 인접해양의 주권에 대한 선언」을 통하여 소위 '평화선' 또는 '리 라인'(Lee Line)이라 부르는 광대한 수역에 대해 주권을 선언하였다.[90]

배타적 경제수역이 국가들의 실행과 국제관습법에 의하여 널리 수용되고 섬도 경제수역을 가질 수 있다는 인식이 확산되어 가면서, 섬의 경제수역을 인정하되 그 범위를 제한하려는 움직임이 있었다. 그러한 움직임은 작은 섬을 포함한 모든 섬에 경제수역을 인정하는 경우에는, 그 작은 섬 때문에 인접국가들의 해양수역이 크게 줄어드는 비형평을 초래하게 되고, 공해와 '인류의 공동유산'인 심해저가 크게 축소되리라는 것을 근거로 하였다.[91] 이미 앞에서 설명한 대로 제3차 유엔해양법회의에서는 섬의 해양관할권을 제한하자는 주장과 모든 섬에게 육지영토와 동일한 방법에 의하여 설정되는 해양수역을 부여해야 한다는 주장이 대립하였었다. 섬의 경제수역을 포함한 해양수역을 부인 내지 제한해야 한다는 주장 중에는 보잘것없는 섬의 해양수역 자체를 인정해서는 아니 된다는 주장에서부터, 섬의 해양수역은 인정하되 그 범위를 제한해야 한다는 주장에 이르기까지 다양

89 Symmons, *op.cit.*, p.113.

90 1952년 1월 18일 우리나라 대통령이 행한 「인접해양에 대한 주권선언」은 트루만 대통령의 대륙붕선언 및 어업관할권 선언과 중남미국가들이 선포한 각종의 해양관할 수역에 기초를 두고는 있지만, 직접적으로는 1952년 4월 28일로 소멸되는 맥아더라인(McArthur Line)을 대체하기 위해서 나온 것이다. 박춘호·유병화, 『해양법』, 민음사, 1986, p.78.

91 Symmons, *op.cit.*, pp.115-116.

한 주장들이 있었다.[92] 태국은 섬의 크기에 관계없이 대양의 섬에도 200해리 경제수역을 인정할 것인가 하는 문제를 제기하였으며, 아일랜드 대표는 정상적인 상황에서 사람이 거주할 수 없는 암석이나 소도에 경제수역을 허용하는 데 반대하였고, 덴마크는 섬에 경제수역을 허용하게 된다면 경제생활이 불가능하고 대륙괴로부터 멀리 떨어져 있는 소도나 암석의 해양수역의 범위에 대해서는 적절한 고려를 해야 한다고 하였으며, 싱가포르 대표는 모든 섬에 일률적으로 경제수역을 인정하면 '인류의 공동유산'이 그만큼 줄어들게 되므로 여러 부류의 섬에 적용할 수 있는 "차등화된 너비제도"(a scheme of graduated breadths)를 고려해야 한다고 하였다.[93]

반면에 제3차 유엔해양법회의에서는 모든 섬 심지어 아무리 작은 섬도 자체의 EEZ를 가질 수 있어야 한다는 주장도 제기되었다. 주로 도서국가들에 의해 제기된 이러한 주장은 그 내용에 있어서 모든 섬에게 영해와 대륙붕을 인정해야 한다는 주장과 큰 차이가 없지만, 상대적으로 경제적 중요성을 강조하는 점에서 차이가 있다.[94] 그리스는 섬은 국가영토의 불가분의 일부를 형성하므로 육지영토와 마찬가지 근거에서 자체의 해양수역을 가져야 한다고 하였으며,[95] 피지, 뉴질랜드, 통가, 서사모아 등 태평양 도서국가들도 섬 제도에 관한 초안에

92 제3차 유엔해양법회의 카라카스회의에서 섬 제도에 관한 초안을 제출하여 섬의 해양수역을 제한할 것을 제안한 국가들이 있었다. 아프리카국가들은 다소 추상적인 기준에 의하여 섬을 4가지로 분류하여, 섬의 해양수역을 섬의 면적과 근접성을 기준으로 제한하자고 하였으며, 루마니아는 '소도'와 '소도와 유사한 섬'이란 개념을 사용하여 조그만 섬들의 경제수역과 대륙붕을 제한하자고 하였고, 터키는 섬의 면적과 인구가 섬을 소유한 국가 전체 면적과 인구의 10퍼센트 이상을 차지하지 못하거나 다른 국가의 대륙붕이나 경제수역 내에 위치하는 섬은 자체의 대륙붕이나 경제수역을 가질 수 없게 하자고 하였다.

93 Symmons, *op.cit.,* p.115.

94 *Ibid.*, p.122.

95 *Ibid.*, p.123.

서 섬의 경제수역은 다른 육지영토에 적용되는 협약규정에 따라 결정되어야 한다고 하였다.[96]

해양법협약은 제55조에서 "배타적 경제수역은 영해 밖에 인접한 수역으로서, 연안국의 권리와 관할권 및 다른 국가의 권리와 자유가 이 협약의 관련규정에 의하여 규율되는" 특별한 법제도에 따른다고 하였을 뿐, 섬의 경제수역에 대한 권원을 특별히 언급하지는 않았다. 그렇지만 협약 제121조는 1항에 섬의 정의를 규정한 후, 2항에서는 암석의 경우를 제외하고는 섬의 영해, 접속수역, 배타적 경제수역 및 대륙붕은 다른 영토에 적용가능한 협약의 규정에 따르도록 하였는바, 이는 섬의 경제수역에 대한 권원과 그 범위가 육지영토의 경제수역의 경우와 유사한 방식으로 결정되는 것임을 밝힌 것이라고 하겠다. 또한 3항이 "인간이 거주할 수 없거나 독자적인 경제활동을 유지할 수 없는 암석은 배타적 경제수역이나 대륙붕을 가지지 아니한다"고 한 것은 암석보다는 큰 개념인 섬의 경우에는 당연히 200해리 경제수역을 가질 수 있음을 간접적으로 표현한 것이다.

연안국은 자국의 육지영토는 물론이고 섬 주변에도 경제수역을 설치할 수 있지만, 해양법협약 제60조가 규정한 대로 인공섬(artificial island), 시설(installations), 구조물(structures)은 예외이다. 동조 1항은 연안국은 배타적 경제수역에서 인공섬, 시설, 구조물을 건설·운용·규제하는 배타적 권리를 가진다고 하였지만, 8항에서는 이들은 섬의 지위를 가지지 아니하며, 자체의 영해를 가지지 아니할 뿐 아니라 영해·경제수역·대륙붕의 경계획정에 영향을 미치지 아니한다는 점을

96 뉴질랜드 대표는 섬에 대한 주권과 육지에 대한 주권 사이에 차별을 해야 할 아무런 논리적 이유도 없다고 하였다.

분명히 하였다.

제3차 유엔해양법회의에서는 조그만 섬의 해양수역에 대한 권원을 일부 제한하였기 때문에 그 부분에 대해서는 보다 자세한 검토가 필요하다. 즉 해양법협약은 제121조에 섬 제도에 관한 규정을 두면서, 동조 3항에는 사람들의 거주와 독자적인 경제생활이 불가능한 암석(rock)은 대륙붕과 경제수역을 갖지 못한다고 하였는바, 협약이 말하는 암석의 정의와 기준 및 국제사회의 실행에 관한 고찰이 필요한 것이다.

제4절 | 암석의 해양수역

영해와 대륙붕이 확대되고 경제수역이 새로이 성문화된 제3차 유엔해양법회의에서 도서의 해양수역에 대한 권원을 둘러싸고 치열한 공방이 이루어진 것은 어떠면 당연한 일이었다. 회의에서는 작은 섬을 포함한 모든 섬에게 육지영토와 동일한 방식으로 설정되는 영해·경제수역·대륙붕 등 모든 해양수역을 허용해야 한다는 주장과 일부 보잘것없는 섬들의 해양수역 특히 경제수역과 대륙붕은 인정하면 아니 된다는 주장 사이에 치열한 경쟁이 전개되었던 것이다.

우여곡절 끝에 제3차 유엔해양법회의에서는 섬 제도에 관한 규정에 합의가 이루어졌고, 그 결과 채택된 해양법협약은 제121조에 매우 간단하지만 중요한 의미가 있는 섬에 관한 규정을 두게 되었다. 제121조는 1항에서 자연적으로 형성되어 만조시 수면 위에 있는 육지지역을 국제법상의 섬이라 정의하였고, 2항에서는 이러한 섬들도 그 다른 영토의 경우와 마찬가지 방식에 의해 결정되는 영해·접속수역·배타적 경제수역·대륙붕을 설정할 수 있다고 하였다. 하지만 3항에는 암석(rock)에 대한 예외조항을 두었으니, "인간이 거주할 수 없거나 독자적인 경제활동을 유지할 수 없는 암석은 배타적 경제수역이나 대륙붕을 가지지 아니한다"고 한 것이다.[97]

그렇지만 해양법협약 제121조의 섬 제도에 관한 규정에도 불구하고 국제법 학자들은 물론이고 국가 간에도 그 의미 특히 동조 3항에 규정된 암석(rock) 즉 경제수역과 대륙붕을 가질 수 없는 해양지형의 정확한 의미를 둘러싸고 많은 논쟁이 진행되어 왔다. 해양법협약은 암석과 법적인 섬을 구분하는 섬의 면적에 관한 규정을 가지고 있지 아니하다. 그렇지만 일단 암석(rock)이 섬(island)보다 작다는 데 대해서는 이견이 없음을 감안하여 그 면적에 관한 조건을 생각해 볼 수 있다. 국제수로국(International Hydrographic Bureau)에서는 해양지형을 면적이 1㎢에서 10㎢ 사이인 작은 소도(small islet), 면적이 10㎢에서 100㎢ 사이인 소도(isle), 면적이 100㎢ 이상인 섬(island)으로 구분하였다. 이러한 구도에서 암석이 소도보다 작다면 암석은 그 면적이 1㎢(0.3906평방마일) 이하인 해저지형을 의미한다고 할 수 있다. 하지만 하지슨(Hodgson)은 섬의 면적이 0.001 평방마일 이하의 섬을 암석(rock)이라 하였는바, 국제수로국이 생각하는 암석의 면적은 하지슨이 생

97 Article121 Regime of islands

1. An island is a naturally formed area of land, surrounded by water, which is above water at high tide.
2. Except as provided for in paragraph 3, the territorial sea, the contiguous zone, the exclusive economic zone and the continental shelf of an island are determined in accordance with the provisions of this Convention applicable to other land territory.
3. Rocks which cannot sustain human habitation or economic life of their own shall have no exclusive economic zone or continental shelf.

각한 암석의 면적의 최대 400배에 달한다. 이는 섬의 면적을 기준으로 암석과 섬을 구분하는 경우 부딪히게 되는 어려움을 보여주는 것으로, 해양법협약 역시 암석을 분류하는 기준으로 면적을 사용하지는 않았다.[98]

국제해양법에서는 오래전부터 법적인 섬과 암석을 구분하는 기준으로 사용가능성이나 거주가능성이 거론되어 왔다. 해양법협약이 제시한 인간거주 또는 독자적 경제생활이란 경제수역과 대륙붕을 가질 수 있는 섬이 되기 위한 조건이 최근에 갑자기 나타난 것은 아닌 것이다. 일찍이 1923년 영국제국회의(Imperial Conference)는 대영제국 영해의 한계에 관한 공동정책에 관한 결의에서 그 저조점으로부터 3해리 영해한계가 측정되어지는 해안선은 본토와 모든 섬의 해안선이며, 여기에서 섬(island)이란 정상적인 상황에서 항상 만조점 위에 존재하는 모든 영토의 부분을 포함하며 사용이나 거주(use or habitation)가 가능해야 한다고 하였었다.[99]

각자 제시한 기준에 따라 섬을 분류하여 일부 섬의 해양수역을 제한하자고 주장하였던 측에서는 나름대로 암석의 의미를 제시하였으나, 그들이 주장하는 내용에는 상당한 차이가 있다. 하지슨(Hodgson)을 비롯한 학자들과 국제수로국(International Hydrographic Bureau)이 면적을 기준으로 암석을 분류한 것을 보았으나, 오직 면적을 기준으로 섬

98 Barry Hart Dubner and Jason Parent, "When is a Rock an Island? Another Unilateral Declaration defies Norms of International Law," *Mich. St. J. Int'l L.*, vol. 15, 2007, pp.534-535.

99 Imperial Conference 1923, *Report of Inter-Departmental Committee on the Limits of Territorial Waters* (Document T.118/118/380(1924)), Public Record Office Ref. F. O. 372/2108 at 5. 그에 관한 explanatory memorandum은 여기에서 말하는 '사용가능'(capable of use)이란 말은 인공에 의하지 아니하고 항상 어떤 분명한 상업적 또는 방어적 목적에 사용되는 것이며, '거주가능'(capable of habitation)이란 인공에 의하지 아니하고 항상 사람의 거주가 가능한 것을 의미한다고 하였다.

을 분류하는 것은 객관적이기는 하지만 섬의 실제 가치를 반영하지 못하는 약점이 있다. 그리하여 해양법협약도 섬의 면적이 아니라 "인간의 거주가능성"과 "독자적 경제생활"을 국제법상의 섬과 암석을 구분하는 기준으로 제시하였다. 그러나 인간의 거주라는 조건을 현재의 거주상태보다는 거주가능성을 의미하는 것으로 해석한다면, 과학기술의 발달을 감안할 때 사람들의 거주가 가능한 섬은 크게 증가할 것이므로 객관성을 유지하기가 어려울 것이다. '독자적인 경제생활'이란 기준 역시 모호하고 가변적인 것이어서, 경제생활에 등대 등 여러 가지 시설이나 구조물로 인한 경제적 이익과 주변 해양생물자원과 광물자원이 가져올 이익을 포함시킨다면 경제수역을 가질 수 있는 섬의 범위 역시 크게 확대될 것이다.[100]

해양법협약은 도서의 해양수역에 대한 권원과 관련하여 영해·접속수역·경제수역·대륙붕을 가질 수 있는 섬과 영해만 가질 수 있는 암석을 구분하였다. 그러나 이들을 구분하는 명확하고 객관적인 기준이 존재하지 아니하는 상태에서, 그 어떠한 기준을 적용하더라도 암석이라고 할 수밖에 없는 해양지형 주변에 200해리 경제수역과 대륙붕을 설치하는 사례들이 종종 발생하고 있다. 멕시코는 해양법협약과 매우 유사한 국내법규정을 가지고 있는 것으로 평가되었지만, 태평양의 무인도인 Clarion섬 주변에 경제수역을 설치하였다. 중국은 1996년 영해기선을 발표하면서 대륙 연안의 49개 기점과 서사군도 주변의 28개 기점을 연결하는 직선기선을 선포하였는데, 특히 연안에서 69해리나 떨어진 항조우 만의 암석 둥다오(童島)를 기점에 포

100 Robert W. Smith, "Maritime Delimitation in the South China Sea: Potentiality and Challenges," *Ocean Development and International Law*, vol. 41, 2010, p.221.

함시키기도 하였다.[101]

미국 국무성의 지리학자이었던 하지슨(Hodgson)과 스미스(Smith)는, 하지슨이 제시한 면적을 기준으로 조사한 결과 전세계적으로 암석으로서 문제가 될 수 있는 대부분의 해양지형은 연안에 위치해 있다고 하였다. 예외적으로 대양상에 위치하여 그 소유국에게 엄청난 해양수역을 선물하게 될 가능성이 있는 암석으로는 스코틀랜드 서북쪽 162㎞ 해상에 위치한 Rockall 섬과 하와이 군도에 속해 있는 Maro 환초, 일본의 오키노도리시마가 꼽혔다.[102]

일본은 1996년 「배타적 경제수역 및 대륙붕에 관한 법률」을 제정하면서 국제법상 암석의 범주를 벗어날 수 없는 작은 암초 주변에도 경제수역을 설치하였는데, 특히 동경 남쪽 1,800㎞ 해상에 위치해 있는 오키노도리시마는 만조 시에도 수면 위 높이 70㎝에 면적 10㎡에 불과한 두 개의 암초로 되어 있음에도 불구하고, 그 주변에 일본본토 면적보다 넓은 404,382㎢에 달하는 200해리 경제수역을 설치하였다.[103] 일본은 2008년 11월 12일 대륙붕한계위원회(CLCS)에 「대륙붕한계 위원회에의 일본의 제안서」(Japan's Submission to the Commission on the Limits of the Continental Shelf)를 제출하였다. 제출문서에는 남부규슈-팔라우해령지역(KPR), 미나미-이오토도서지역(MIT), 미나미-도리시마도서

101 동북아시아에 위치한 해양지형으로서 경제수역이나 대륙붕의 설치와 관련하여 관심대상인 도서들은 일본의 조도(0.0005㎢)와 남녀군도(4.495㎢), 오키노도리시마(10㎡), 중국의 동도(0.0440㎢), 한국의 독도(0.81092㎢)이다.

102 Smith, *op.cit.*, pp.221-222.

103 Dubner and Parent, *op.cit.*, pp.519-521, 530. 오키노도리시마는 수십 년 전에는 대략 6개 정도의 암석을 볼 수 있었지만, 1989년경부터는 2개만이 눈으로 식별할 수 있게 되었다고 한다. 이에 일본정부는 대략 2억8천만 달러를 들여 82피트 두께의 외벽공사를 하였으며, 나중에는 작은 암석 주변에 5천만 달러를 들여 티타늄 그물을 설치하였다. Norimitsu Onishi, "Japan and China Dispute a Pacific Islet," *New York Times*, 2005.7.10.

지역(MTS), 모기해산지역(MGS), 오가사와라해저지역(OGP), 남부오키-다이토해령지역(ODR), 시코쿠해양분지지역(SKB) 등 7개 지역에 관한 정보가 담겨 있는데, 모두 혼슈 등 일본의 주요 섬들의 남쪽과 동남쪽에 위치해 있다. 문제는 이들 중 오키노도리시마와 미나미도리시마처럼 해양법협약 제121조 도서에 관한 규정에 비추어 볼 때 대륙붕과 경제수역을 가질 수 없는 암석(rock)에 해당하는 해양지형들 주변에도 대륙붕을 설치하려 하고 있는 점이다.[104] 오키노도리시마는 어떤 기준에 의하든 국제법상 경제수역과 대륙붕을 가지기에는 면적이 터무니없이 작은 해양지형이지만, 일본은 이곳에 200해리 경제수역을 설치하여 그 안에서 배타적으로 어업권을 행사하고, 해저석유자원을 탐사·개발하며, 통항하는 선박들을 감시하는 권한을 행사하고 있는 것이다. 일본의 이러한 정책에 대한 가장 강력한 반대자는 중국이다. 중국은 일본이 이곳의 해양자원에 대한 관할권을 주장하는 데 반대할 뿐 아니라 지정학적 관점에서 이곳이 일본과 미국의 영향권에 속하게 되는 것을 우려하고 있다. 일본이 오키노도리시마 주변에 경제수역을 설치하는 데 반대하면서 중국이 제시하는 법적인 근거는 섬제도에 관한 유엔해양법협약 제121조 규정이다.[105]

'해양의 영토화' 추세 가운데 각국이 보잘것없는 섬조차도 이를 기점으로 활용하여 자국의 해양수역 확대에 활용하고자 갖은 노력을 기울여가는 가운데, 영국이 자국의 로칼(Rockall) 섬에 대하여 취한 조치가 주목을 끈다(〈지도 4-4〉 참조). 스코틀랜드 서북쪽에 위치한 이 섬에 대한 영유권이 영국에 있다는 데 대해서는 의문의 여지는 없지만,

104 해양법포럼, 「유엔해양법협약 해설서 I」, 지인북스, 2009, p.341.
105 Dubner and Parent, *op.cit.*, p.523; Smith, *op.cit.*, pp.222-223.

〈지도 4-3〉 오키노도리시마

아일랜드, 덴마크, 아이슬란드 등 주변국가들은 로칼이 섬(island)으로 취급되어 영국에게 광대한 대륙붕을 부여하거나 대륙붕 경계획정시 기점으로 사용되지 않을까 하는 우려를 가지고 있었다. 1982년 해양법협약이 채택되자 협약 제121조 3항의 암석에 대한 규정의 로칼에의 적용가능성을 우려한 영국정부는 로칼해대(Rockall Plateau)와 그 주변이 스코틀랜드 대륙괴의 자연적 연장이라는 등의 새로운 근거들을 제시하기도 하였다.[106] 그러나 1997년 영국 총선거에서 승리한 노동당이 집권하면서 그 대외정책을 재검토하게 되었는데, 그 가장 중요한 변화의 하나가 로칼 섬에 관한 것이었다. 1997년 7월 31일 외무

106 Clive R. Symmons, *Ireland and the Rockall Dispute: An Analysis of Recent Developments*, Boundary and Security Bulletin, vol. 6, No. 1, IBRU, 1998, pp.78-79. 아이슬란드와 덴마크가 영국의 로칼 섬 영유권에 도전한 적이 없음은 분명하다. 그러나 아일랜드는 1970년대에는 이 암석에 대해 유보적인 입장을 견지하면서 암석이 주요 해양수역의 창출과는 관계가 없다고 하였으나, 1980년대에는 영국의 암석에 대한 영유권을 정면으로 부인하는 공격적인 입장을 취하기도 하였다.

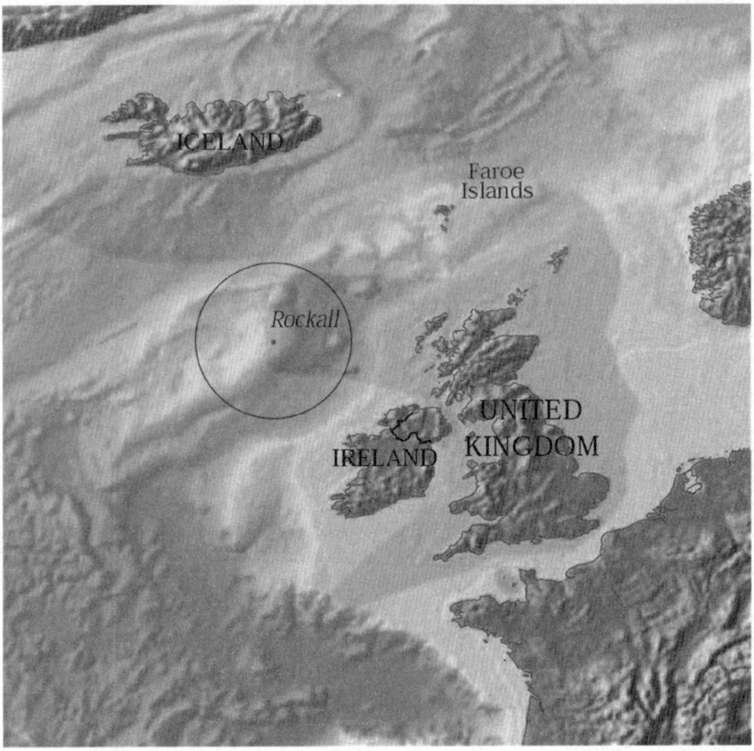

〈지도 4-4〉 Rockall 섬의 위치

장관 쿡(Robin Cook)은 의회에서 영국의 해양법협약 가입방침을 전하면서 "영국의 어업한계선은 St. Kilda을 기점으로 재정립되어야 한다. 왜냐하면 로칼은 해양법협약 제121조 3항에 비추어 그러한 한계선을 위한 유효한(valid) 기점이 될 수 없기 때문이다"라고 하였다. 영국이 이러한 조치를 취한 이유는 "로칼은 인간의 거주를 유지할 수 없다"는 것이었다. 영국의 이러한 입장변화는 어업한계법의 개정을 통하여 실현되었으며, 그 결과 영국은 6만 평방마일에 달하는 수역에 대

한 배타적 관할권을 상실하였다.[107]

일찍이 챠니(Charney) 교수는 해양법협약의 섬과 암석에 관한 조항의 해석과 관련하여 사회경제적(socioeconomic) 고려가 필요하다는 입장을 표명한 바 있다. 자원가격의 변화, 기술의 발전, 새로운 인간활동의 등장 등으로 인하여 본래 협약 제121조 3항의 암석이었던 섬들이 경제수역과 대륙붕을 가질 수 있는 섬이 될 수 있으며, 경제수역과 대륙붕을 가질 수 있었던 섬들도 암석으로 바뀔 수 있다는 것이다.[108] 국제사회는 아직 경제수역을 가질 수 있는 섬과 그렇지 못한 암석을 구분하기 위한 객관적이고 권위 있는 기준에 합의하지 못하였다. 따라서 실제로 국제법상 어떤 섬이 해양법협약 121조 2항의 섬인지 아니면 동조 3항의 암석인지 객관적으로 분명한 판단을 내리기는 쉽지 않다. 더구나 해양질서와 관련하여 섬 제도의 역사를 살펴보면 여기에서도 해양의 영토화가 하나의 추세로 진행되고 있음을 보게 된다. 옥스만(Bernard H. Oxman) 교수는 최근의 논문에서 영토적 유혹(territorial temptation)이 국제해양질서에도 영향을 미치고 있음을 설파한 바 있거니와,[109] 연안국들의 해양수역에 대한 영토적 욕구가 해양 쪽으로 전환됨에 따라서 섬들의 해양수역에 대한 권원도 강화되어 가고 있는 것이다.

오늘날 도서문제가 국제법에서 관심대상이 된 이유 중의 하나는 섬이 경제수역과 대륙붕을 통해 연안국의 해양수역을 확대해가는 중

107 *Ibid*., pp.83-84.

108 Jonathan Charney, "Rocks that cannot Sustain Human Habitation," *American Journal of International Law*, vol. 93, 1999, pp.866-871.

109 Bernard H. Oxman, "The Territorial Temptation: A Siren Song at Sea," *American Journal of International Law*, vol. 100, 2006, pp.830-851 참조.

요한 수단으로 활용되고 있기 때문이다. 그런데 해양법협약 제121조 3항에 규정된 암석에 해당하는 해양지형을 활용하여 무리하게 해양수역을 확대하고자 하는 경우에는 다른 국가와의 분쟁을 야기할 수 있다. 더구나 암석에 불과한 해양지형 주변에 경제수역이나 대륙붕이 설치되는 경우에는 그만큼 인류의 공동유산이 축소되는 결과가 초래될 수도 있다. 국제사회로서는 한 국가가 대양의 작은 섬을 활용하여 과도한 해양수역을 주장하고자 하는 경우에 이를 억제하고 적절히 대처해 나아가기 위한 메커니즘을 만들고, 과도한 해양수역 주장에 대하여는 직접적으로 이해관계가 없는 국가들도 적극적으로 항의하여 그러한 주장을 억제하도록 노력하여야 할 것이다.[110]

110 문제는 해양법협약 제121조 3항의 암석에 해당되는 해양지형을 소유한 국가 중에서 영국(Rockall)과 멕시코(Alijos Rocks)를 제외한 거의 모든 국가들이 이미 그 주변에 EEZ와 대륙붕을 주장하고 있다는 점이다. J. Ashley Roach, "Maritime Boundary Delimitation: United states Practice," *Ocean Development and International Law*, vol. 44, 2013, pp.6-7.

제 5 장 해양경계획정과 섬의 지위

국제해양질서는 오랫동안 연안국의 해양관할권이 미치는 수역의 범위는 좁게 유지하고 모든 국가의 자유로운 사용에 개방되는 공해는 넓게 유지하는 기본구조 위에서 움직여 왔다. 그러나 해양과학기술의 발달에 따라 해양사용방법이 다양해지고 원양의 해양자원개발이 가능해지면서 이러한 전통적인 패러다임에도 변화가 있게 되었다. 더구나 육상자원의 고갈우려가 확산되어가는 가운데 해양이 고갈된 자원의 대체공급원으로 주목을 끌게 되면서 각국의 해양수역확대 욕구는 점점 강해져 왔다. 연안국들의 해양에 대한 관할권의 강화는 해양관할권이 미치는 수역의 공간적 확장과 관할수역 내 권한의 강화를 통해 이루어진다. 오늘날 연안국들의 해양수역 확대는 그 주권이 미치는 수역인 내수와 영해의 확대를 통해서 나타나기도 하지만, 그보다는 연안국의 '주권적 권한'이 미치는 수역인 200해리 배타적 경제수역(Exclusive Economic Zone: EEZ)과 대륙붕의 확장을 통해서 주로 이루어진다. 연안국들의 해양수역확대는 인류의 공동유산인 심해저와 공해의 범위를 축소시키고 전통적인 국제법 원칙인 '해양의 자유'를 훼손하는 등 해양법협약이 상정한 패러다임을 무력화한다는 비난을 받고 있으며, 연안국 간 해양경계획정의 문제를 더욱 복잡하게 만들고 있다.

제3차 유엔해양법회의에서는 해양경계획정 문제도 주요 이슈의 하나이었다. 1982년 채택된 해양법협약을 통하여 영해, 대륙붕 등 연안국의 주권이나 관할권에 속하는 기존의 해양수역의 범위는 확장되었고, 배타적 경제수역과 군도수역 같은 새로운 해양수역이 창설되었기 때문이다. 더구나 인간생활과 국가경제에 있어서 해양과 해양자원에 대한 의존도는 계속 높아지고 있는바, 해양법협약 체제하에서 대안국 또는 인접국 간의 해양경계획정은 더욱 중요한 문제가 되었다.[01]

제3차 유엔해양법회의에서는 영해 경계획정에 관한 규정에 대하여는 쉽게 합의가 이루어졌으나, 경제수역과 대륙붕 경계획정에 관한 규정의 경우에는 합의에 도달하기까지 상당한 의견대립과 진통이 있었다. 그것은 영해와는 달리 대륙붕과 경제수역은 범위가 넓은데다가 거의 아무런 역사적 권원도 존재하지 아니하는 '변경'(frontier)과 같은 곳이기 때문에, 형평에 맞고 편리하게 해양경계선에 도달하기 위한 방법을 찾아내는 것은 용이한 일이 아니기 때문이다.[02]

이제까지 해양경계획정의 원칙으로 거론되어 온 것은 등거리선 원칙, 육지의 자연적 연장 원칙, 형평의 원칙 등이었다. 그중에서 대륙붕 경계획정 원칙으로 먼저 등장한 것은 1958년 대륙붕협약이 규정한 등거리선 원칙이었다. 그러나 그 후의 관습법은 이를 거부하고 형평의 원칙을 강조하는 방향으로 나아갔고, 1982년 해양법협약은 경

01 Budislav Vukas, *The Law of the Sea*, Martinus Nijhoff Publishers, 2004, p.84.

02 W. Langeraar, "Delimitation of Continental Shelf Areas: A New Approach," *Journal of Maritime Law and Commerce*, vol.17, 1986, p.393; K. P. Beauchamp, "The Management Function of the Ocean Boundaries," *San Diego Law Review*, vol.23, 1986, p.23.

제수역과 대륙붕의 경계획정에서 국제법에 따른 형평에 맞는 해결을 경계획정의 목표로 삼았다. 한편 육지의 자연적 연장 원칙은 국제사법재판소(ICJ)가 1969년 북해대륙붕사건에 대한 판결에서 경계획정 시 육지영토의 자연적 연장이 최대한 고려되어야 한다고 하여 한때 주목을 받았으나, EEZ의 등장 등 '거리' 기준이 우세해지는 가운데 그 입지가 크게 좁아졌다. 따라서 오늘날 대륙붕과 경제수역 경계획정의 원칙으로는 중간선·등거리선 원칙과 형평의 원칙이 경쟁하고 있는 형국이다. 특히 1973년 시작되어 1982년 유엔해양법협약을 채택하고 폐막된 제3차 유엔해양법회의에서는 등거리선 원칙을 지지하는 그룹과 형평의 원칙을 지지하는 그룹 간에 치열한 줄다리기가 전개된 바 있다.

해양법협약은 경제수역과 대륙붕 경계획정에 대하여 "서로 마주보고 있거나 인접한 연안을 가진 국가 간의 배타적 경제수역(대륙붕) 경계획정은 공평한 해결에 이르기 위하여, 국제사법재판소규정 제38조에 언급된 국제법을 기초로 하는 합의에 의하여 이루어진다'는 동일한 규정을 두었으나, 그 정확한 의미에 대해서는 여전히 의견이 갈리고 있다. 하지만 오늘날 국제사법재판소(ICJ)와 같은 국제법원과 재판소에서는 등거리선 원칙과 형평의 원칙을 대립적인 것보다는 상호보완적인 것으로 보고 있으며, 오늘날 해양경계획정에서는 그 원칙에 관한 논쟁보다는 형평에 맞는 경계선 도출을 위한 방법론으로 논의의 중심이 바뀌어가고 있다.

해양경계획정시 가장 복잡한 문제 중의 하나는 관련수역에 존재하는 섬의 처리에 관한 것이다. 당해수역에 존재하는 섬은 해양경계선을 매우 형평에 어긋나는 것으로 만들 수 있는데, 중간선이나 등거리선 방법에 의해 경계획정을 추구하는 경우에 특히 미묘하고 복잡한 문제를 제기한다. 그리하여 섬은 1958년 대륙붕협약이 등거리선에 대한 '교정적 역할'(corrective role)을 부여하였던 '특별상황'(special circumstances)의 가장 대표적인 사례로 꼽혀 왔으며, 그 이후 국제법원과 재판소에 의해 해양경계획정의 최고의 원칙으로 인정된 형평의 원칙 하에서는 형평에 맞는 경계획정을 위하여 고려해야 할 가장 중요한 '관련상황'(relevant circumstances)의 하나로 간주되게 되었다.

해양경계획정과 섬의 처리에 관한 문제를 다루게 될 본 장에서는 영해경계획정과 섬 문제를 먼저 살펴본다. 이어서 대륙붕 및 경제수역의 경계획정과 관련하여 해양경계획정의 원칙, 경계획정의 방법과 관련상황으로의 섬 문제, 해양경계선에 대한 섬의 효과를 검토한다.

제1절 | 영해경계획정과 섬 문제

1. 영해경계획정의 원칙

전통적으로 섬의 정의를 정하는 문제는 섬의 영해에 대한 권원과 밀접히 관련되어 있었다. 따라서 국제법상 섬은 모두 영해를 가질 수 있는 것으로 인정되어 왔지만, 섬이 구체적으로 어느 정도의 영해를 가질 수 있는가 하는 것은 별개의 문제이다. 대안국이나 인접국 간 영해의 경계획정시 섬의 처리에 관해서는 별도의 고찰이 필요한 것이다.

영해의 경계획정이 세인의 관심을 끌기 시작한 것은 영해가 3해리에서 12해리로 확대된 이후 특히 제2차 유엔해양법회의에서 영해의 너비와 관련하여 '6 plus 6' 제안이 1표 차이로 부결되면서 국가관행에 의해 12해리 영해가 보편화된 이후이다. 따라서 1958년 제1차 유엔해양법회의에서 이 문제가 심도 있게 논의된 것은 아니지만, 1958년 영해협약 제12조는 1항에서 "두 국가의 해안이 서로 마주보고 있거나 인접하고 있는 경우, 양국 간 달리 합의하지 않는 한, 양국 각자의 영해의 너비가 그곳으로 측정되어지는 기선상의 가장 가까운 점으로부터 같은 거리에 있는 모든 점을 연결한 중간선을 넘어 그 영해를 확장할 수 없다"고 하였으며, 그 단서에서는 "본 항의 규정은 역사적 권원이나 그 밖의 특별한 사정에 의하여 이 규정과 다른 방법으로 양국의 영해의 경계를 획정할 필요가 있는 경우에는 적용하지 아니한다"고 하였다. 영해협약은 대안국 또는 인접국 간의 영해 경계획정에 있어서 가장 중요한 것은 당사국 간 합의이며, 합의가 존재하지 않으면 중간선(median line)을 당사국 간 영해 경계선으로 하되, '역사적 권원'(historic title)이나 기타 '특별상황'(special circumstances)이 있는 경우에는 예외를 인정하여 중간선으로부터의 이탈을 허용한 것이다.

해양경계획정에서 가장 중요한 것은 인접국 또는 대안국 간의 합의이다. 과거부터 국가들은 합의를 통하여 해양경계선을 획정해 왔는데, 주요항로의 중앙선, 해안의 일반적 방향에 대한 수직선, 해양과 하구가 교차하는 곳의 탈베그(Thalweg), 경선과 위선을 기준으로 사용하는 경우가 많았다.[03] 그러나 영해경계획정의 경우에 국가들은 대안국 사이에는 중간선을 그리고 인접국 사이에는 등거리선을 사용하는

03 R. R. Churchill and A. V. Lowe, *The Law of the Sea*, Manchester University Press, 1999, p.62. 중간선에 의한 경계획정의 고전적인 사례는 1932년 「덴마크와 스웨덴 간 Sound에 관한 선언」이 있으며, 주요 항로의 중간선을 경계선으로 삼은 사례로는 1928년 영국과 Johore 술탄 간의 「조호르해협에 관한 협정」을 들 수 있다.

경우가 많았으며, 특히 1936년 보그스가 중간선을 획정하는 과학적인 방법을 제시한 이래 중간선·등거리선은 영해 등의 해양경계획정에 관한 국가 간 협상이나 국제재판에서 널리 활용되어 왔다. 중간선 또는 등거리선 방법이 이처럼 영해경계획정에 자주 사용되게 된 것은 경계선 획정이 편리하고 단순할 뿐 아니라 주권평등 사고에도 부합하여 경계획정을 둘러싼 분쟁의 소지를 줄여주며, 특히 영해에서는 대부분 형평에 맞는 경계선을 만들어내는 장점도 갖추고 있기 때문이다.[04]

영해경계획정에서 중간선이나 등거리선으로부터의 이탈을 정당화하는 '특별상황'에 해당하는 가장 중요한 예는 당해 수역에 존재하는 섬들이다. 1958년 제1차 유엔해양법회의 당시 일부 국가들이 중간선 이외의 경계선을 허용하는 데 따른 혼란을 우려하여 특별상황에 관한 언급을 삭제할 것을 주장하였을 때, 피츠모리스(Fitzmaurice)는 형평이나 해안의 형상에 따른 특별상황을 설명하면서 당해 수역의 조그만 섬들의 존재를 그 예로 들었었다. 문제의 수역에 섬들이 존재하여 중간선·등거리선 방식에 의하여 경계선을 긋는 경우에 형평에 어긋나는 결과가 초래되는 경우가 특별상황에 해당하며, 그런 때에는 형평에 따른 고려에 의해 중간선 또는 등거리선으로부터의 이탈이 정당화된다고 한 것이다.[05]

영해와 공해만이 존재하던 시대에는 영해가 국가들의 주요 관심대상이었으나, 20세기 후반부터 국가들의 관심은 영해를 넘어 대륙붕

04 Prosper Weil, *The Law of Maritime Delimitation-Reflections*, Grotius Publications, 1989, pp.205-206.

05 Clive Ralph Symmons, *The Maritime Zones of Islands in International Law*, Martinus Nijhoff, 1979, p.153.

과 경제수역으로 이전되었다. 그 결과 제3차 유엔해양법회의에서 경제수역과 대륙붕의 경계획정에 관한 조문을 둘러싸고는 치열한 논의가 있었던 데 비해, 영해의 경계획정에 관한 규정은 비교적 무난하게 합의에 도달하였다. 해양법협약은 영해경계획정과 관련하여 제15조에 다음과 같은 규정을 두었다.

제15조 | 대향국 간 또는 인접국 간의 영해의 경계획정

두 국가의 해안이 서로 마주보고 있거나 인접하고 있는 경우, 양국 간 달리 합의하지 않는 한 양국의 각각의 영해 기선상의 가장 가까운 점으로부터 같은 거리에 있는 모든 점을 연결한 중간선 밖으로 영해를 확장할 수 없다. 다만, 위의 규정은 역사적 권원이나 그 밖의 특별한 사정에 의하여 이와 다른 방법으로 양국의 영해의 경계를 획정할 필요가 있는 경우에는 적용하지 아니한다.

해양법협약이 경제수역과 대륙붕 경계획정은 형평에 맞는 해결에 이르기 위하여 ICJ 규정 제38조에 언급된 국제법을 기초로 하는 합의에 의하도록 하였으면서도, 영해에서의 경계획정을 위해서는 중간선을 적용하도록 한 것과 관련해서는 여러 가지 해석이 가능하다. 해양법협약 제15조의 규정에도 불구하고 영해 경계획정 역시 형평의 원칙에 따라 이루어져야 한다는 견해가 있지만, 해양법회의 진행과정 각 단계마다 영해경계획정에도 형평의 원칙을 도입하자는 제의들이 여러 번 있었으나 수용되지 아니한 사실을 고려하면 그러한 입장에 동의할 수 없다. 분명한 것은 영해의 경우에는 중간선·등거리선에 의하여 경계선을 획정하더라도 형평에 어긋나는 결과가 초래될 가능성이 매우 적다는 데 대해 일종의 컨센서스가 있었다는 것이다.[06] 아울러 영해는 육지영토와의 연장선상에서 경계획정시 '안보'라는 이익이 중요한 고려사항인 데 비해, 경제적 관할수역의 경계획정에서는 인접한 국가 간의 경제적 이해관계 조정이 그 목적인 점에서 차이가 생기게 되었다는 견해도 있다.[07]

1958년 영해협약과 1982년 해양법협약의 영해경계획정에 관한 규정은 ICJ와 ITLOS 등 국제법원과 재판소에서도 적용되고 있다. 국제해양법재판소(ITLOS)는 방글라데시와 미얀마 간 벵갈만 해양경계획정사건에서, 해양법협약 제15조가 대향국이나 인접국 간의 영해경계선은 다른 합의가 없는 한 등거리선이나 중간선에 의하여 획정한다고 하였지만, 중간선·등거리선 방법에 의한 영해경계선 획정은 역사적 권원이나 그 밖의 특별상황이 존재하지 아니하는 경우에 추진되는 것이므로 먼저 그러한 사유의 존재여부를 확인하는 것이 필요하다고 하였다. ITLOS는 대상수역에 관련 역사적 권원의 증거는 존재하지 않으며 그 어떠한 당사국도 그러한 권원의 존재를 원용하지 않았다고 하였다.[08] 따라서 재판소는 양국 간 영해경계획정과 관련하여 마지막으로 남은 쟁점은 미얀마 해안에 근접해 있는 방글라데시 소유인 St. Martin's섬을 영해경계획정과 관련하여 특별상황으로 고려할 것인가 하는 것이었다.[09]

06 Vukas, *op.cit.*, pp.98-99.

07 R. W. Smith, "A Geographical Primer to Maritime Boundary-Making," *Ocean Development and International Law*, vol. 12, 1982, pp.6-7.

08 *Dispute Concerning Delimitation of the Maritime Boundary between Bangladesh and Myanmar in the Bay of Bengal* (*Bay of Bengal*), Judgment, ITLOS, 2012, paras.129-130.

09 이석용, "ITLOS의 벵갈만 해양경계획정사건 판결에 나타난 특징분석," 『강원법학』, 제39권, 2013, pp.287-288.

영해경계획정과는 별도로 접속수역(contiguous zone) 경계획정 문제를 살펴본다. 1958년 「영해 및 접속수역협약」(영해협약)은 접속수역의 경계획정에 대해서도 규정을 두었었다. 접속수역은 영해의 바깥쪽에 인접한 수역으로 연안국이 영토와 영해에 적용하는 관세·재정·출입국관리·위생에 관한 법령을 실시하고 위반이 있을 때에는 처벌하는 권한을 갖는 곳인데, 1958년 협약은 제24조에 그 경계획정에 관한 조문을 두었던 것이다. 1958년 협약의 접속수역 경계획정에 관한 조문은 영해경계획정에 관한 제12조 1항의 본문과 동일한 내용의 것이지만, '역사적 권원'이나 '특별상황'의 존재시 예외를 인정하는 단서조항이 없다는 점에서 차이가 있었다.[10] 그런데 해양법협약은 제33조에서 접속수역에 대한 연안국의 권한과 범위에 대하여는 규정하였지만, 경계획정에 관해서는 아무런 언급도 하지 않았다. 제3차 유엔해양법회의에서도 접속수역의 경계획정과 관련하여 다양한 주장들이 제기되었지만 해양법협약에 접속수역 경계획정에 관한 규정이 포함되지 못한 것이다.[11]

접속수역 경계획정 규정은 여러 가지 면에서 그 필요성이 인정되며,[12] 현실적으로도 해양법협약에 접속수역 제도가 남아 있는 한 관련 규정은 필요하다고 할 것이다. 그렇지만 해양법협약에 관련 규정이 포함되지 않은 것을 회의에 참석하였던 각국 대표들의 무지나 태

10 Vukas, *op.cit.*, pp.87-89. 제1차 유엔해양법회의를 앞두고 국제법위원회(International Law Commission)가 준비한 초안에는 본래 접속수역 경계획정에 관한 규정이 포함되어 있지 않았으나, 노르웨이와 유고 대표단의 주장으로 관련규정이 들어가게 되었다.

11 접속수역 경계획정과 관련하여 인도, 수단, 벨기에, 유고, 키프로스, 서사모아 등은 1958년 영해협약 규정을 그대로 따를 것을 주장하였으며, 터키와 방글라데시는 경제수역 경계획정에 관한 규정을 고려하여 새로 규정을 만들어야 한다고 하였다. 그 외에 중간선을 기준으로 하는 데 대한 찬성과 반대 주장도 있었다.

12 접속수역 경계획정 관련 국제법 규칙의 필요성에 대해서는 다음을 볼 것. Vukas, *op.cit.*, pp.91-92.

만의 결과라고 볼 수는 없을 것이며, 경제수역과 대륙붕 경계획정 문제로 이익그룹 간의 대립이 격화된 상태에서 상황을 더욱 복잡하게 하는 것을 막기 위한 고육지책이었다고 보는 것이 옳다.[13] 중요한 것은 접속수역 경계획정 규정의 불비로 인한 법적인 공백을 어떻게 메울 것인가 하는 것이다. 만일 어떤 인접국 또는 대안국이 모두 1958년 영해협약에 가입해 있다면, 동 협약 제24조 3항 규정에 따라 접속수역 경계선을 획정할 수 있을 것이다. 그러나 해양법협약에만 가입한 국가 간의 분쟁과 분쟁당사국 중 일방이나 쌍방이 1958년 협약에 가입하지 않은 경우의 접속수역 경계획정을 위해서는 국제관습법 규칙에 의할 것이로되, 결국에는 영해의 경우와 마찬가지로 중간선·등거리선을 적용하게 될 것이다.[14]

2. 영해경계획정시 섬의 처리

1982년 해양법협약은 배타적 경제수역(EEZ)과 대륙붕의 경계획정은 형평한 해결에 이르도록 ICJ 규정 제38조에 언급된 국제법을 기초로 하도록 하였지만, 영해의 경우에는 1958년 영해협약의 규정과 마찬가지로 중간선·등거리선 원칙에 의하도록 하였다. 그런데 협약은 중간선·등거리선으로부터의 이탈을 정당화하는 사유로 역사적 권원(historic title)과 특별상황(special circumstances)의 존재를 들고 있는바, 그러한 상황이 존재하는 경우에는 중간선·등거리선 원칙의 적용을 배제할 수 있다.

해양경계획정시 당해 수역에 존재하는 섬은 특별상황을 구성하는

13 *Ibid.*, pp.92-93.
14 *Ibid.*, pp.93-94.

가장 전형적인 예로 간주되어 왔으나, 문제의 수역에 존재하는 섬 자체만으로 특별상황이 형성되는 것은 아니다. 섬의 존재가 특별상황이 되는 것은 일정한 섬에 영해 경계획정시 기선 설정을 위한 완전한 효과를 부여한 결과 그로 인하여 커다란 비형평이 초래되는 경우이다. 따라서 영해경계획정시 섬의 존재로 인한 비형평과 '특별상황'의 존재여부는 문제의 수역에 존재하는 섬의 면적과 위치 등을 종합적으로 고려하여 판단해야 한다.

섬의 크기와 섬의 해양수역 창설능력 간의 관계에 대하여는 이미 앞에서 고찰한 바 있다. 특히 하지슨(Hodgson)은 면적 등을 기준으로 섬을 분류하여 그에 적절한 해양수역을 부여하자고 주장하였는데, 그러한 분류방식은 해양수역의 경계획정에도 적용되었다.[15]

경계획정시 섬의 지위를 규명하는 데에는 섬의 위치도 중요하다. 영해의 경계획정에서 섬의 위치가 더욱 중요한 것은, 영해에서는 대륙붕이나 경제수역과는 달리 국가의 안보이익 보호가 중요하기 때문에 지질이나 자원의 존재와 같은 요소에 비해 거리가 상대적으로 중요하다.[16]

섬의 위치를 변수로 삼아 영해경계획정에서 섬의 처리문제를 검

15 R. D. Hodgson, "Islands: Normal and Special Circumstances," in J. K. Gamble and G. Pontecorvo (eds.), *The Law of the Sea: The Emerging Regime of the Oceans*, Ballinger Publishing Co., 1973, pp.170-171. 하지슨은 섬을 면적에 의하여 4종류로 구분하였는데, 0.001평방마일 이하의 면적을 가진 암석(rocks)은 그것이 해양경계선으로부터 다른 국가 쪽으로 12해리 이내에 위치하는 경우에는 자체의 위요지(enclave)를 가질 수는 있지만 등거리선에는 영향을 주지 못한다고 하였다. 면적 1평방마일 이하의 소도(islets)의 정확한 가치는 인접국 및 대안국과의 관계를 감안하여 결정되어야 하지만 등거리선에 대하여 부분적인 효과를 가질 것이며, 영해가 좁은 범위의 수역인 것을 고려하면 절반 이상의 효과를 갖는다고 하였다. 1000평방마일 이하의 면적을 가진 isles는 그것이 존재하지 않았더라면 다른 연안국이 갖게 되었을 영해에 큰 영향을 주는 경우가 아니라면 등거리선에 대하여 완전한 효과를 가진다고 하였으며, 1000평방마일 이상의 면적을 가진 섬(islands)들은 그 크기와 중요성을 감안할 때 본토와 마찬가지로 등거리선에 완전한 효과를 갖는다고 하였다.

16 Smith, *op.cit.*, p.6.

토해 본다. 먼저 섬이 본토 해안에 가까이 위치한 경우이다. 섬이 본토 연안에 매우 가깝게 위치하여 연안의 기선에 포함되는 때에는 그러한 섬은 영해의 경계획정에 있어서 거의 본토와 같은 완전한 효과를 갖는다.[17] 그러나 '특별상황'이나 '역사적 권원'의 존재로 말미암아 등거리선으로부터의 이탈이 허용되는 경우에는 예외가 인정될 것이며,[18] 등거리선을 엄격하게 적용하면 경계선이 너무 복잡해질 우려가 있는 경우에는 양국이 합의하여 단순화된 등거리선(simplified equidistance line)을 경계선으로 할 수도 있다.

다음은 좁은 바다에 위치한 섬이 대안국 간 또는 인접국 간의 중간부분에 위치하는 경우이다. 섬이 매우 넓은 바다의 중앙부에 위치하는 때에는 영해의 경계획정문제는 발생하지 않는다. 따라서 영해의 경계획정과 관련하여 고려할 것은 바다가 좁아서 한 국가에 속하는 어떠한 섬에 완전한 영해를 인정하면 다른 국가의 영해가 12해리 이내로 축소되는 경우인데, 이러한 때에는 여러 가지 관련된 상황을 고려하여 섬에 부분효과를 부여한다. 다만 국가들의 실행에서 볼 수 있듯이 아주 작은 섬들의 효과는 무시하는 것이 합리적이다.[19]

섬 외측에 경제수역이나 공해인 넓은 바다가 면해 있는 곳에서 영해경계획정은 비교적 단순하다. 2007년 국제사법재판소(ICJ)가 판결

17 D. W. Bowett, *The Legal Regime of Islands in International Law*, Oceana Publications Inc., 1978, p.37.

18 *Ibid.*, pp.37-38. 보웨트는 특별상황에 의하여 경계선이 획정된 사례로 일종의 "탈베그"(Thalweg)인 대형유조선들의 항로를 경계선으로 하였던 1973년 5월 25일의 인도네시아와 싱가포르 간의 협정을, 그리고 역사적 권원에 의하여 경계선이 획정된 사례로는 1974년 7월 인도와 스리랑카 간 협정을 들었다.

19 *Ibid.*, pp.40-41. 캐나다와 프랑스는 1972년 3월 27일의 캐나다 본토와 프랑스영토인 St. Pierre and Miquelon 섬 사이의 경계획정에 관한 협정을 체결하였는데, 여기에서 중간에 위치한 조그만 섬들은 무시하였다. 1958년 바레인과 사우디아라비아 간의 협정에서도 일부 섬들에는 완전한 효과를 부여하면서 다른 일부의 섬들은 무시하였다.

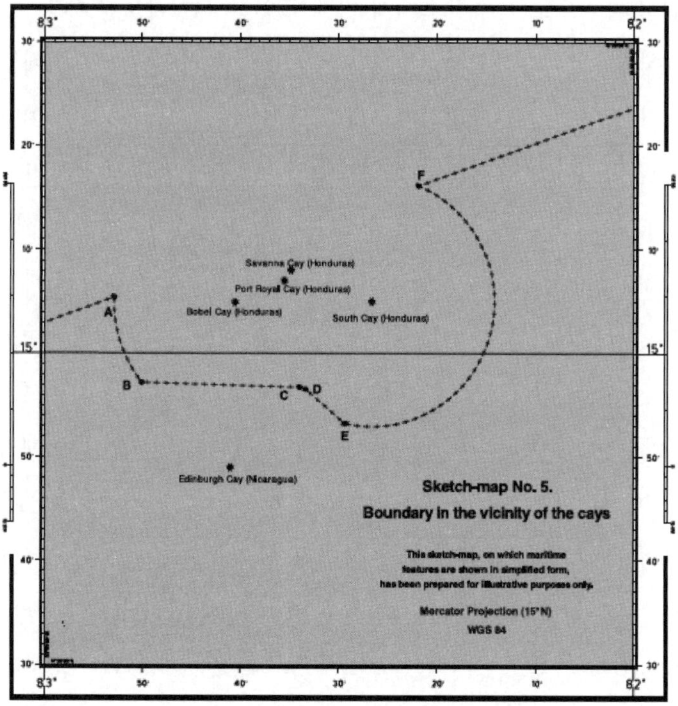

〈지도 5-1〉 니카라과-온두라스 사건의 영해경계선
출처: Nicaragua/Honduras Case, ICJ Reports, 2007.

한 니카라과와 온두라스 간 영토·해양분쟁 사건을 살펴본다. 이 사건에서 ICJ는 본토로부터의 해양경계선과는 별도로, 카리브해의 15도선을 중심으로 남쪽과 북쪽에 위치한 섬들의 주변과 섬들 간의 해양경계선을 획정해야 했다. 니카라과와 온두라스는 이들 5개의 섬이 각각의 영해만을 가진다는 데 대해서는 의견의 일치를 보았으므로, 재판소는 이 분쟁수역에 영해경계획정의 원칙을 적용하는 문제를 검토하게 되었다. 온두라스는 이들 섬들도 12해리 영해를 가져야 한다고 주장하였다. 그러나 니카라과는 이들 섬들에게 12해리 영해를 인정하면 결과적으로 온두라스에게 비례에 어긋나는 과도한 해양수역을 부여하게 된다고 하면서, 섬들이 온두라스에 귀속되는 경우에는 그 면적과 불안정성을 고려하여 3해리 영해위요지(enclave)를 부여할 것을 주장하였다.[20] 재판소는 해양법협약 제3조에 따라서 온두라스 소유인 Bobel Cay, Savanna Cay, Port Royal Cay, South Cay와 니카라과 소유인 Edinburgh Cay 모두 12해리 너비의 영해를 가진다고 하였다. 이어서 관할권 주장이 일부 중복된 양국 간 영해경계획정과 관련해서는, 재판소는 "가장 논리적이고 널리 행해지는 방법은 우선 잠정적으로 등거리선을 긋고, 그 선을 특별상황의 존재에 비추어 조정해야 할 것인지 고려하는 것"이라는 카타르/바레인 사건의 판결문을 인용하였다.[21] 재판소는 이 작은 섬들 사이의 경계획정은, 온두라스 소유인 Bobel Cay, Port Royal Cay, South Cay와 니카라과 소유인 Edinburgh Cay의 영해 간 중복수역에서 섬들의 좌표를 영해를 위한 기점으로 활용하여 잠정등거리선을 획정함으로써 성공적으로 끝낼 수 있었다고 하였다.[22]

섬이 다른 국가의 영토에 근접해 있는 경우로는 섬이 좁은 바다의 등거리선이나 중간선 너머에 위치한 경우와 본토에서 상당히 떨어져 있으면서 섬의 해양 쪽이 공해인 경우를 생각해 볼 수 있다. 이러한 경우에도 영해경계선에 대한 섬의 영향을 결정해 주는 일반원칙을 발견해내기는 쉽지가 않은데, 섬에 완전한 12해리 영해를 인정하

20 *Territorial and Maritime Dispute between Nicaragua and Honduras in the Caribbean Sea* (*Nicaragua v. Honduras*), Judgment, ICJ Reports, 2007, para.300.

21 *Maritime Delimitation and Territorial Questions between Qatar and Bahrain* (*Qatar v. Bahrain*), Judgement, ICJ Reports, 2001, para.176; *Ibid.*, para.303.

22 *Ibid.*(*Nicaragua/Honduras Case*), para.304.

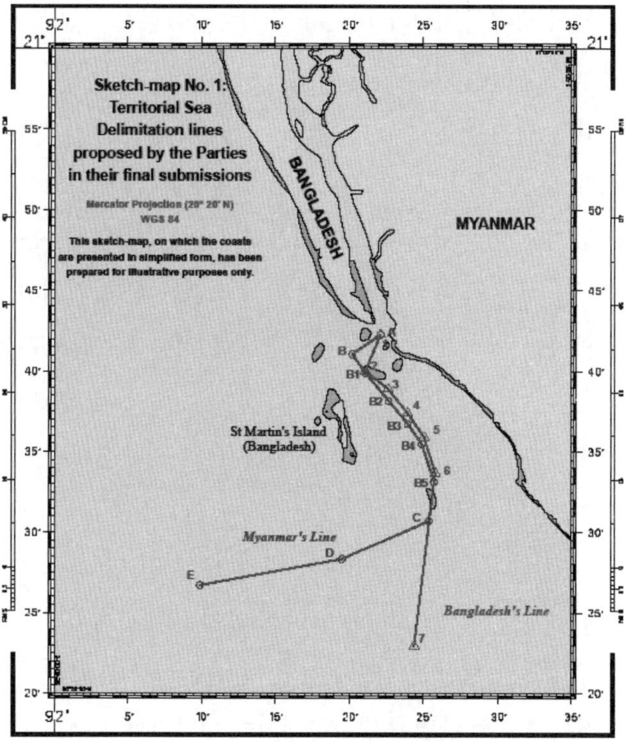

〈지도 5-2〉 벵갈만 사건에서의 영해경계선
Bay of Bengal case, ITLOS, 2012.

거나 등거리선 적용시 다른 국가의 영해가 12해리 이내로 감소되게 되는 경우에 특히 그러하다. 한 국가의 섬이 다른 국가의 영토에 근접해 있는 상황에서 영해경계획정에 대해 심도 있는 검토가 있었던 사례로 '방글라데시와 미얀마 간 벵갈만 사건'에 대한 국제해양법재판소(ITLOS)의 판결이 있다. ITLOS는 먼저 경제수역과 대륙붕의 경계획정에 있어서는 거시지리적(macro-geographical) 상황이 중요한 데 비해, 영해경계획정에서는 분쟁당사국의 육지경계선이 해양과 만나는 지점 부근의 미시적 지리가 중요하다고 하였다. 그런데 〈지도 5-2〉

에서 보듯이 방글라데시와 미얀마 육지국경선의 끝부분은 Naaf 강을 따라서 형성되어 있고 Naaf 강구 부근에는 방글라데시 소유의 St. Martin's섬이 위치해 있다. 이 섬은 강구에서 5해리 내지 6해리 떨어진 지점에서 동남쪽으로 미얀마 해안에 평행하게 뻗어 있는 상당히 중요한 섬이다.[23] 방글라데시와 미얀마 간의 영해경계선은 해양법협약 제15조 규정에 따라서 별다른 합의가 없는 한 등거리선이나 중간선에 의하여 획정하면 되었는데, 중요한 것은 St. Martin's섬을 영해경계획정과 관련하여 특별상황(special circumstance)으로 볼 것인가 하는 것이었다. 미얀마는 이 섬은 양국 간의 영해경계획정에서 중간선으로부터의 이탈을 요구하는 '중요한 특별상황'(important special circumstance)이라고 하였다. 이 섬은 방글라데시가 아닌 자국의 본토 맞은편에 위치해 있으므로, St. Martin's섬에 영해경계획정시 완전한 효과를 부여하면 해안선의 일반적인 형상에 심각한 왜곡이 발생한다는 주장이었다.[24] 반면에 방글라데시는 해양법협약 제121조 1항에 규정된 요건을 갖춘 섬은 12해리 영해는 물론이고 경제수역과 대륙붕도 갖는다는 점을 강조하면서, St. Martin's섬은 면적 8㎢에 주민이 7,000명에 이르며, 자국 해군과 해양경비대의 중요한 기지가 위치해 있고, 농수축산업이 발달해 있으며, 매년 360,000명의 관광객들이 방

23 Robin Churchill, "The Bangladesh / Myanmar Case: Continuity and Novelty in the Law of Maritime Boundary Delimitation," *Cambridge Journal of International and Comparative Law*, Vol. I, 1986, pp.139-140.

24 *Bay of Bengal case*, *op.cit.*, paras.131-132. 미얀마는 방글라데시 본토해안, 미얀마의 본토해안, St. Martin's섬의 공간적인 관계에서 볼 때, 이 섬은 양국 본토해안 간의 경계획정선의 미얀마 쪽 즉 경계획정선의 '반대쪽에'(on the wrong side) 위치한다고 하였다. 미얀마는 자국의 주장을 뒷받침하기 위하여 영불대륙붕사건, 튀니지/리비아 대륙붕사건, 메인만 사건 등 많은 사례들을 거론하였으며, 국가실행 역시 '작거나 중간크기'(small or middle-size)의 섬들은 대개 무시하여 아무런 효과도 부여하지 않거나 약간의 효과를 부여하는 것이 압도적인 경향이라고 하였다. *Ibid.*, paras.134-137.

문하는 중요한 섬임을 강조하였다.[25] 방글라데시는 St. Martin's섬의 자국 본토에의 근접성, 많은 인구, 중요한 경제적 역할 등을 감안할 때 이 섬은 방글라데시 해안선의 불가분의 일부이므로, 완전한 12해리 영해를 가져야 한다고 주장하였던 것이다.[26]

ITLOS는 관습법과 국가실행 모두 해양경계획정시 도서에 부여될 효과에 관한 일반적인 규칙은 존재하지 않는 것으로 보고 있다고 하면서, 경계획정에서 도서에 부여될 효과는 경계획정이 영해에 관한 것인지 아니면 다른 해양수역에 관한 것인지에 따라서 달라진다고 하였다.[27] ITLOS는 국제판례법을 보면 영해경계획정시 도서들이 완전한 효과를 부여받지 못한 전례가 없었던 것은 아니지만, 카타르 대 바레인 사건에서의 Qitat Jarada처럼 매우 작고 사람도 살지 않는 보잘것없는 해양지형들도 완전한 효과를 부여받았다고 하면서, 그에 비하면 St. Martin's섬은 그 크기와 인구 경제활동 범위 등에 있어서 상당히 중요한 해양지형이라고 하였다. 결론적으로, ITLOS는 이 사건에서 St. Martin's섬을 해양법협약 제15조의 특별상황으로 다루어야 할 설득력 있는 이유를 찾을 수 없다고 하면서, 양국 간 영해의 경계획정선을 긋는 데 있어서 St. Martin's섬에 완전한 효과를 부여하였다.[28]

25 *Ibid*., paras.143-144.
26 *Ibid*., para.145.
27 *Ibid*., paras.147-148.
28 *Ibid*., paras.151-152.

제2절 | 해양경계획정의 원칙

해양경계획정(maritime delimitation)이란 좁은 바다를 사이에 두고 마주보고 있거나 옆으로 인접해 있는 국가 간에 바다에 경계선을 그어 관할수역 범위를 나누는 것이다. 해양경계획정이 본격적으로 사람들의 관심을 끌게 된 것은 연안국에게 보다 넓은 해양관할수역이 인정되어 가던 때부터이었다.[29] 영해의 경우에는 그 너비가 3해리로부터 12해리로 확대되어 가면서부터 그리고 보다 광범위한 경제적 관할권의 경우에는 대륙붕에 대한 연안국의 관할권이 체계적으로 주장되기 시작하던 시점부터인 것이다. 그러나 영해는 너비가 12해리에 불과하므로, 해양경계획정에서 중요한 부분은 보다 광범위한 수역인 대륙붕과 경제수역의 경계획정이다. 대륙붕과 경제수역을 중심으로 해양경계획정의 원칙에 대하여 살펴본다.

국가의 해양관할권이 영해라는 좁은 수역에 대해서만 인정되던 시기에는 해양경계획정에 대한 각국의 관심은 미미하였다. 근대 주권국가의 탄생 이후 영해는 영토와 함께 국가의 주권이 미치는 영역의 일부로 간주되어 왔지만, 적어도 20세기 중반까지 그 너비는 3해리에 머물러 있었으므로, 해양경계획정에 대한 국가들의 관심은 크지 않았다.[30] 이처럼 해양경계획정이 사람들의 관심영역 밖에 있었

29 과거에는 해양에 경계선을 긋는 것보다는 국경선에 위치한 호수나 강의 경계를 정하는 것이 오히려 중요하였다. 그러나 국제법의 창시자인 그로티우스는 해양에도 국제하천의 경계획정에 적용되는 원칙인 "의심이 있는 때에는 주권은 하천의 중앙에 까지 미친다"는 원칙을 유추하여 적용할 수 있다고 하였고, 푸펜도르프는 "여러 민족이 해협이나 만에 살고 있는 경우에는 그 영역은 각자의 영역에서 그 중심에 이르기까지의 영역"이라고 하여 해양경계획정에 관심을 표시하였다.

30 국제연맹시대인 1930년 「헤이그성문화회의」(Hague Codification Conference)를 전후하여 국제사회는 해양법에 잠시 관심을 가졌었으나, 해양경계획정에 대한 본격적인 논의는 대륙붕제도의 탄생이후에야 시작되었다.

던 20세기 전반기에 해양경계획정에 관한 기술에는 비약적인 발전이 있었다. 그것은 미국국무성의 지리학자이었던 보그스(S. Whittemore Boggs)가 1940년에 출간된 그의 저서에서 하천, 호수, 영해 등 수역에 적용되는 과학적인 경계선 획정방법을 소개한 데 따른 것이다.[31] 그는 하천과 호수에 적용되는 중간선(median-line)과 영해를 거쳐 공해에 이르는 경계선에 관해 아직 명확한 개념이 정립되지 않았다고 하면서도, 하천과 호수에 적용되는 중간선에 관한 4가지 개념을 소개하였다. 그중에서 하천과 호수, 해협의 반대편 연안의 가장 가까운 점이나 연안의 점으로부터 등거리에 있는 모든 점들을 연결하여 구성되는 중간선 획정방법은 과학적일 뿐 아니라 오늘날의 중간선 획정방법과도 상당히 유사하다.[32]

해양경계획정이 국제법에서 중요한 이슈로 등장한 것은 대륙붕제도의 등장을 계기로 해양에 대한 국가의 경제적 관할권이 넓게 인정되면서부터이다. 미국은 1945년 트루먼선언(Truman Proclamation)을 통해 국가가 그 육지영토에 인접해 있는 대륙붕의 지하와 해저의 천연자원에 대해 관할권을 행사하는 것은 자원 활용의 효율성 확보는 물론이고 대륙붕은 연안국 대륙괴(land mass of the coastal nations)의 연장이란 근거에서도 합리적이고 정당하다고 하였으며, 해양경계획정과 관련하여서는 "대륙붕이 다른 국가의 연안까지 뻗어 있거나 인접국과 공유하고 있는 경우에는 그 경계선은 미국과 관련국가 간에 형평의

31 보그스는 유럽에서 국가 간 경계선이 등장한 것은 민족주의 등장에 따른 결과이었다고 하였다. 그는 처음에 경계선은 선이 아니라 어떤 구역이나 국경지대(border marches)이었으나, 인구의 팽창에 따라 국경지대에 대한 압력이 강해지면서 국경지대는 점점 좁아져 결국에는 선이 되었다고 하였다. S. Whittemore Boggs, *International Boundaries: A Study of Boundary Functions and Problems*, Columbia University Press, 1940, pp.6-7.

32 *Ibid.*, pp.178-182.

원칙(equitable principles)에 따라 결정되어야 한다"고 하였다.[33]

1958년 제네바에서 개최된 제1차 유엔해양법회의에서는 경계획정에 관하여 매우 다양한 견해들이 표명되었으나, 유고와 베네수엘라 등을 제외하고는 등거리선 규칙을 해양경계획정의 원칙으로 삼는 데 대하여 강하게 반대한 국가는 없었다.[34] 그 결과 1958년 대륙붕협약 제6조는 경계획정과 관련하여 다음과 같이 규정하였다.

제6조

1. 동일한 대륙붕이 서로 해안을 마주보고 있는 두 개 또는 그 이상의 국가의 영토에 접해 있는 곳에서는, 각국에 속하는 대륙붕의 경계선은 그들 국가 간의 합의에 의하여 결정된다. 합의가 존재하지 아니하고, 다른 경계선이 특별상황에 의하여 정당화되지 아니하는 경우에는, 그 경계선은 각국의 영해의 너비를 측정하는 기선의 가장 가까운 점으로부터 같은 거리에 있는 모든 점들을 연결하는 중간선이다.
2. 동일한 대륙붕이 두 개의 인접해 있는 국가의 영토에 접해 있는 곳에서는, 대륙붕의 경계선은 그들 국가 간의 합의에 의하여 결정된다. 합의가 존재하지 아니하고, 다른 경계선이 특별상황에 의하여 정당화되지 아니하는 경우에는, 그 경계선은 각국의 영해의 너비를 측정하는 기선의 가장 가까운 점으로부터의 등거리선 원칙의 적용

33 *Policy of the United States with Respect to the Natural Resources of the Subsoil and Sea Bed of the Continental Shelf,* United States Presidential Proclamation 2667, Sep.28, 1945.

34 제1차 유엔해양법회의에서 유고는 특별상황이란 용어가 모호하고 자의적이라 지적하면서 삭제할 것을 주장하였으며, 이란은 지나치게 엄격하게 규정된 법은 지켜질 수 없다고 하면서 이에 반대하였고, 베네수엘라는 등거리선 규칙의 삭제를 주장하였으며, 이탈리아는 반대의 합의가 없는 한 중간선 획정 시 섬들은 무시되어야 한다고 하였다. Malcolm D. Evans, *Relevant Circumstances and Maritime Delimitation*, Clarendon Press, 1989, pp.11-12.

에 의하여 결정된다.

대륙붕협약 제6조는 대안국 및 인접국 간의 대륙붕 경계선이 합의에 의해 결정되지 못하고 특별상황이 존재하지 않는 경우 중간선과 등거리선을 경계선으로 한다는 객관적인 규정을 두었다. 그러나 해양의 무궁무진한 지리적·지질학적 다양성 등을 고려해 보면 중간선과 등거리선 방법을 원칙으로 하여 경계선을 긋기로 한 것은 다소 무리였다. 그 결과 대륙붕협약이 경계획정의 원칙으로 도입한 중간선·등거리선 원칙은 제대로 지켜질 수가 없었다.

대륙붕협약이 해양경계획정의 원칙으로 중간선·등거리선 원칙을 규정하였음에도 불구하고, 그 후 국제사법재판소(ICJ)와 국제중재재판소의 판결은 중간선·등거리선 원칙의 적용을 거부하고 형평의 원칙을 선호하는 방향으로 나아갔다. ICJ는 1969년 북해대륙붕사건(North Sea Continental Shelf Cases)에 대한 판결에서 1958년 대륙붕협약의 중간선·등거리선 원칙을 무시하고 형평을 경계획정의 원칙으로 제시하였다. 네덜란드와 덴마크는 대륙붕 경계획정은 1958년 대륙붕협약 제6조 2항에 나타나 있는 등거리선에 따라 이루어져야 한다고 하였으나, 재판소는 양국의 주장을 받아들이지 아니하고 "경계획정은 다른 국가영토의 자연적 연장에 저촉함이 없이 가능한 각국에게 해저에의 육지영토의 자연적 연장을 구성하는 대륙붕 전체를 주도록 형평의 원칙에 따라 이루어져야 한다"고 하여 형평의 원칙을 적용하였다(〈지도 5-3〉 참조).[35]

35 *North Sea Continental Shelf,* ICJ Reports, 1969, para.101.

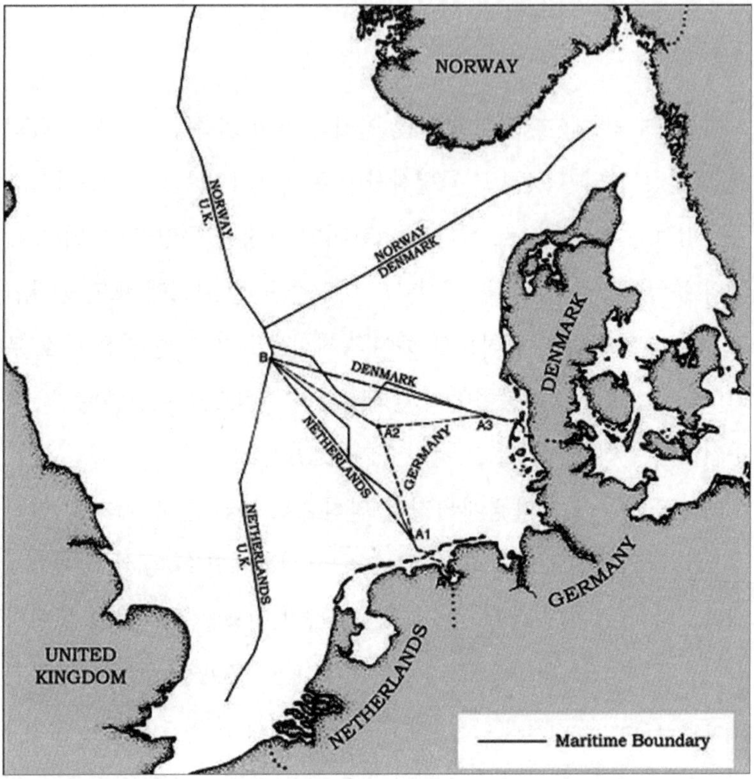

〈지도 5-3〉 북해대륙붕사건 해양경계선

국제중재재판소도 1977년 영불대륙붕사건(Anglo-French Continental Shelf Case)에서 경계획정의 기본원칙은 당사자 간에 합의가 이루어지지 않으면 형평의 원칙에 따라 경계선을 긋는 것이라고 하였으며, ICJ는 1982년 튀니지/리비아 대륙붕사건과 1984년 미국과 캐나다 간 메인만 사건에서 유사한 입장을 취하였다. 대륙붕협약이 제6조에서 등거리선-특별상황의 규칙을 규정하였음에도 불구하고, 국제사법재판소를 비롯한 국제적인 사법기관들은 이를 무시하고 형평의 원칙을 경계획정의 원칙으로 선언하였던 것이다.

1985년 리비아와 몰타 간 사건에 대한 판결에서도 국제사법재판소는 형평의 원칙을 지지하였으나, 실제 경계선 획정에는 등거리선을 사용하였다. 이 사건에서 리비아는 자연적 연장론의 연장선상에서 '단층지대'(rift zone) 이론을 주장하였다. 재판소는 리비아와 몰타 영토 간 거리가 400해리에 미치지 못하므로, 리비아가 단층지대라 부르는 지형은 '근본적 단절'이 아니라고 하였다.[36] 반면에 몰타는 '거리원칙'(distance principle)에 따른 경계획정을 주장하였다. 특히 몰타는 자국과 리비아 해안의 거리는 멀지가 않아서 양국 모두 국제법이 인정하는 최대 범위인 200해리까지 대륙붕을 가질 수 없으므로, 경계획정 과정은 양국 해안 사이의 등거리선을 고려하는 데에서 시작되어야 한다고 하였으나, 재판소는 등거리선 규칙은 국제사법재판소가 거부한 '절대적 근접성'(absolute proximity) 주장과 유사한 것이고 제3차 유엔해양법회의에서도 거부되었다고 하여 표면상 등거리선 방법의 적용을 거부하였으나, 실제로는 중간선 원칙을 적용한 것으로 평가된다.[37]

제3차 유엔해양법회의에서는 해양경계획정에 관한 규정에 대한 교섭이 시작되면서 두 개의 국가그룹이 등장하였다. 하나는 1958년 대륙붕협약의 등거리선/중간선 원칙을 지지하는 "등거리선그룹"(Equidistance Group)이고, 다른 하나는 국제관습법에서 지지해 온 형

36 *Continental Shelf (Libyan Arab Jamahiriya/Malta)*, Judgment, ICJ Reports, 1985, paras.36-39. 리비아는 양국 간의 대륙붕에 근본적 단절(fundamental discontinuity)이 있으면 경계선은 그 선을 따라 그어져야 한다고 하였다. 그러나 재판소는 그간의 법발전 과정을 통해 각국에 속하는 대륙붕은 그 해안에서 200해리에 이르므로, 이 범위 안에서는 대륙붕에 대한 권원을 확인하기 위한 것이든 아니면 경계획정을 위한 것이든 지질학적 또는 지구물리학적 요소에 아무런 역할도 부여할 이유가 없다고 하였다.

37 *Ibid.*, paras.42-43.

평의 원칙에 따른 경계획정을 지지하는 "형평원칙그룹"(Equitable Principles Group)이다.[38] 해양경계획정과 관련하여 등거리선 그룹과 형평원칙 그룹 간의 지루한 협상이 회의 막바지까지 이어지자, 회의 의장이었던 T.B. Koh가 개입하여 해양법협약 제74조 1항과 제83조 1항에 등장하게 될 새로운 제안을 하였다. 이 제안은 어려운 협상 끝에 도달한 결과를 해하지 않도록 해석선언을 자제해 달라는 당부와 함께 회의에 넘겨져 가까스로 채택되었다.[39]

해양법협약의 배타적 경제수역의 경계획정에 관한 규정인 제74조와 대륙붕의 경계획정에 관한 규정인 제83조의 내용은 완전히 동일하며 다음과 같다.

1. 서로 마주보고 있거나 인접한 연안을 가진 국가 간의 배타적 경제수역(대륙붕) 경계획정은 공평한 해결에 이르기 위하여, 국제사법재판소규정 제38조에 언급된 국제법을 기초로 하는 합의에 의하여 이루어진다.
2. 상당한 기간 내에 합의에 이르지 못할 경우 관련국은 제15부에 규정된 절차에 회부한다.
3. 제1항에 규정된 합의에 이르는 동안, 관련국은 이해와 상호협력의

38 등거리선 원칙 그룹과 형평원칙 그룹은 한때 1958년 대륙붕협약의 등거리선 원칙과 관습법적 발달을 통해 표명되어 온 형평의 원칙을 조화시키는 수준에서 타협하였었다. 그리하여 1975년의 비공식단일교섭문(ISNT), 1976년의 수정단일교섭문(RSNT), 1977년의 비공식통합교섭문(ICNT)에는 "경계획정은 형평의 원칙에 따른 합의에 의하여, 적절한 경우에는 중간선 또는 등거리선을 사용하여, 모든 관련상황을 고려하여, 이루어져야 한다"는 규정이 등장하였었다. 그러나 양측 모두 이러한 문안을 흔쾌히 받아들인 것은 아니었으므로, 해양경계획정 문제는 미해결 상태에 있는 주요 문제의 하나로서 NG7(Negotiating Group 7)에 넘겨졌다. Nuno Marques Antunes, *Towards the Conceptualization of Maritime Delimitation: Legal and Technical Aspects of a Political Process*, Martinus Nijhoff Publishers, 2003, p.85.

39 E. D. Brown, *The International Law of the Sea,* vol. 1, Dartmouth Publishing Co., 1994, p.157.

정신으로 실질적인 잠정약정을 체결할 수 있도록 모든 노력을 다하며, 과도적인 기간동안 최종 합의에 이르는 것을 위태롭게 하거나 방해하지 아니한다. 이러한 약정은 최종적인 경계획정에 영향을 미치지 아니한다.

4. 관련국 간에 발효 중인 협정이 있는 경우, 배타적 경제수역(대륙붕)의 경계획정에 관련된 사항은 그 협정의 규정에 따라 결정된다.

해양법협약은 대안국 또는 인접국 간의 EEZ와 대륙붕의 경계획정은 형평한 해결에 이르기 위하여, ICJ규정 제38조에 언급된 국제법을 기초로 하는 합의에 의하도록 한 것이다. 그렇지만 해양법협약의 이러한 규정에 대하여서도 상반된 인식이 있었다. 형평의 원칙을 지지하였던 측에서는 해양법협약의 EEZ와 대륙붕 경계획정 규정은 중간선과 등거리선을 언급함이 없이 형평에 맞는 해결을 목적으로 삼도록 하고 있는바, 형평의 원칙을 해양경계획정의 대원칙으로 채택한 것이라고 주장하였다. 반면에 등거리선 원칙을 지지하였던 측은 제3차 유엔해양법회의에서 '국제법'을 기초로 한 경계획정을 주장한 것은 주로 등거리선 원칙을 주장하던 국가이었다는 점을 들어서 오히려 자신들의 등거리선 원칙 주장이 받아들여진 결과라고 하였다.[40] 제3차 유엔해양법회의에서 해양경계획정 관련 규정이 채택될 때 회의의장은 각국에게 관련 해석선언의 자제를 요청하였으나, 일부 국가들은 성명을 통해 협약 규정을 나름대로 평가하였으니, 형평원칙 그룹과 등거리선 그룹에 속하였던 국가들은 해양법협약의

40 Antunes, *op.cit.*, pp.90-91.

경계획정규정은 자신들의 주장을 반영한 결과라고 주장하였던 것이다.[41] 해양법협약에 서명·비준·가입하면서 선언이나 성명을 발표한 국가 중에서 경계획정 규정에 대하여 입장을 발표한 국가들 가운데에는 등거리선을 해양경계선으로 삼아야 한다는 주장이 많았다. 그러나 중국은 1996년 6월 7일 해양법협약을 비준하면서 발표한 성명에서 중국은 자국과 마주보고 있거나 인접해 있는 해안을 가진 국가와의 해양관할권 경계선 획정은 협상을 통하여 "국제법을 기초로 형평성의 원칙에 따라"(on the basis of international law and in accordance with the principle of equitability) 이루어져야 한다고 하였다.

해양경계획정에 관한 그간의 국제관습법의 동향과 해양법협약의 관련 규정을 분석해 보면 형평의 원칙의 우세를 논할 수 있지만, EEZ와 대륙붕 경계획정에 관한 최근의 국가실행을 실증적으로 분석한 자료에 의하면 형평의 원칙의 우위를 단정하기는 어렵다. Antunes는 300여 건의 일방적 또는 양국 간의 해양경계선 관련 합의에 관한 최근의 국가실행을 조사하여 분석하였는데, 대략 20%의 사례에서는 적용기준이 밝혀지지 아니한 가운데, 형평의 원칙에 대한 언급은 고작 10% 정도의 사례에서 발견된 데 비해, 등거리선에 대한 언급은 거의 절반에 해당하는 사례에서 발견되고 있다고 하였다. 더구나 EEZ 경계획정에서는 형평의 원칙의 사용은 더욱 드물었다고 하였다.[42]

사실 해양법협약 제74조 1항과 제83조 1항은 EEZ와 대륙붕 경계획정은 국제법을 기초로 형평에 맞는 해결을 달성하기 위하여 이루

41 형평의 원칙을 지지하였던 국가에는 알제리, 아일랜드, 터키, 베네수엘라가 있었으며, 등거리선을 지지하였던 국가로는 UAE, 키프로스, 콜롬비아, 스페인, 바하마 등이 있었다.

42 Antunes, *op.cit.*, pp.96-97.

어져야 한다는 원칙을 제시하였으나 구체적인 적용방법은 명시하지 않았다. 그리하여 국제법원과 재판소들은 해양경계획정에 관한 판례법을 통하여 해양경계획정 방법을 구체화하여 주관성과 불확실성을 줄여왔다.[43] 이와 관련하여 처칠(Churchill)은 1993년 그린란드/얀마옌 사건에 대한 판결 이후 국제법원과 재판소들은 대안국 간 또는 인접국 간 EEZ와 대륙붕 경계획정에서 일관되게(니카라과 대 온두라스 사건은 제외) 등거리선/특별상황 규칙을 적용해 왔다고 하였다.[44] 국제해양법재판소도 벵갈만 사건에서 이러한 경향을 따랐다. 이 사건에서 방글라데시는 등거리선 방법의 이점을 인정하면서도, 벵갈만에서는 형평에 맞는 결과를 만들어 내기 위해서는 각도2등분법(angle-bisector method)을 사용하여야 한다고 하였다.[45] 반면에 미얀마는 해양경계획정의 원칙과 방법으로 중간선·등거리선 방법을 주장하였다. 미얀마는 1982년 해양법협약의 채택 이후 '경계획정법'에 엄청난 발전이 있었다고 하면서,[46] ICJ가 니카라과 대 온두라스 사건에서 등거리선 방법은 과학적일 뿐 아니라 적용에 있어서도 편리함을 갖추고 있기 때문에 해양경계획정에서 널리 사용되고 있다고 말한 것을 강조하였다.[47] ITLOS는 그간 국제법이 등거리선 방법을 선호하는 방향으로 발전해 왔으며 실제로 해양경계획정 사건에서 국제법원과 재판소들이

43 *Ibid.*, paras.225-226.

44 Churchill, *op.cit.*, pp.142-143.

45 *Ibid.*, para.213. 방글라데시에 의하면, ICJ는 각도2등분방법을 1982년 튀니지/리비아 사건에서 처음 사용하였고, 메인만 사건과 기니/기니비소 사건에서도 사용하였다고 하였다. 방글라데시는 특히 "등거리선 사용이 불가능하거나 부적절한 경우에 일정한 상황에서는 각도2등분선의 사용이 실행가능한 대안적 방법임이 입증되었다"는 니카라과/온두라스 사건에서의 ICJ의 언급을 인용하였다. *Bay of Bengal case*, *op.cit.*, paras.214-215; *Nicaragua v. Honduras case*, *op.cit.*, para.287.

46 *Ibid.*, para.218.

47 *Ibid.*, para.220 ; *Nicaragua v. Honduras case*, *op.cit.*, paras.272, 280.

이 방법을 채택한 것을 주목하였다. 결국 ITLOS는 방글라데시와 미얀마 간의 EEZ와 대륙붕 경계획정에도 등거리선/관련상황 방법을 사용하는 것이 적절하다고 하였다.[48]

이처럼 오늘날 해양경계획정에서는 중간선·등거리선이 실제로 자주 사용되고 있다. 이는 중간선·등거리선이 경계선 획정에 편리하고 단순하여 분쟁의 소지를 없애주며 대부분 형평에 맞는 경계선을 만들어내는 장점을 가지고 있기 때문이다.[49] 그러나 오랫동안 국제관습법이 일관되게 등거리선이 해양경계획정의 일반적 규칙이 아니라는 입장을 취해 왔고, 해양법협약에도 중간선·등거리선에 관한 언급이 빠져 있는바, 여러 가지 장점에도 불구하고 등거리선을 경계획정의 대원칙이라 말하기는 어렵다. 그리하여 요즘에는 중간선·등거리선 원칙과 형평의 원칙 간의 관계를 상호보완적인 것으로 이해하려는 경향이 강해지고 있다.[50] ICJ가 카타르 대 바레인 사건에서 등거리선 규칙과 1958년 이후의 국제판례법 가운데 발전해온 형평의 원칙은 서로 밀접히 연관되어 있다고 한 것도 그러한 맥락이다.[51] 하지만 해양법협약에 해저지형이나 지질과는 관계없이 오직 거리에 의하여 그 범위가 정해지는 EEZ 제도가 등장하고 대륙붕에도 200해리 거리 기준이 등장함으로써 경계획정에서 중간선·등거리선의 역할이 보다 중요해진 것은 엄연한 사실이다.

오늘날 해양경계획정에서 중간선·등거리선 방법의 역할이 커진

48 *Bay of Bengal case, op.cit.,* paras.238-239.
49 *Ibid.,* pp.205-206.
50 Shi Jiuyong, "Maritime Delimitation in the Jurisprudence of the International Court of Justice," *Chinese Journal of International Law*, vol. 9, 2010, p.274.
51 *Qatar v. Bahrain case, op.cit.,* paras.230-231.

것은 부인할 수가 없다. 해양법협약은 대륙붕과 경제수역 경계획정과 관련하여 모호한 규정을 두었지만, 오늘날 해양경계획정은 중간선·등거리선 원칙에 의거하여 해결하여야 한다는 것이 많은 국가들의 입장이기도 하다. Roach는 미국도 대륙붕과 경제수역 경계획정에 단일경계선을 사용하며, 대부분의 상황에서 미국에게 가장 적합한 등거리선을 사용하고 있다고 하였다.[52]

동북아시아 지역에서 대륙붕에 대한 관심이 갑자기 고조된 것은 1969년 유엔극동경제위원회(ECAFE)가 황해와 동중국해가 세계적인 유전지대가 될 수 있다는 보고서를 발표한 이후이었다. 보고서 발표 이후 아시아 각국은 경쟁적으로 관련 국내법을 제정하고 해저광구를 설치하였으므로 광구들은 중복되었다. 동북아시아 각국이 대륙붕 경계획정 문제에 대하여 관심을 갖게 된 것도 그때부터인데, 각국이 주장하는 경계획정의 원칙에는 차이가 있었다. 그때부터 중국은 육지의 자연적 연장을 중시하는 형평의 원칙을 주장해 왔으며, 일본은 초지일관 중간선에 의한 경계획정을 주장하고 있다. 우리나라는 황해와 동중국해 북부에서 중국에 대해서는 중간선 원칙을 그리고 제주도 남쪽 동중국해에서는 일본에 대하여 육지의 자연적 연장 원칙을 적용할 것을 주장하였다.[53] 동북아시아 각국의 대륙붕 및 경제수역에 관한 법률들은 해양경계획정에 관한 각국의 기존의 입장을 명문화하였다. 중국은 「배타적 경제수역 및 대륙붕에 관한 법률」 제2조에서 "배타적 경제수역과 대륙붕이 중첩되는 경우에는 국제법의 기초

52 Ashley Roach, "Maritime Boundary Delimitation: United States Practice," *Ocean Development and International Law*, Vol. 44. 2013, p.4.

53 박춘호, "한국의 대륙붕 경계문제," 『고려대학교 법학논집』, 제21집, 1983, pp.67-68.

위에서 공평원칙에 따라 합의를 하여 경계선을 획정한다"고 하여 형평의 원칙을 규정하면서 육지의 자연적 연장을 주장하고 있으며, 일본은 「배타적 경제수역 및 대륙붕에 관한 법률」에서 "중간선 내지 양국이 합의한 선"에 따른 경계획정을 규정하였다. 반면에 우리나라의 「배타적 경제수역법」은 제2조 2항에서 "국제법을 기초로 관계국과의 합의에 의한" 경계획정을 규정하였다.[54]

제3절 | 해양경계획정 방법과 관련상황

1. 해양경계획정의 방법과 절차

대륙붕제도의 등장 이후 해양경계획정에 관한 국제법의 역사는 두 가지 입장의 대립으로 점철되었다. 즉 법원칙과 현실적 방법을 합성하여 해양관할권 주장이 중복되는 곳의 경계획정을 위해 분명한 법규칙이 필요하다는 입장과 경계획정에는 절대적인 방식의 자유를 허용하는 형평의 규칙이 있을 뿐이라는 입장이었다. 전자가 등거리선에 의해 일단 잠정경계선을 긋고 여러 가지 상황들을 감안하여 이를 수정하자는 등거리선 원칙의 입장이라면, 후자는 소위 특수성이론(unicum theory)에 입각하여 모든 상황을 종합적으로 고려하여 단번에 경계선에 도달해야 한다는 형평의 원칙의 주장이다.[55] 그러나 대부분의 경계획정은 먼저 잠정경계선을 긋고 관련상황들을 고려하여 이를

54 해양법포럼, 『유엔해양법협약 해설서 I』, 지인북스, 2009, pp.269-277.

55 L.D.M. Nelson, "The Roles of Equity in the Delimitation of Maritime Boundaries," *American Journal of International Law*, vol. 84, 1990, pp.840-841.

수정해 가는 방법을 사용하고 있는바, 형평의 원칙을 주장하는 측에서도 중간선·등거리선의 경계획정에서의 편의와 어느 정도의 형평성을 인정하여 이러한 방식으로 경계선을 획정하는 데 크게 반대하지 않는다.

배타적 경제수역 제도의 등장에 따른 해양관할권 설정에 있어서의 거리기준의 강화, 국가 간 협상에 의한 경계획정시 등거리선·중간선이 매우 자주 경계선 또는 임시경계선으로 사용되어온 사실, 1985년 리비아-몰타 사건에서 보듯이 국제사법재판소도 등거리선의 유용성과 형평성을 실제로는 인정하고 있는 사실 등을 감안할 때, 오늘날 해양경계획정에 있어서 추후 교정을 전제로 등거리선·중간선을 잠정경계선으로 획정하여 사용하는 것은 대부분의 경우 타당하다고 하겠다.

해양경계획정에서 중간선·등거리선 방법이 중요하게 사용되고 있지만, 관련상황들을 고려하여 형평에 맞게 경계획정이 이루어져야 한다는 것은 오늘날 국제법에서는 하나의 당위이다. 문제는 해양경계획정시 형평에 맞는 해결을 위해 고려해야 할 사항들 즉 관련상황에는 어떠한 것들이 있으며, 이러한 상황들이 경계선에 구체적으로 어떠한 영향을 미치는지를 밝히는 것이다. 형평에 맞는 해양경계선 획정을 위해 일단 중간선이나 등거리선을 긋고 이를 적절히 수정한다고 할 때, 중간선이나 등거리선의 수정을 요구하는 특별상황 또는 관련상황에는 매우 다양한 사실들이 포함될 수 있다. 이러한 상황들 중에서 가장 대표적인 것이 당해 수역에 존재하는 섬과 같은 특수한 해양지형들이며, 그 외에 기존의 협정, 해안선의 모습과 길이, 해저지형, 해저자원, 역사적 권리, 기선, 경제상황 같은 것들도 관련상황으로 고려될 수 있다.[56]

섬은 등거리선 방법이 경계획정의 원칙이었던 시절에는 등거리선으로부터의 이탈을 정당화하는 대표적인 '특별상황'(special circumstances)으로, 그리고 형평의 원칙에서는 구체적인 경계획정 이전에 고려해야 할 가장 중요한 '관련상황'(relevant circumstances)으로 간주되어 왔다. 따라서 경계획정시 섬이 특별한 고려대상이 되어야 하는 것은 명확하지만, 섬들이 경계선에 미치는 영향에 대해서는 보다 구체적이고 실증적인 검토가 필요하다.[57]

국제사법재판소는 단일해양경계선을 획정하였던 얀마엔(Jan Mayen) 사건 판결에서 "기존의 판결에서 발전되어온 대륙붕에 관한 관습법을 적용하는 것이 적절하기는 하나, 잠정경계선인 중간선에서 시작하여 특별상황이 그 선의 조정이나 이동을 요구하는가 하는 것을 묻는 것은 선례에 부합한다"고 하여 잠정적으로 중간선을 획정함으로써 경계획정 절차를 시작하였었다.[58] ICJ는 카타르/바레인사건에서도 같은 방법을 사용하였다. 재판소는 12해리 수역 너머의 해양수역 경계획정을 위해 우선 임시로 등거리선을 그은 후, 그 선을 조정하도록 요구하는 상황이 존재하는지 고려하였다.[59]

오늘날 해양경계획정은 국제사법재판소가 1985년 리비아/몰타 대륙붕사건에 대한 판결에서 밝힌 3단계 방법을 주로 사용하고 있다. 여기에서 말하는 3단계란 중간선·등거리선 방법에 의한 잠정경계선 획

56 경제수역과 대륙붕 경계획정을 위한 협상에 임하는 국가들은 형평에 맞는 경계획정을 위해 고려해야 할 관련상황들을 평가하고 부여될 무게를 결정한다. 특히 형평에 맞는 해결을 위해서는 ICJ가 북해대륙붕사건 판결에서 밝혔듯이 다양한 고려사항들을 균형 있게 고려해야 한다.

57 이석용, 『섬의 국제법상 지위』, 진성사, 1988, pp.140-141.

58 *Maritime Delimitation in the Area between Greenland and Jan Mayen* (*Denmark v. Norway*), Judgment, ICJ Reports, 1993, para.51.

59 *Qatar v. Bahrain case, op.cit.,* para.230.

정, 관련상황을 고려한 잠정경계선의 조정, 결과의 형평성 확인을 말한다.[60] 국제사법재판소가 루마니아/우크라이나 사건에서 밝힌 3단계 해양경계획정방법을 살펴본다. 첫 번째 단계인 잠정경계선획정에 대하여 ICJ는 다음과 같이 말하였다.

> 재판소는 기하학적으로 객관적이고 경계획정이 이루어질 수역의 지리에 적합한 방법을 사용하여 잠정경계획정선(provisional delimitation line)을 긋는다. 인접국 간의 경계획정에 있어서는, 어떤 특정한 사건에서 이 방식의 사용을 불가능하게 하는 설득력이 있는 이유가 있는 경우가 아니라면, 등거리선(equidistance line)을 설정한다. 마주보고 있는 국가 사이에서는 잠정경계선은 양국 해안 사이의 중간선(median line)이다.[61]

두 번째 단계인 관련상황을 고려한 경계선 조정에 대하여 ICJ는 다음과 같이 말하였다.

> 최종적인 선(final line)은 형평에 맞는 결과를 가져와야 한다(해양법협약 제74, 83조). 따라서 재판소는 2번째 단계에서는 형평에 맞는 결과를 달성하기 위하여 잠정등거리선의 조정이나 이동을 요구하는 요소들이 있는지를 고려한다. 또한 재판소는, 경계선이 여러 가지 중복수역을 포함하는 경우에는, 소위 형평원칙/관련상황 방법을 적용하는 것이 유용하며, 이러한 해양수역에서는 이 방법이 형평에 맞는 결과에 도달하는

60 Shi, *op.cit.*, p.284.

61 *Maritime Delimitation in the Black Sea* (*Romania v. Ukraine*), Judgment, ICJ Reports, 2009, para.116.

데 적합하다는 점을 분명히 하였다.[62]

마지막 세 번째 단계인 결과의 형평성시험에 대해서 ICJ는 다음과 같이 말하였다.

> 마지막 세 번째 단계에서 재판소는 이 선(잠정등거리선 또는 관련상황을 고려하여 조정된 선)이 각 연안국의 해안선 길이의 비율과 경계획정선에 따른 각국의 관련해양수역 간의 비율 간의 현저한 불비례로 인하여 형평에 맞지 아니하는 결과를 초래하게 되는지 검증한다. 형평에 맞는 결과를 최종적으로 점검한다고 함은 해안선의 길이 간의 비율에 비추어볼 때 해양수역에 커다란 불비례가 존재하지 않는지 확인하는 것이다.[63]

국제해양법재판소(ITLOS)도 방글라데시와 미얀마 간 벵갈만 사건에서 해양경계획정의 방법을 심도 있게 검토하였다. ITLOS는 2단계방법, 3단계방법, 각도2등분선방법을 검토하였다. 그 결과 2단계방법은 ICJ가 그린란드/얀마옌 사건에서 사용한 것으로 잠정경계선인 중간선을 획정하고 그 선의 조정이나 이동을 요구하는 특별상황을 검토하는 방법이라고 하였으며,[64] 각도2등분선방법은 등거리선 방법의 적용이 불가능하거나 적절하지 아니한 경우 그 대안으로서 사용되어

62 *Nicaragua/Honduras case, op.cit.,* para.271; *Ibid.(Romania v. Ukraine case),* para.120.

63 *Romania v. Ukraine case, op.cit.,* para.122.

64 2단계방법은 ICJ에 의하여 카타르 대 바레인 사건과 카메룬/나이지리아 사건에서 활용되었으며, Barbados/ Trinidad and Tobago 사건에서 중재재판소는 경계획정선의 결정은 보통 2단계 방법을 따른다고 하였다.

왔으나 실제로는 등거리선 방법과 유사한 것이라고 하였다.[65] ITLOS는 해양경계획정에 관한 방법들을 검토한 후 벵갈만 사건에 3단계방법을 사용하기로 하였다.[66]

그렇지만 흑해사건에서 국제사법재판소도 인정한 바와 같이, 중간선·등거리선 방법은 일부 지리적 환경에서는 적용이 가능하지 않으며, 어떤 환경에서는 형평에 맞는 해결에 부적합한 결과를 만들어낸다. 예를 들어서 인접한 국가들이 매우 긴 해안에 각각 하나의 기점만을 가지고 있거나 두 개의 기점이 상대적으로 가까이 붙어 있는 곳에서는, 두 개의 기점의 배치에 따라 200해리에 이르는 전체 경계선의 방향이 결정되며, 특정한 곳에서의 기점의 배치가 보다 큰 그림을 반영하지 못할 수도 있다. 그러한 상황에서는 인접한 양국 해안의 일반적 방향을 나타내는 선에 수직선을 긋는 방법이 대안이 될 수 있다.[67]

2007년 국제사법재판소(ICJ)가 판결한 「니카라과와 온두라스 간 카리브해 영토 및 해양분쟁 사건」(Case Concerning Territorial and Maritime Dispute between Nicaragua and Honduras in the Caribbean Sea)은 해양경계획정과 도서영유권 문제가 혼합된 사건이었다. 해양경계획정과 관련하여 니카라과는 소위 각도2등분선에 의한 경계획정을 주장하였다. 반

65 각도이등분선방법은 1982년 튀니지/리비아 사건, 1984년 메인만 사건, 1985년 기니/기니비소 사건, 2007년 니카라과/온두라스 사건 판결에 사용되었다.

66 *Bay of Bengal case*, *op.cit.*, para.240. ITLOS는 최근의 판례법에서 발달된 3단계방법(three-stage approach)에 대하여 다음과 같이 말하였다. 첫 단계에서는 당사국 해안의 지리와 수학적 계산을 기초로 잠정등거리선(provisional equidistance line)을 구성한다. 일단 잠정등거리선이 그어지면 재판소는 절차의 두 번째 단계로 나아가는데, 이 단계에서는 잠정등거리선의 조정(adjustment)을 요구하는 관련상황이 있는지를 결정하고 필요하면 조정을 통하여 형평에 맞는 결과를 만들어낸다. 절차의 3번째이자 마지막 단계에서 재판소는 조정된 경계선이 각국의 해안선 길이 간의 비율과 각 당사국에게 속하게 될 관련 해양면적 간의 비율 사이에 '심각한 불비'(significant disproportion)를 초래하지는 않는지 점검한다.

67 David H. Anderson, "Maritime Delimitation in the Black Sea Case (Romania v. Ukraine)," *Law and Practice of International Courts and Tribunals*, vol. 8, 2009, p.326.

면에 온두라스는 재판소에 '전통해양경계선'인 15도선이 카리브 해에서의 양국 간 해양경계선임을 확인해 달라고 하였다.[68] 하지만 재판소는 *Uti possidetis juris* 원칙이 15도선을 따르는 전통적인 해양경계선의 기초라는 온두라스의 주장을 받아들이지 아니하였으며,[69] 관련 묵시적 합의의 존재도 부인하였다.[70] 이어서 재판소는 등거리선 방법에 의한 단일경계선 획정을 검토하였다. 그러나 재판소는 등거리선 방법은 그 '과학성'과 '편의성'에도 불구하고 다른 경계획정 방법에 비해 자동적으로 우월한 것은 아니라고 하면서, 등거리선 방법의 적용을 부적절하게 하는 요소들이 있는 상황에서는 특히 그러하다고 하였다.[71] 이 사건에서, 양국 간 육상경계선이 끝나는 Cape Gracias a Dios는 날카롭게 튀어나온 돌기로서 북쪽과 서남쪽에 오목하게 들어간 해안선을 접하고 있어서, Cape 끝의 코코 강 양쪽 제방에 두 개의 기점을 설치하여 등거리선 방법에 의해 해양경계선을 획정하는 경우에는 커다란 비형평이 우려되었다.[72] 결국 재판소는 대안으로 관련 본토해안(relevant mainland coast)을 대표하는 선들에 의하여 만들어지는 각도의 2등분선이 경계획정의 기초가 될 수 있는지를 고려하였으며, 해안선의 선형근사화(linear approximation)에 의하여 만들어진 각도의 2등분선방법이 등거리선 사용이 적절하지 아니한 상황에서 사용가능한 대체방법임이 입증되었다고 하였다.[73]

68 *Nicaragua v. Honduras case*, *op.cit.*, paras.83-86.

69 *Ibid.*, paras.235-236.

70 묵시적 합의에 의한 해양경계선의 존재문제에 대하여 재판소는 "묵시적인 법적 합의에 관한 증거는 '설득력이 있는'(compelling) 것이어야 한다. 항구적인 해양경계선을 설정하는 것은 매우 중요한 문제이므로 합의를 쉽게 추정할 수 없다"고 하였다. *Ibid.*, para.253.

71 *Ibid.*, para.272.

72 *Ibid.*, para.277.

73 *Ibid.*, para.287.

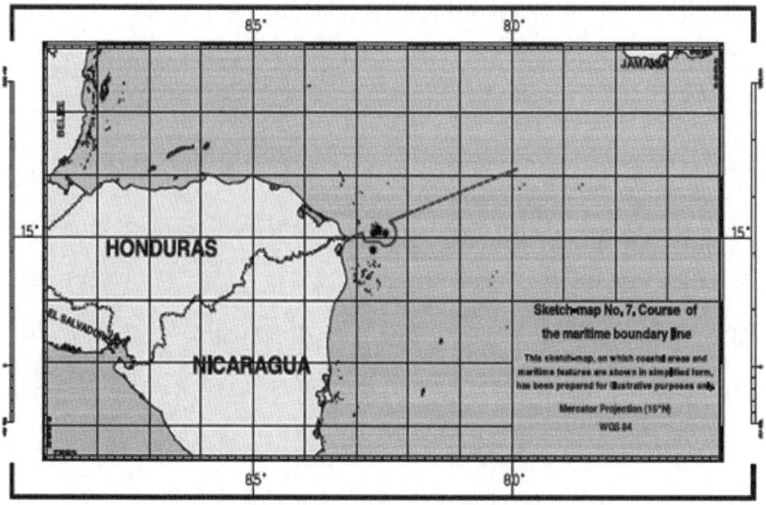

〈지도 5-4〉 니카라과와 온두라스 간 해양경계선
출처: *Nicaragua v. Honduras case*, ICJ, 2007.

2. 관련상황

해양경계획정의 두 번째 단계인 관련상황을 고려한 경계선 조정이란 형평에 맞는 결과를 달성하기 위하여 잠정등거리선이나 잠정중간선의 조정이나 이동을 요구하는 요소들이 있는지를 검토하는 것이다. 따라서 중요한 것은 해양경계획정시 형평에 맞는 해결을 위해 고려해야 할 사항 즉 관련상황에는 어떠한 것들이 있으며 그러한 상황들이 경계선에 구체적으로 어떠한 영향을 미치는지를 밝히는 것이다.

형평에 맞는 해양경계선 획정을 위해 일단 중간선이나 등거리선을 긋고 이를 적절히 수정한다고 할 때, 중간선이나 등거리선의 수정을 요구하는 관련상황에는 매우 다양한 사실들이 포함될 수 있다. 관련상황에 대한 선별적인 검토가 있은 후에는 형평에 맞는 경계획정을 위해 고려해야 할 갖가지 관련상황들을 평가하여 그러한 상황들에게 부여될 무게를 결정해야 한다. 관련상황들 중에서 임시로 그은 등거리선에 별다른 영향을 미치지 않는 요소들은 고려할 필요가 없을 것이며, 경계선에 대한 효과가 지나치게 큰 경우에는 그 효과를 적절한 선에서 조절해야 한다. 형평에 맞는 해결을 위해서는, 국제사법재판소가 북해대륙붕사건에 대한 판결에서 밝혔듯이, 한두 가지 상황에 치중하지 아니하고 다양한 사항들을 다각도로 고려하되 여러 가지 상황 사이에 적절히 균형을 맞추어야 하기 때문이다.[74]

전통적으로 관련상황으로는 기존의 협정, 당해 수역에 존재하는 섬과 같은 특수한 지형, 해안선의 모습과 길이, 해저지형, 해저자원의 위치, 기선, 경제상황 같은 요소들이 포함된다고 보았다. 그러나 로치(Roach)가 최근의 논문에서 말한 대로, ICJ는 이제까지 비례에 어긋나는 해안선의 길이, 해안의 오목함과 같은 지리, 중요하지 아니한 외곽의 섬은 해양경계획정과 관련이 있는 것으로 고려하였지만, 인구, 사회경제적 요소, 당사국의 행위, 대륙괴의 크기, 육상의 천연자원 부족 등은 관련이 있는 것으로 보지 않았다.[75]

해양경계획정에서 가장 중요한 것은 국가 간의 합의이므로 당사국 간에 이전에 관련 합의가 있었다면 당연히 중요한 고려대상이 된다. 과거의 대륙붕 경계선이나 어업수역 경계선이 보다 포괄적인 해양경계선인 EEZ 경계선에 어떤 영향을 미치는지도 검토가 필요하다.[76] 기

74 *North Sea case, op.cit.,* p.50.

75 Roach, *op.cit.,* p.2.

76 유엔해양법협약에 의하면 대륙붕과 EEZ는 수평적인 범위가 비슷하며 경계획정 관련해서도 동일한 내용의 규정을 두고 있어서 EEZ 경계선과 대륙붕 경계선 간의 관계가 관심거리이다. 해양법협약의 경계획정 관련 규정내용, 제3차 유엔해양법회의 진행과정, 행정적 관점에서의 편의성을 고려해 보면, 대륙붕과 경제수역의 경계선은 동일하게 하는 것이 바람직해 보이지만, 해양법협약이 지향하는 '형평에 맞는 해결'이라는 목적에 비추어 볼 때 경제수역에서 형평에 맞는 해결과 대륙붕에서 형평에 맞는 해결이 항상 같을 것인가 하는 데 대해서는 의문이 제기된다. 하지만 해양법협약을 만드는

존의 합의가 관련이 있는 것으로 인정되는 경우에는 해양경계선에 미치는 영향이 매우 크기 때문에, 국가들은 명시적인 합의가 없는 경우에는 묵시적 합의의 존재를 추정할 수 있는 증거를 찾아서 제시하게 된다. 그러나 묵시적인 합의의 존재여부에 대해서는 당사국 간에 의견이 대립되는 경우가 많으며, 실제로 국제적인 사법기관이나 제3자로부터 그 존재를 인정받은 경우는 찾아보기 어렵다.[77]

해양경계획정에서는 한때 해저지형이 매우 중요하게 다루어졌었다. 미국이 1945년 대륙붕선언에서 대륙붕은 대륙괴의 연장이라고 밝힌 데 이어, 국제사법재판소가 1969년 북해대륙붕사건 판결에서 대륙붕이란 육지영토의 자연적 연장이라고 하면서 그 경계획정은 육지영토의 자연적 연장을 각 연안국에게 주도록 형평에 맞게 이루어져야 한다고 한 이후의 국제관습법적 발달로 인한 것이었다.[78] 국제사법재판소의 이러한 판결로 인하여 한때 형평의 원칙과 자연적 연장에 따른 경계획정은 하나인 것으로 혼동될 정도이었지만, 국제사회의 자연적 연장론에 대한 지지는 오래 지속되지는 못하였다.[79] 특히 해양수역 설정시 오직 거리만을 중시하는 200해리 EEZ가 등장하여 대륙붕의 정의에도 영향을 미치게 된 가운데, 국제사법재판소가

데 참여하였던 국가대표들은 인접국 간의 대륙붕과 경계수역 경계선을 일치시키는 것이 바람직스럽다고 생각하였던 것 같고, 실제로 1970년대 중반 이후 체결된 대부분의 해양경계협정들은 단일 경계선을 채택하고 있다. Bowett, *op.cit.*, p.29.

77 온두라스/니카라과 사건에서 온두라스가 주장하는 '전통적인'(traditional) 합의는 1906년 판정에서 스페인 왕이 니카라과의 15도선 북쪽 육지 및 해양에 대한 주장을 기각한 데에 그 뿌리를 두고 있으며, 당사국 간에는 물론이고 제3국들도 그러한 묵시적으로 합의된 경계선의 존재를 인정하였다고 하였다. *Nicaragua/Honduras case, op.cit.*, paras.238-242.

78 *North Sea case, op.cit.*, pp.50-51.

79 Paul Bravender-Coyle, "The Emerging Legal Principles and Equitable Criteria Governing the Delimitation of Maritime Boundaries Between States," *Ocean Development and International Law*, vol. 19, 1988, p.187.

리비아와 몰타 간 대륙붕사건에서 충분히 넓지 아니한 곳에서의 대륙붕경계획정에서는 자연적 연장은 경계획정에 사용될 원칙의 기초가 될 수 없다고 밝힌 것도 해양경계획정시 관련상황으로의 해저지형의 중요성을 축소시키는 데 기여하였다.

연안국들의 해안선의 길이는 해양경계획정시 관련상황뿐 아니라 일단 획정된 경계선의 형평성을 판단하는 도구로서 사용된다. 국제사법재판소는 1969년 북해대륙붕사건에서 형평의 원칙에 따른 경계획정을 위하여 마지막으로 고려할 요소는 각국에 속하게 될 대륙붕 면적과 각국의 해안선 길이의 비교에 의하여 이루어지는 '합리적인 정도의 비례성'(reasonable degree of proportionality)이라고 하였다. 그리고 이러한 비례성은 직선인 해안선을 가진 국가와 볼록하거나 오목한 해안선을 가진 국가 간에 균형을 맞추고, 불규칙한 해안선을 조정하여 진정한 비례성에 접근하게 하기 위하여, 해안선의 일반적 방향을 따라 측정되어진다고 하였다.[80] 국제사법재판소는 그린란드와 얀마옌 사건에서는 9:1에 달하는 그린란드와 얀마옌 섬의 해안선의 길이의 불비례는 잠정중간선의 수정을 요하는 '특별상황'(special circumstance)이 된다고 보아서 잠정중간선을 이동시키기도 하였다.[81] 그러나 루마니아와 우크라이나 간의 흑해사건 등 대부분의 사건에서 국제법원과 재판소는 당사국 관련해안선의 길이 간의 불비례가 잠정경계선의 조정을 필요로 하는 정도는 아니라는 입장이었다.

해양경계획정이 중간선 또는 등거리선 방법을 사용하여 이루어지는 경우에는 그러한 잠정경계선 획정을 위한 기선이 필요하다. 물론

80 *North Sea case, op.cit.,* para.98.
81 *Jan Mayen case*, para.69.

여기에서 말하는 기선과 각국이 그 해양수역의 범위를 정하기 위하여 설정한 기선이 같아야 할 필요는 없다. 그러나 연안국들이 획정한 기선을 해양경계획정을 위한 기선 설정에 사용하고자 할 경우에 연안국들이 획정한 기선은 관련상황으로 적절히 고려되어야 한다. 하지만 최근의 루마니아와 우크라이나 간 흑해해양경계획정사건에서 국제사법재판소는 잠정등거리선 획정을 위하여 관련해안의 '적절한 기점'(appropriate points)을 찾아내는 데 집중하였다.[82] 이전에도 각국이 설정한 기선과 상이한 가상기선을 그어서 해양경계획정에 활용하는 사례는 있었다. 그러나 본 사건에서 본격적으로 거론된 '가장 적절한' 기점의 선정이 널리 이루어지는 경우에는 경계획정에서 기점선정이 절대적으로 중요한 단계로 부상할 수도 있다.[83]

해양경계획정시 고려해야 할 가장 중요한 관련상황은 섬을 포함하는 당해수역의 지리이다. Weil 교수의 지적대로, 한 국가의 해양관할권은 "육지가 바다를 지배한다"는 원칙과 해양관할권은 '해변'(coastal front)을 통해 인정된다는 원칙을 기초로 하기 때문이다.[84] 해양경계획정에서 말하는 지리란 육지와 해양의 접점에 위치한 해변을 의미하는바, 배후지는 해양경계획정시 고려대상이 되지 않는다. 섬은 해양경계획정시 고려되어야 할 다양한 관련상황 중에서도 가장 중요한 고려사항이다. 섬은 앞에서 언급한 "육지가 바다를 지배한다"는 원칙과 해양관할권은 '해변'을 통해 설정된다는 원칙에 의할 때 육지영토

82 Anderson, *op.cit.*, pp.325-326.

83 이러한 '가장 적절한' 기점선정에 대해서는 우려도 있다. 이는 기점의 선정도 법에 따른 것이어야 하므로 기점 선정의 자유를 지나치게 넓게 인정하면 아니 된다는 것이다.

84 Prosper Weil (trans. M. Macglashan), *The Law of Maritime Delimitation-Reflections*, Grotius Publications, 1989, p.162.

와 마찬가지로 해양경계선에 커다란 영향을 미치게 되는데, 중요하지 아니한 섬을 육지영토와 비슷하게 대우하는 경우에는 해양경계선의 왜곡을 초래하여 형평에 맞는 경계획정을 방해할 수 있기 때문이다. 섬의 해양경계선에 대한 효과는 절을 바꿔서 보다 자세히 보기로 한다.

제4절 | 해양경계선에 대한 섬의 효과

대륙붕과 경제수역의 경계획정에 있어서 섬의 처리는 매우 중요하다. 섬은 등거리선 방법이 경계획정의 원칙이었던 때에는 등거리선으로부터의 이탈을 정당화하는 대표적인 '특별상황'(special circumstances)으로 그리고 형평의 원칙에서는 구체적인 경계획정 이전에 고려해야 할 대표적인 '관련상황'(relevant circumstances)의 하나로 간주되어 왔다. 따라서 경계획정시 섬이 특별한 고려대상이 되어야 하는 것은 분명하지만, 섬이 경계선에 미치는 영향에 대해서는 보다 구체적이고 실증적인 검토가 필요하다.[85]

섬이 해양경계선에 어떠한 영향을 미치는가 하는 것을 보려면 먼저 어떠한 섬들이 경제수역을 가질 수 있는가 하는 것이 결정되어야 한다. 이 문제는 이미 앞에서 고찰한 것으로, 해양법협약에 따르면 인간의 거주나 독자적인 경제생활을 유지할 수 없는 암석을 제외한 모든 섬들은 다른 영토와 마찬가지 방법으로 대륙붕과 경제수역

85 이석용, 『섬의 국제법상 지위』, 진성사, 1988, pp.140-141.

을 창설할 수 있다. 그러나 암석의 의미는 여전히 불명확하며, 각국의 실행이나 국제법원과 재판소의 결정들 역시 암석에 관한 구체적인 기준들을 제시해 주지 못하고 있다. 이처럼 경제수역과 대륙붕을 창설할 수 있는 섬의 범주는 여전히 불확정적인 상태에 있기 때문에, 당사국이 문제의 해양지형에 부여하게 될 효과에 대하여 합의한다면 해양경계획정은 용이해질 것이다.[86]

섬의 해양수역 경계선에 대한 효과를 결정짓는 데 영향을 미치는 요소로는 섬의 위치, 면적, 주민, 경제적 가치, 정치적 지위 등을 들 수 있다. 일반적으로 말하면, 섬은 그 위치가 본토에 가까울수록, 섬의 면적이 클수록, 인구가 많고 경제적으로 중요할수록 육지영토와 유사한 효과를 발휘하게 된다. 이처럼 섬의 해양수역 경계획정 시 부여될 효과를 결정하는 데에는 여러 가지 요소들이 고려되어야 하지만, 특히 중요한 것은 섬의 크기와 위치이다. 섬의 면적은 그 자체만으로도 상당한 의미를 가지지만, 섬의 주민숫자나 경제적 가치에도 많은 영향을 미치기 때문에 매우 중요하다. 하지만 Bowett는 섬을 그 위치에 따라 분류하면서 섬의 지리적 위치가 해양경계선에 대한 효과를 정하는 데 가장 중요한 요소임을 강조하였다. 그렇지만 섬의 면적과 정치적인 지위, 자연조건도 중요한 고려사항이라고 하였다.[87]

해양경계획정시 때로는 섬에 대한 영유권 문제와 섬의 정치적인 지위가 해양경계선에 영향을 미치기도 한다. 도서영유권 문제의 해결을

86 Jon M. Van Dyke, "The Role of Islands in Delimiting Maritime Zones: The Case of the Agean Sea," *Ocean Yearbook*, vol.8, 1989, pp.44-45.

87 D. Bowett, "Islands, Rocks, Reefs, and Low-tide Elevations in Maritime Boundary Delimitations," in J. Charney and L. M. Alexander (eds.), *International Maritime Boundaries*, vol.1, Martinus Nijhoff Publishers, 1993, pp.131-151.

위해서는 양자 간 협의가 먼저 진행되겠지만, 협의의 결과 분쟁이 해결되지 아니하면 요즘에는 분쟁을 국제사법재판소나 중재재판소에 부탁하는 경우가 많다. 국제사법재판소는 2000년 이후에만 Hawar 섬의 영유권 문제를 다루었던 카타르 대 바레인사건판결(2001), Ligitan과 Sipadan 섬의 귀속을 다룬 인도네시아/말레이시아 사건판결(2002), 카리브해의 작은 섬들에 대한 영토주권 문제를 다룬 니카라과/온두라스 사건판결(2007), Pedra Branca 영유권 문제를 다룬 말레이시아/싱가포르 사건판결(2008)을 통해 국가 간 도서영유권 문제를 해결한 바 있다. 하지만 분쟁해결 방법 중에서 민감한 문제는 건드리지 않는 방식에 의해 도서영유권 문제는 그대로 유보한 채 섬 주변 해양수역과 해양자원을 이용하기 위한 방법을 모색하기도 한다. 특히 당사국들의 관심이 분쟁도서 자체보다는 어업이나 해저의 석유나 가스자원의 개발 등 주변 해양수역의 경제적 가치에 쏠려 있는 경우에는 공동개발구역을 설정하여 공동개발을 추진하기도 한다.[88]

육지영토와는 달리 거의 아무런 역사적 흔적도 존재하지 아니하고, 지리적 · 지형학적 · 생태적 · 환경적으로 무한한 다양성을 자랑하는 바다에 형평에 맞는 해양경계선을 긋는 일은 키메라를 따라다니는 것과 같다는 어떤 학자의 말대로 정말 어렵고 복잡한 일이다. 여러 가지 관련상황 중에서도 해양경계선에 가장 큰 영향을 미친다고 할 수 있는 지리 특히 섬의 해양수역 경계선에 대한 효과를 정하는 일은 섬의 다양성만큼이나 복잡하다. 섬의 해양경계선에 대한 효과를

88 Robert W. Smith, and Bradford L. Thomas, *Island Disputes and the Law of the Sea: An Examination of Sovereignty and Delimitation Disputes*, Maritime Briefing, vol. 2, no. 4, IBRU, 1998, pp.16-18.

정하는 공식을 마련하는 것은 불가능하므로, 문제가 되는 각 섬의 효과는 그 섬의 여러 가지 가치와 주변환경 및 요소들을 감안하여 개별적으로 결정된다.[89]

오늘날 해양경계획정에서는 그 원칙보다는 형평에 맞는 결과를 얻기 위한 방법론에 관심이 집중되고 있고, 널리 사용되는 3단계 또는 2단계 경계획정 방법에서는 잠정등거리선이나 잠정중간선을 설정하여 활용하고 있다.[90] 여기에서는 잠정등거리선 또는 잠정중간선의 사용을 전제로 일반론적인 입장에서 섬이 해양경계선에 미치는 효과를 섬이 완전한 효과를 부여받는 경우, 섬이 아무런 효과도 부여받지 못하는 경우, 섬이 부분효과를 부여받는 경우로 나누어 고찰하였으며, 섬의 존재로 인하여 공동개발구역을 도입하여 활용하는 경우도 검토하였다. 위에서도 언급한 대로 섬이 해양경계선에 미치는 영향은 각 섬이 가진 특성과 환경을 고려하여 개별적으로 결정되는 것이지만, 여기에서는 섬의 면적, 위치, 인구, 정치적 중요성, 자원의 부존가능성 등의 변수들이 해양경계선에 대한 섬의 효과를 정하는 데 어떻게 반영되었는지 개괄적으로 검토하였다.

1. 섬이 완전한 효과를 부여받는 경우

섬의 면적이 넓고 주민들이 많아서 상당히 중요한 섬들과 본국의 육지영토 가까이 위치한 섬들은 배타적 경제수역(EEZ)과 대륙붕 경계

89 최근의 중재판정과 사법판결 그리고 국가 간 해양경계획정을 위한 교섭에서, 분쟁대상으로 관심대상이 되었던 섬 대부분이 해양경계선에 대해 완전한 효과를 부여하기는 어렵지만 완전히 무시하기도 곤란한 섬들이었다는 것은 당연한 일이다.

90 국제해양법재판소의 해양경계획정의 3단계방법(three-stage approach)에 대한 설명은 다음을 볼 것. *Bay of Bengal case, op.cit.,* para.240.

획정시 해양경계선에 육지영토와 유사한 정도로 영향을 미친다. 그리하여 하지슨(Hodgson)은 섬을 면적을 기준으로 4가지로 분류하면서, 면적 1천 평방마일 이상의 면적을 가진 법적인 의미에서 진정한 '섬'(island)은 대륙의 특성을 갖추고 있으므로 본토로 간주된다고 하였었다.[91] 따라서 지리학적으로 섬으로 분류되기는 하지만 그 면적이나 중요성에 비추어 육지영토에 유사한 중요성을 갖는 섬들은 경제수역과 대륙붕 경계획정시 육지영토와 동등한 효과를 갖는다. 예를 들어 그린란드나 쿠바, 하와이, 제주도와 같은 섬들은 경계획정 시 육지영토와 동등한 효과를 부여받게 될 것이다.

섬이 본토의 해안 가까이에 위치하고 있거나 본토와 밀접한 관계에 있는 경우에도 섬은 대륙붕 및 경제수역 경제획정시 완전한 효과를 갖는다. Ely와 같은 학자들도 이미 소도라 할지라도 본토나 주요 섬들의 해안으로부터 24해리 이내에 위치하는 때에는 해저경계선 획정을 위한 기선으로 사용될 수 있다고 한 바 있거니와,[92] 수많은 섬들이 해안에 근접해 있어서 해안의 외곽을 형성하고 있는 경우에 그러한 섬들은 경계획정을 위한 완전한 기점으로 사용된다. 예를 들어 이태리와 유고 간의 아드리아해에서의 경계획정에서 유고 해안 외곽의 섬들은 완전한 효과를 인정받았으며, 핀란드와 소련 간의 핀란드 만에서의 경계획정과 이란과 오만 간의 동부페르샤만에서의 경계획정에서도 그러한 조건을 갖춘 섬들은 완전한 효과를 부여받았다.[93]

섬들이 해양경계선에 대하여 완전한 효과를 부여받은 사례 중의

91 Hodgson, *op.cit.*, pp.150-151.

92 Symmons, *op.cit.*, p.186.

93 D. E. Karl, "Islands and the Delimitation of the Continental Shelf: A Framework," *American Journal of International Law*, vol. 71, 1977, pp.655-657.

상당수는 연안국들이 당해 수역에 존재하는 양측의 섬의 효과를 조정하는 과정에서 완전한 효과를 인정하기로 상호 간에 합의한 경우이다. 인도네시아와 말레이시아는 1969년의 협정에서 경계선이 가능한 주요 영토의 일반적 방향을 따르도록 하면서도 소도들을 연결하는 직선기선 사이의 중간선을 경계선으로 하기로 하였으며, 북해에서 노르웨이와 영국, 영국과 네덜란드, 덴마크와 노르웨이도 일부 섬에 완전한 효과를 부여 하기로 합의하였다.[94]

일반적으로 양국 간 수역의 중앙부분에 위치한 섬들은 해양경계획정시 무시되거나 부분효과만을 부여받는 경우가 많다고 한다. 하지만 의외로 그러한 섬들 중에 완전한 효과를 부여받은 경우가 종종 나타나는데, 양측이 여러 가지로 유사한 섬을 보유한 경우에 특히 그러하다.[95]

2. 섬이 아무런 효과도 부여받지 못하는 경우

해양경계획정에 관한 국가 간의 양자 간 합의와 국제법원과 재판소의 결정을 보면, 인접국이나 대안국의 육상경계선 부근이나 해안에서 멀리 떨어져 당해 수역 중앙부에 위치하는 섬으로 양국 간에 영유권 분쟁이 있는 섬과, 폐쇄해나 반폐쇄해 같은 좁은 수역의 중간선이나 인접국 간 등거리선 설정 시 반대편에 존재하는 작은 섬들은 경계획정에서 무시되는 경우가 많았다. 또한 상기한 경우에 해당하건 아니건 간에 당사국들이 합의하여 해양경계선에 대한 섬의 효과를

94 Symmons, *op.cit.*, pp.190-191.

95 Derek Bowett, "Islands, Rocks, Reefs, and Low-Tide Elevations in Maritime Boundary Delimitation," in Jonathan I. Charney and Lewis M. Alexander (eds.), *International Maritime Boundaries*, vol. 1, 1993, pp.141-144.

인정하지 않기로 한 경우도 있다.

영유권 분쟁의 대상인 섬들은 대부분 육상경계선과 해양이 만나는 지점 부근에 위치하거나 해안에서 멀리 떨어져 있는 작은 섬들이다.[96] 육지경계선과 해양이 만나는 지점 부근에 위치하는 섬들은 등거리선 방식에 의하여 경계획정을 하는 경우 경계선에 큰 영향을 미치게 되므로, 이러한 섬들은 대부분 자체의 대륙붕이나 경제수역을 창설하는 데 어려움이 있으며, 경계획정시 아무런 효과도 부여받지 못하는 경우가 많다. 또한 해안에서 멀리 떨어져 있는 섬으로 과거에 연안국 사이에 영유권 분쟁이 있었던 섬들도 대부분 영해는 가질 수 있으나 경제수역이나 대륙붕은 가지지 못하며, 경계획정시 해양경계선에 아무런 영향을 미치지 못하는 경우가 많다. 예를 들어 덴마크와 캐나다는 해양경계획정 시 한스 섬(Hans Island)에 아무런 효과를 부여하지 않았는데, 이 섬을 둘러싸고는 본래 양국 간에 영유권 분쟁이 있었다.[97] 또한 미국과 캐나다는 메인만 경계획정 사건을 국제사법재판소에 부탁하기로 합의하면서, Machias Seal 섬의 남쪽에 위치한 Point A로부터의 경계선획정을 요구하였는데, 이 섬에 대한 영유권 문제도 미해결 상태이었다.[98]

96 Hodgson, *op.cit.,* p.187.

97 Broder and Van Dyke, *op.cit.*, p.41.

98 미국과 캐나다는 메인만 경계획정사건을 국제사법재판소에 부탁하는 특별협정에서 "북위 44도 11분 12초 서경 67도 16분 46초 지점(point A)부터 북위 40도 서경 67도, 북위 40도 서경 65도, 북위 42도 서경 65도를 직선으로 연결하는 지역 내에서 법원이 결정할 지점까지의, 미국과 캐나다의 대륙붕과 어업수역을 나누는 단일해양경계선의 방향"을 결정해줄 것을 요청하였다. *Delimitation of the Maritime Boundary in the Gulf of Maine Area* (*Canada/United States of America*), ICJ Reports, 1984, p.253. 그런데 미국과 캐나다가 Point A로부터 거의 39마일 북쪽 양국의 국경선과 Grand Manan수로가 만나는 지점이 아닌 이곳을 획정할 경계선의 출발점으로 삼은 것은, Grand Manan섬 남쪽 10해리 지점에 위치한 Machias Seal섬과 North Rock에 대한 영유권문제를 회피하기 위한 것이었다. *Ibid.*, p.254.

어떤 섬에 대한 영유권 문제를 둘러싸고 분쟁이 있는 경우에, 경계획정시 일정한 섬의 효과를 무시하기로 하는 것이 해양경계획정에 이르는 하나의 방법으로 고려될 수도 있다. 예를 들어 이란과 카타르는 분쟁 중에 있었던 Halul 섬을 양국 간 등거리선에 의한 경계획정시 무시하기로 하였다. 어떤 경우에는 섬에 대해 영유권 분쟁 중에 있는 국가들이 국경선에 관한 합의를 통하여 영유권 분쟁을 해결하는 동시에 경계선 획정에서는 그 섬을 무시하기로 합의하여 문제를 해결하기도 한다. 그러한 때에는 경계획정시 섬에 아무런 효과를 부여하지 않는 것은 영유권을 양보한 데 따른 일종의 '대가'라고 볼 수도 있다. 예를 들어 인도와 스리랑카는 양국 간 합의를 통해 Kachchaitivu 섬에 대한 영유권은 스리랑카에 귀속시키기로 하였으나 해양경계선에는 아무런 영향을 미치지 못하게 하였다.[99]

폐쇄해나 반폐쇄해 같은 좁은 수역 중간부분이나 그 너머 또는 등거리선 너머에 위치하는 작은 섬들도 대륙붕이나 EEZ 경계선에 아무런 영향을 주지 못하는 경우가 많다. 그러한 섬에 해양경계선에 대한 효과를 부여하게 되면 형평에 어긋나는 결과를 가져오기 때문이다. 이란과 사우디아라비아는 1970년 6월 대륙붕경계선을 그으면서, 사우디아라비아의 al-Arabiyah 섬과 이란의 Farsi 섬에 영해만을 인정하기로 하였으며,[100] 이탈리아와 유고슬라비아도 1970년 2월 대륙붕 경계선을 그으면서 당해수역에 존재하는 양국의 섬들에 3해리의 수역만을 주기로 하였다.[101] 한편 해양경계선 너머에 위치한 섬일지라도,

99 Bowett, *op.cit.*, pp.136-137.

100 *Continental Shelf boundary Agreement between Saudi Arabia and Iran*, 1968, Art. 1.

101 Hodgson, *op.cit.*, p.188. 그러나 양국은 합의에 의해 Pelagruz와 kajola 등 유고슬라비아 소유의 두 개의 섬에는 12해리의 영해를 주기로 하였다.

그 섬에 영해가 인정되고 그 섬이 경계선에서 멀리 떨어져 있지 아니한 때에는, 영해 너비에 해당하는 회랑(corridor)을 설치하여 섬의 영해와 연안국의 해양수역을 연결하기도 한다.[102]

인접국과 대안국 간의 합의로 경계획정 시 일부 섬의 효과를 완전히 부인하는 경우도 있다. 이탈리아와 유고슬라비아 간 대륙붕경계획정에서 양국은 이탈리아 영토로서 본토에서 12해리 떨어진 곳에 위치한 Tremiti 섬을 기점으로 사용하지 않기로 하였으며, 바레인과 사우디아라비아도 경계선 획정을 위해 기점을 선택하면서 암석들과 소도 및 간출지를 제외하여 단순화된 경계선에 합의하였다.[103]

섬의 해양경계선에 대한 효과는 경계획정이 중간선 또는 등거리선 방법에 의해 잠정경계선을 획정하고 이를 조정해가는 방법을 사용할 때 제대로 나타난다. 반면에 과거에 많이 사용되던 해양경계획정 방법인 위선이나 경선을 사용하는 방법과 오늘날의 각도이등분선 방법과 같은 다른 방법에 의해 경계획정이 추진되는 경우에는 경계획정시 섬에 부여되는 효과는 상대적으로 작아진다. 예를 들어 에콰도르와 페루는 양국 간에 체결된 해양경계선협정에서 양국 간 육상경계선이 바다와 만나는 점에서 서쪽으로 위선과 평행하게 그어진 경계선에 합의하였는바, Guayaquil 만의 에콰도르 소유인 섬들은 무시되었다. 국제사법재판소의 튀니지/리비아 사건에 대한 판결에서 튀니지의 Jerba 섬도 유사한 상황에서 경계획정시 효과를 부여받지 못하였다.[104]

102 Karl, *op.cit.*, p.662.
103 Hodgson, *op.cit.*, p.189.
104 Bowett, *op.cit.*, pp.134-135.

3. 섬이 부분효과를 부여받는 경우

섬이 해양경계획정시 대륙붕이나 경제수역 대하여 경계선에 부분효과를 부여받는 것은 섬의 면적, 위치, 주민숫자, 경제적 가치 등을 고려할 때, 섬의 경계선에 대한 효과를 완전하게 부여할 수도 없고 완전히 부인할 수도 없는 경우이다. 즉 본국 영토에 근접해 있지만 섬의 중요성에 비추어 볼 때 완전한 효과를 인정하기에는 형평상 문제가 있는 섬, 약간의 주민이 거주하는 섬으로 당해 수역 중앙부에 위치한 섬, 상당수의 주민들이 거주하는 중요한 섬이지만 본국 영토보다는 상대방 국가영토 가까이에 위치하는 섬들은 대개 경계획정 시 부분적인 효과를 부여받는다.

해양경계선에 대한 섬의 효과를 부분적으로 인정한 사례 중에서 국가 간의 합의에 의한 것으로는 사우디아라비아와 이란, 인도네시아와 말레이시아, 이탈리아와 튀니지 간의 경계획정을 들 수 있다. 사우디아라비아와 이란 사이의 수역에 위치한 하르그(Kharg) 섬은 8평방마일의 면적을 가진 소수의 주민들이 거주하던 외딴 섬으로, 양국 간의 대륙붕 경계획정 협상에서 그 효과가 문제가 되었다. 이란해안에서 17해리 정도 떨어진 거리에 위치한 이 섬은 양국 간의 합의에 의하여 '절반효과'(half-effect)를 가지게 되었으니, 이 섬에 완전한 효과를 부여하여 설정된 선과 이 섬을 무시하고 설정된 선의 중간을 지나는 선이 경계선이 되었다.[105] 인도네시아와 말레이시아도 1968년 남중국해에서 양국 간에 대륙붕 경계획정을 하면서, 등거리선에 큰 영향을 주게 될 Natuna군도에 부분적인 효과를 부여하기로 합의하였

105 Hodgson, *op.cit.*, p.189.

다.[106] 이탈리아와 튀니지는 1971년 대륙붕 경계획정에 관한 협정에서 중간선에 의해 경계획정을 하면서, 이탈리아 영토인 Pantelleria, Lampedusa, Linosa, Lampione섬에 평균 13해리의 대륙붕을 부여하였다.[107] 그런데 Pantelleria와 Lampione섬과 튀니지 영토와의 거리가 각각 38해리와 60해리인 것을 감안하면, 13해리는 이들 두 섬의 절반효과를 평균한 수치로 이들 섬도 결국 '절반효과'를 인정받은 것이라고 할 수 있다.[108]

해양경계선에 대한 섬의 효과를 절반만 인정한 사례는 영불대륙붕사건에 관한 중재판정, 튀니지와 리비아 간 대륙붕사건, 미국과 캐나다 간 메인만 사건에 대한 국제사법재판소(ICJ)의 판결에서도 발견된다. 영불대륙붕사건에서 프랑스는 영국의 실리제도(Scilly Islands)와 자국의 우샹(Ushant) 섬을 무시하고 양국 본토해안의 일반적 방향에 따라 경계선을 그을것을 주장하였으며, 영국은 실리제도에 완전한 효과를 인정해야 한다고 하였다. 중재재판소는 '형평'의 논리 하에 실리제도에 '절반효과'를 인정하였다(〈지도 5-5〉 참조).[109]

튀니지와 리비아 간 대륙붕사건에서는 튀니지의 Ras Kaboudia 남쪽 11해리 해상에 위치한 2개의 주요 섬과 여러 개의 소도로 구성된 Kerkennah섬의 처리가 중요한 문제였다. 이 사건에서 국제사법재판소는 영불대륙붕사건에 대한 중재판정에서처럼 이 섬에 절반효과를 부여하였다. 튀니지 해안의 일반적 방향이 급격히 변하는 Point A에서 튀니지 해안을 따라 하나의 선을 긋고 Kerkennah섬의 서쪽 끝까

106 Symmons, *op.cit.*, p.201.
107 *Continental Shelf Boundary Agreement between Italy and Tunisia*, 1971, Art. 2.
108 Hodgson, *op.cit.*, p.190.
109 *Anglo-French Case*, *op.cit.*, paras.251 and 254.

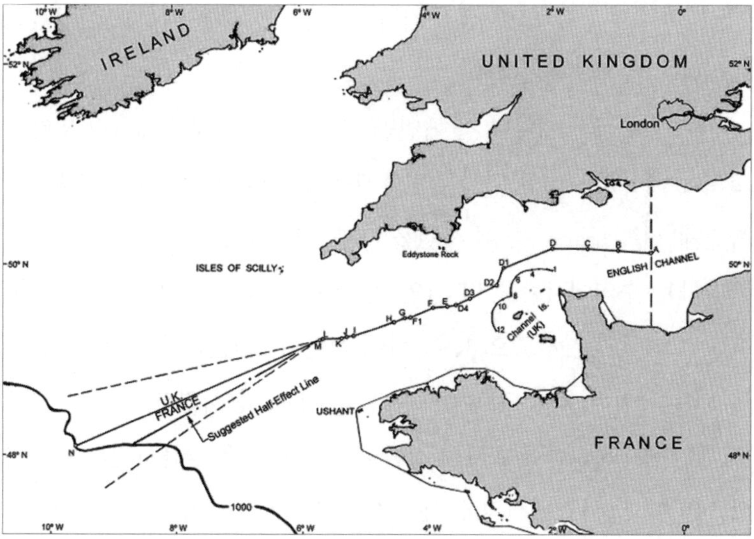

〈지도 5-5〉 영불대륙붕사건 중재판정

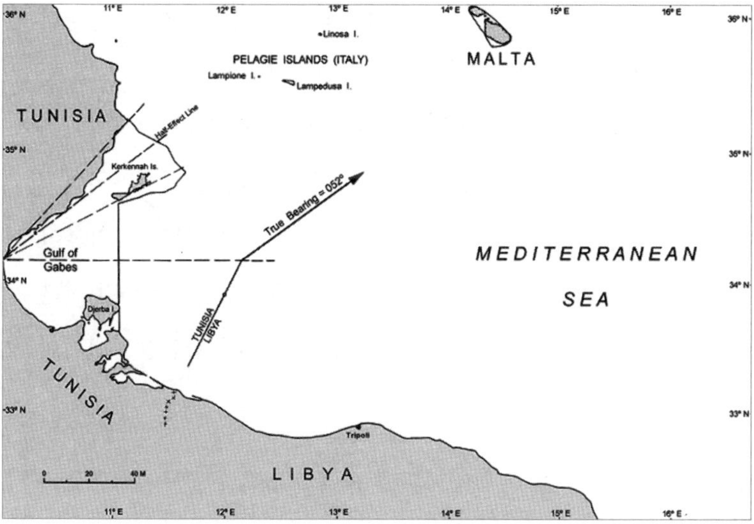

〈지도 5-6 〉 튀니지-리비아 대륙붕경계선

지 또 하나의 선을 그어 생긴 각을 2등분하는 선을 기선으로 삼았던 것이다(〈지도 5-6〉 참조).[110]

1984년 미국과 캐나다 간 메인만 경계획정사건에서 캐나다 노바스코시아 해안의 Seal섬 역시 절반효과를 인정받았다. 국제사법재판소 특별재판부(Chamber)는 이 사건을 다루면서 제2선분(second segment)에 해당하는 수역에서는 1.38 : 1인 미국과 캐나다 해안선의 길이의 비율을 고려하기로 하였으나, 이 섬에 절반의 효과를 인정하여 중간선을 1.32 : 1의 비율이 되도록 캐나다 쪽으로 이동시켰다.[111] 이 사건에서 재판부가 Seal섬에 효과의 절반을 인정한 것은 영불사건과 튀니지와 리비아 간 사건에서의 선례를 따른 것이지만, 앞의 두 사건에서는 각도를 2등분하는 방법에 의해 "절반효과"를 적용한 데 비하여 이 사건에서는 중간선을 측면으로 이동시키는 방법을 사용하였다.[112]

국제사법재판소는 1985년 리비아와 몰타 간 대륙붕사건에서는 잠정적인 경계선을 상하로 이동시키는 방법에 의해 몰타의 섬들의 해양경계선에 대한 효과를 부분적으로 인정하였다(〈지도 5-7〉 참조). 우선 문제가 된 것은 몰타군도 남쪽 끝에 위치한 6헥타 면적의 무인도 Filfla를 기점으로 인정할 것인가 하는 것이었다. 몰타는 자국의 직선기선을 이곳까지 연결했지만, 재판소는 연안국이 설정한 기선이 연안국에게 속하게 될 대륙붕의 면적을 계산하는 데 사용하기 위한 기선과 동일한 것일 필요는 없다고 하여, 암석인 Filfla를 잠정경계선 획

110 *Tunisia/Libya case, op.cit.*, pp.74-75.

111 *Gulf of Maine Case, op.cit.*, pp.336-337.

112 J. Cooper, "Delimitation of the Maritime Boundary in the Gulf of Maine Area," *Ocean Development and International Law*, vol. 16, 1986, pp.83-84.

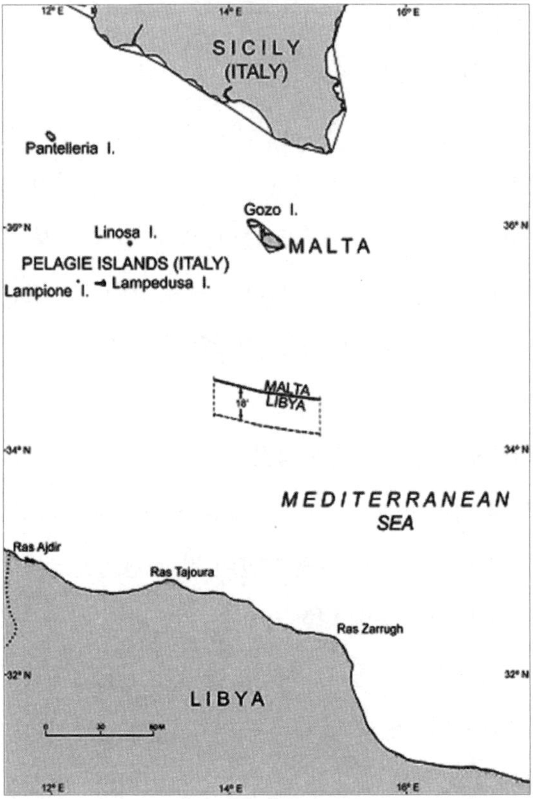

〈지도 5-7〉 리비아-몰타 사건

정을 위한 기점으로 인정하지 않았다.[113] 이어서 재판소는 관련해안과 관련수역의 여러 가지 상황들을 고려하여 일단 양국 간에 중간선을 긋고 이를 형평에 맞는 해결을 위하여 몰타 쪽으로 이동시키기로 하였다. 재판소는 리비아와 몰타 간에 획정된 중간선의 이동 방향을 정북방향으로 잡은 후 그러한 이동의 한계는 리비아와 이탈리아 시

113 *Libya/Malta case*, *op.cit.*, para.64.

실리 섬 사이의 중간선과 리비아와 몰타 간 중간선 사이에 위치하여야 한다고 보았다. 구체적으로 리비아와 이탈리아 정부가 설정한 기선에 따른 중간선은 동경 15도 10분에서 북위 34도 36분선과 만나게 되고, 몰타와 리비아 간 중간선은 동경 15도 10분 지점에서 북위 34도 12분을 지나는 선을 만나게 되는바, 양국 간 대륙붕 경계선은 그 두개의 선 사이에서 결정하기로 하였으며, 궁극적으로는 중간선을 북쪽으로 18분 이동하여 경계선을 확정하였다.[114]

4. 공동개발구역을 설치하는 방법

국가들의 해양관할권 주장이 중복되는 수역에 존재하는 소위 공유자원의 개발과 관련하여 공동개발이 많은 관심을 끌고 있다. 해양법협약 제77조는 대륙붕에 대한 권리는 연안국이 대륙붕을 탐사하지 아니하거나 그 천연자원을 개발하지 아니하더라도 연안국에게 속하며, 다른 국가는 연안국의 명시적 동의가 없이는 탐사와 개발활동을 할 수 없다는 의미에서 배타적 권리라고 하였지만, 국제법상 한 국가가 연안국의 관할권 주장이 중복되는 경계미획정 수역에 위치한 해저자원을 일방적으로 개발할 권리를 가지는가 하는 것은 의문이다. 오늘날 공유자원의 개발을 위해 공동개발이나 광구통합을 내용으로 하는 양자협정을 체결하는 사례가 증가하고 있는데, 이는 관할권 주장이 중복된 곳에서의 자원개발과 관련하여 국제협력의 원칙이 형성되어가고 있음을 보여준다.[115]

114 *Ibid.*, paras.70-73.

115 David M. Ong, "Joint Development of Common Offshore Oil and Gas Deposits: "Mere" State Prctice or Customary International Law?," *American Journal of International Law*, No. 93, 1999, pp.777-778.

국가 간 경계선에 걸쳐 있는 석유자원 문제의 해결을 위한 수단으로 '광상의 단일성' 유지를 중시할 것을 주장하여 관련 원칙을 처음으로 구체화한 사람은 Gidel이었다. 또한 Lagoni는 공유석유자원의 특성은 "암압, 가스압, 그리고 그 아래 수압의 조화"(equilibrium of rock pressure, gas pressure, and underlying water pressure)라고 하였는바, 한 곳에서 천연가스나 석유의 추출이 이루어지는 경우에 그 영향이 전체 광상에 미치게 되므로, 어떤 한 국가가 자국 영토 또는 대륙붕에서 채굴을 시작하면 그로 인해 다른 국가는 자국의 대륙붕 광상에서 광물을 개발할 수 없게 되는 일이 발생할 수 있다고 하였다.[116] 결국 해저자원의 공동개발과 월경단일화(transboundary unitization)는 광상의 단일성(unity)을 유지함으로써 관련국들의 주권적 권리를 지켜가기 위하여 등장한 제도라고 하겠다.[117]

국경선에 걸쳐 있는 석유광상의 협력적 개발을 위한 최초의 국제협정은 1965년 영국과 노르웨이 간의 경계획정 협정이다. 그 후 공유석유광상에 관련된 조항들이 많은 해양경계획정과 공동개발에 관한 협정에 포함되었지만, 아직은 광구통합(unitization)을 요구하는 국제관습법규칙이 형성되어 있다고 단정적으로 말할 수는 없다.[118] 또한 양자 간 공동개발협정의 사례는 전세계적으로 크게 증가하고 있고 지리적 분포 역시 다양하지만 국제관습법을 형성하였다고 말하기에는

116 Rainer Lagoni, "Oil and Gas Deposits Across National Frontiers," *American Journal of International Law*, vol. 73, 1979, p.217.

117 Ong, *op.cit.*, pp.778-779. 광상단일화를 옹호하는 주장에는 광상의 물리적 특성을 고려하여 해저자원의 개발잠재력을 극대화하기 위하여 단일화가 필요하다는 효율성 원칙에 관한 주장도 포함된다.

118 Ana E. Bastida, Adaeze Ifesi-Okoye, Salim Mahmud, James Ross, and Thomas Walde, "Cross-Border Unitization and Joint Development Agreements: An International Law Perspective," *Houston Journal of International Law*, vol. 29, 2007, pp.378-380.

'법적 인식'(*opinio juris*)이 부족한 상태이다.[119]

국가들이 합의를 통하여 공동개발구역을 설정하여 해저석유나 가스자원 공동개발에 나서는 것은 석유나 가스자원이 양국 간 대륙붕 경계선에 걸쳐 있는 경우이거나 광상이 둘 이상의 국가들의 관할권 주장이 중복되는 대륙붕 지역에 위치한 경우이다. 해양경계획정과 관련하여, 공동개발구역의 설치는 연안국 간의 거리가 400해리 미만인 수역이나 당해 수역에 존재하는 도서의 해양경계선에 대한 효과를 둘러싸고 연안국 간에 관할권 주장이 중복되어 해양경계획정이 난관에 봉착하는 경우에 자주 이루어지는 것이다.[120]

해저석유자원 공동개발제도는 당해 수역의 상황과 사용하는 기준 및 분류의 목적에 따라서 여러 가지로 분류할 수 있다. 당해 수역에 해양경계선이 설정되어 있지만 석유자원의 유동적인 성격을 감안하여 공동개발에 합의한 사례로는 북해에서의 영국과 노르웨이 간의 Frigg 협정(1976), Statfjord 협정(1979), Sunrise와 Troubadour Field의 광구통합(2003) 등이 있으며, 말레이시아-브루나이 협정, 나이지리아-적도기니 협정(2001), 베네수엘라-트리니다드토바고 양해각서(2003)도 그런 사례에 속한다. 반면에 관련 국가들이 경계미획정수역에 공동개발구역을 설치하여 석유자원의 공동개발을 추진한 사례로는 한국-일본 공동개발협정(1974), 수단-사우디아라비아협정(1974), 태국-말레이시아협정(1979/1990), 튀니지-리비아협정(1988), 호주-인도네시아 티모르갭조약(1989), 기니비사우-세네갈협정(1993/1995), 아르헨티나-영국 공동선언(1995), 호주-동티모르 티모르해조약(2001),

119 Ong, *op.cit.*, pp.787-788.
120 *Ibid.*, pp.772-773.

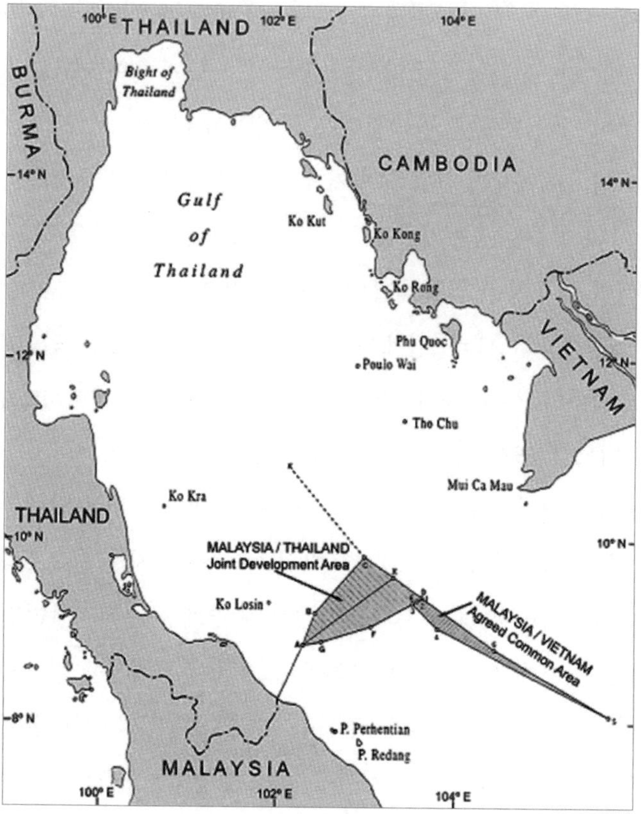

〈지도 5-8〉 말레이시아-태국 공동개발구역

나이지리아-상토메프린시페협정(2001) 등이 있다.[121]

해저석유자원의 공동개발은 일반적으로 연안국 간에 관할권 분쟁이 있는 구역을 대상으로 하지만 동시에 자원개발에 대한 연안국들의 열망을 배경으로 하고 있는 만큼, 관리제도는 가능하면 효율적이

121 Bastida, Ifesi-Okoye, Mahmud, Ross, and Walde, *op.cit.*, pp.391-414; 김현수, "공동개발구역에 관한 연구," 해사법연구, 제18권 제1호, 2006, pp.51-66 참조.

어야 한다. 공동개발을 위해 국가들이 합의한 관리제도에는 여러 가지가 있지만, 오늘날에는 양국이 공동기구 또는 공동위원회와 같은 독립성이 강한 기구에 관리권한을 위임하여 이 기구로 하여금 공동개발구역(JDZ)에서의 석유관련 거의 모든 행위에 대한 통제권과 감독권을 가지게 하는 공동기구모델(Joint Authority model)이 유행하고 있다. 효율적인 석유자원 공동개발에 유리한 것으로 평가되는 이러한 유형의 공동개발은 태국-말레이시아협정(1979/1990), 호주-인도네시아티모르갭조약(1989), 나이지리아-상투메프린시페 양해각서(2001), 호주-동티모르조약(2002)에서 선택되었다.[122]

해양경계획정시 관할권 주장이 겹치는 수역을 형평에 맞게 나누려면 당해 수역의 지리, 지형, 지질, 자원 등 여러 가지 관련요소를 고려해야 한다. 따라서 섬이 존재하는 수역에 경계선을 획정하려면 그중에 어떤 한 가지 요소만을 중요하게 고려하여 경계선을 정하는 것은 곤란하며 형평에도 어긋나는 결과를 초래할 수 있다. 이러한 경우에 해저와 상부수역에 대한 경계선을 달리 설정하는 방법을 사용할 수도 있지만, 최종적인 경계선획정은 유보한 채 잠정적인 조치로 공동개발구역을 설치하여 자원의 탐사와 개발을 촉진하는 공동개발 방법이 자주 사용되고 있는 것이다.[123]

공동개발구역(common development zone)은 생물·비생물자원의 개발과 탐사를 위해 두 개 이상의 국가가 공동으로 관할권을 행사하는

122 *Ibid.*(Bastida, Ifesi-Okoye, Mahmud, Ross, and Walde), pp.415-416. 1989년의 Timor Gap Treaty는 실제로 두 가지 모델을 결합한 것이었다. 이 조약이 적용되는 구역은 세 부분으로 구분되었는데, A구역은 공동기구 모델에 따른 공동개발구역이지만, B구역과 C구역은 단일국가 모델에 따른 것이었다.

123 Lagoni, "Interim Measures pending Maritime Delimitation Agreements," *American Journal of International Law*, Vol. 78, 1984, p.345.

수역으로, 이 구역 내의 자원은 개발이익의 분배와 과학적 조사에서의 협력 또는 '광구통합'(unitization)[124] 제도의 도입에 의하여 공동으로 개발된다.[125] 국가 간의 합의에 의해 자원을 공동개발하기 위한 수역을 설치한 예로는 말레이시아와 태국 간의 협정, 쿠웨이트와 사우디아라비아 간 협정, 우리나라와 일본 간의 협정 및 아이슬란드와 노르웨이 간의 협정 등이 대표적이다. 이러한 협정들 중에서 섬이 관련된 곳은 아이슬란드와 노르웨이 간 얀마옌(Jan Mayen) 수역에서의 경계획정과 오스트레일리아와 파푸아 뉴기니 간 토레스해협(Torres Strait)에서의 경계획정이다.[126]

1980년 5월 노르웨이와 아이슬란드는 노르웨이 북서쪽 540해리, 아이슬란드 북동쪽 290해리 해상에 위치한 얀마옌(Jan Mayen) 섬과 아이슬란드 간의 경제수역 경계획정에 합의하였다. 그러나 1980년의 이 협정은 상부수역의 어족자원 관할권에 대해서만 합의를 한 것이며, 대륙붕 경계선에 관한 문제는 조정위원회(conciliation commission)를 설치하여 권고안을 마련하도록 하였다.[127] 그 후 3인으로 구성된 조정위원회는 전문가그룹의 지원하에 이 수역에 대륙붕 경계선을 획정하기 위한 노력을 하였다. 그 결과 위원회는 이곳에서 석유자원이

124 광구통합이란 일정한 법적인 방법에 의하여 석유 및 가스 자원과 같이 유동적인 성질을 갖는 자원에 대한 각국의 이익을 단일화하여, 개발 및 생산에 관한 계획을 공동으로 수립하고 이들 자원에 대한 경영을 단일화하는 것이다. 석유나 가스자원 개발에서 이러한 방식이 사용되어 온 것은 이러한 자원이 국가 간의 국경선이나 해양경계선에 걸쳐 있는 경우, 그 유동성 때문에 그 어느 국가가 이를 독점하는 결과가 발생할 수 있기 때문이다. 따라서 1969년 북해대륙붕사건에서도 법원은 하나의 광상이 경계선 양측에 존재하는 때에는 광상의 단일화를 위한 합의를 하는 것이 바람직하다고 하였다. *North Sea Continental Shelf Cases*, Judgment, ICJ Reports, 1969, p.51.

125 M. J. Valencia, "Taming Troubled Waters: Joint Development of Oil and Mineral Resources in Overlapping Claim Areas," *San Diego Law Review,* Vol. 23, 1986, pp.683-684.

126 *Ibid.*, pp.667-669.

127 *Agreement Concerning Fishery and Continental Shelf Questions*, 28 May 1980.

매장되어 있을 가능성이 있는 유일한 지역인 얀마옌 해령(Jan Mayen Ridge)은 얀마옌 섬이나 아이슬란드의 자연적 연장이 아니라는 사실을 확인하고는, 이곳에 45,470평방킬로미터에 달하는 직사각형의 공동개발구역을 설치할 것을 권고하였다.[128] 그 후 양국은 이를 그대로 수락하여 1981년 10월 대륙붕에 관한 협정(Agreement on the Continental Shelf)을 체결하였으니, 이는 조정기관에 의한 분쟁해결의 좋은 사례인 동시에 천연자원의 존재를 고려한 섬의 해양수역 경계획정에 좋은 예가 되었다.[129]

한국과 일본은 1974년 1월 30일 서울에서 「대한민국과 일본국 간의 양국에 인접한 대륙붕 북부구역경계획정에 관한 협정」(북부대륙붕협정)과 「대한민국과 일본국 간의 양국에 인접한 대륙붕 남부구역공동개발에 관한 협정」(남부대륙붕협정)에 서명하였으며, 이들 협정은 1978년 6월 22일 효력발생에 들어갔다. 북부대륙붕협정은 전문과 4개 조문으로 구성되어 있으며 합의의사록이 첨부되어 있는데, 제주도 동북수역과 대한해협을 거쳐 동해 남부 일정 수역까지 중간선에 의해 한일 양국 간 대륙붕 경계를 획정하였다. 반면에 남부대륙붕협정은 전문과 31개 조문 및 부속표로 이루어져 있으며 합의의사록과 3개의 교환공문이 첨부되어 있는 협정으로, 우리나라와 일본의 대륙붕 주장이 중복되는 약 82,000㎢에 달하는 동중국해 해저와 지하를 공동으로 개발한다는 내용의 합의이므로 「한일대륙붕공

128 자세한 것은 다음을 볼 것. Valencia, *op.cit.*, pp.661-684.

129 자원에 대한 공동개발협정은 관할권이 중복되는 지역에 매장되어 있거나 매장 가능성이 큰 석유와 가스자원에 의해 촉진되어 왔다. 얀마옌 해령의 석유자원 부족 가능성이 아이슬란드와 노르웨이 간의 합의에 의한 공동개발구역 설치를 유도한 것은 이미 본 바와 같으며, 태국과 말레이시아가 공동개발구역 설치에 합의한 것도 관할권 중복지역에 존재하는 가스자원 때문이었다. 또한 사우디아라비아와 수단도 홍해해저의 무진장한 brine 광상 때문에 공동구역을 설치했다. *Ibid.*, pp.674-676.

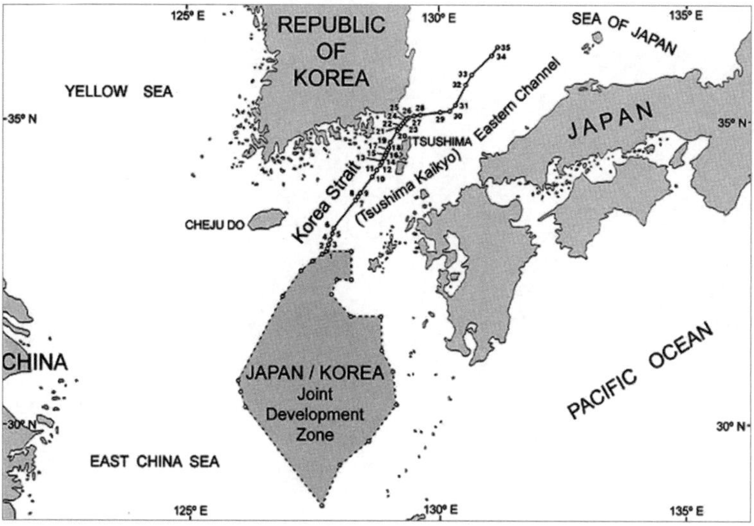

〈지도 5-9〉 한국-일본 공동개발구역

동개발협정」이라 부르기도 한다.[130] 「한일대륙붕공동개발협정」은 한때 공동개발협정의 모범적인 사례로 평가되었으며, 효력발생 이후 초기에는 양국 간 대화와 합의를 통해 일부 구역에서 탐사활동이 이루어지기도 하였다. 그러나 최근에는 일본 측의 소극적인 태도로 탐사 및 개발작업이 제대로 수행되지 못하고 있는 가운데 협정의 종료 시점인 2028년이 다가오고 있어 대책마련이 필요한 상황이다(〈지도 5-9〉 참조).

130 김은수, "한국과 일본 간 남부대륙붕 경계획정에 관한 법적문제점 소고," 국제법학회논총 제44권 2호, 1999, pp.35-36.

제 6 장 독도의 영유권과 해양수역*

제1절 | 서 론

동북아시아는 도서를 둘러싼 국가 간의 갈등이 가장 심한 지역 중의 하나이다. 중국과 일본 간의 센카쿠(조어) 섬을 둘러싼 분쟁, 일본과 러시아 간의 남쿠릴열도 분쟁, 중국과 베트남 등 동남아시아 국가들 간의 남중국해 도서분쟁, 우리나라와 일본 간의 독도 영유권을 둘러싼 갈등은 동북아시아의 평화와 안전을 위협하는 수준에 이르렀으며, 1982년 해양법협약에 의하여 새로이 도입된 배타적 경제수역(Exclusive Economic Zone: EEZ)과 확대된 대륙붕을 통한 연안국 해양관할권의 확대는 동북아시아 해역에 산재해 있는 크고 작은 섬들의 존재와 맞물려서 동북아시아 해역을 '갈등의 바다'로 만들어가고 있다. 일반적으로 국제법에서 섬의 문제는 도서 자체에 대한 영유권 및 해양경계획정시 도서가 해양경계선에 미치는 영향과 관련하여 제기되는데,[01] 우리나라와 일본 간의 독도를 둘러싼 갈등 역시 그런 두 가지

* 본 장은 저자가 2014년 발표한 "국제판례에 비추어 본 독도의 영유권과 해양수역 연구"(안암법학 통권 43호)의 내용을 수정·보완한 것임.

01 Robert D. Hodgson, "Islands: Normal and Special Circumstances," in J.K. Gamble and G. Pontecorvo (eds.), *The Law of the Sea: The Emerging Regime of the Oceans*, Ballinger

측면을 가지고 있다.

동북아시아의 도서와 해양문제가 복잡하게 된 이유 중의 하나는 이곳의 복잡한 해양환경이다. 동북아시아에는 수많은 섬과 만이 산재해 있고 해안선이 복잡하며, 대부분의 바다는 반폐쇄해(semi-enclosed sea)인데다가 대륙붕이 넓게 발달해 있어서 매우 복잡한 양상을 보이고 있어서, 국가 간의 합의에 의한 해양문제 해결을 어렵게 하고 있다. 동북아시아 지역의 해양문제 해결을 어렵게 하는 또 하나의 이유는 동북아시아의 특수한 역사적·국제정치적 배경이다. 근대 이후 동북아시아 지역은 다른 아시아·아프리카 지역과 함께 서구열강의 침략대상이 되었으며, 근대국제법의 수용도 그만큼 늦었다.[02] 게다가 서구열강과 일본의 제국주의적 침략에 이어 냉전으로 인한 동서 양진영 간의 대립이 심화되면서 도서영유권과 해양경계선에 관한 동북아시아 국가 간의 대화는 한동안 정체되어 있었다.[03] 동북아시아 국가 간 역사논쟁에서 비롯된 각국 국민 간의 악화된 민족감정도 대화에 의한 해양문제 해결을 어렵게 만드는 이유이다. 과거사 문제 등으로 동북아 국가 간의 해양영토 분쟁은 종종 국민감정을 자극하고 민족의 자존심과 결부되어 확산됨으로써 합리적인 대화 자체가 불가능해지는 경우가 많다. 특히 각국 정부가 각자 주장할 수 있는 최대한의 것을 상대방에게 요구하는 경우 해양영토 문제의 평화적 해결은 더욱 요원해질 것이다.

Publishing Co., 1973.

02 Manfred Lachs, *The Teacher in International Law*, Martinus Nijhoff, 1982, pp.31-36. 국제법의 역사는 주로 유럽 국가를 구성원으로 하는 작은 '세계'의 법으로 생성되었고 그곳에서 발달되었다. 반면에 다른 지역의 문명들은 서구국가들에 의한 식민화 과정에서 대부분 파괴되었다.

03 Barry Buzan, "Maritime Issues in North-East Asia: Their Impact on Regional Politics," *Marine Policy*, July 1979, pp.191-194.

한국과 일본 간의 독도영유권 문제와 해양경계획정 문제가 쉽사리 완전한 해결에 이르지 못하고 있는 것도 양국의 복잡한 역사적·정치적·지리적·환경적 요인들과 관련이 있다. 그러나 양국 간에 독도문제가 구체화되기 시작한 것은 1950년대 초이지만 그간 문제의 해결을 위한 양국 간의 본격적인 대화가 이루어진 적은 없었다. 한국과 일본 간의 독도문제는 영유권 문제가 핵심적인 부분이며, 독도영유권 문제만 해결되면 동해에서의 해양경계획정은 비교적 용이하게 이루어질 것이다. 하지만 해양수역과 해양자원에 대한 관심이 크게 높아진 현 상황에서는 도서영유권 문제 못지않게 주변 해양수역 문제도 중요하며, 실제로 도서영유권 문제와 해양관할권 문제를 분리해서 다루는 데에는 한계가 있다.

우리나라는 독도는 국제법적으로나 역사적으로 확고한 우리의 영토이므로 독도를 둘러싼 분쟁은 존재하지 않으며 ICJ 등 국제법원이나 재판소에서 다루어질 수 없다는 것이 기본 입장이다. 그러한 입장에 대해서는 저자도 전적으로 동의한다. 그럼에도 불구하고 여기에서 주로 국제판례에 비추어 독도의 영유권과 해양수역 문제를 살펴보고자 하는 것은 독도문제를 보다 보편적이고 객관적인 입장에서 바라보기 위한 것이다. 국가주권이 미치는 공간인 영토는 국가의 존립근거이자 국가구성의 필수적인 요소로서 국제사법재판소(International Court of Justice: ICJ)를 비롯한 국제법원과 재판소들의 지대한 관심분야이었으며,[04] 특히 도서영유권 문제는 오늘날 빈번하게 국제적인 사법적 해결의 대상이 되고 있다. 또한 자원부족시대를 맞이

04 R. Y. Jennings, *The Acquisition of Territory in International Law*, Manchester University Press, 1963, p.2.

하여 해양자원개발이 활발해지면서 연안국의 경제적 관할권이 미치는 수역인 대륙붕과 경제수역의 경계획정문제는 이미 국제법원과 재판소들이 다루는 가장 중요한 주제가 되었다. 그 결과 도서영유권과 해양경계획정에 관한 국제판례들이 다수 등장하게 되었는데, 여기에서는 주로 ICJ와 그 전신인 상설국제사법재판소(Permanent Court of International Justice: PCIJ), 국제중재재판소, 국제해양법재판소(International Tribunal for the Law of the Sea: ITLOS)의 관련 판결과 판정들 중에서 최근의 결정들을 중심으로 살펴본다.[05]

본 장의 목적은 국제판례에 비추어 독도영유권에 관한 우리나라와 일본의 입장을 평가하고 필요한 경우에는 우리나라의 입장을 재검토하여 정리하는 데 있다. 이를 위해 도서영유권 문제를 중심으로 ICJ 등 국제법원과 재판소의 입장을 분석하고 이를 독도문제에 적용하되, 특히 영유대상 해양지형의 범위, 역사적 증거, 실효적 지배, 결정적 기일 문제를 대상으로 삼았다. 본 장의 또 하나의 목적은 해양경계획정에 관련된 중요한 몇 가지 쟁점에 대한 ICJ를 위시한 국제법원과 재판소의 입장을 분석하여 독도의 해양수역과 동해에서의 우리나라와 일본 간 해양경계획정 문제를 검토하는 것이다. 이를 위하여 도서의 해양수역에 대한 권원, 해양경계획정의 원칙과 방법, 관련상황, 도서의 해양경계선에 대한 효과에 관한 국제법원과 재판소의 입장을 검토하였으며, 독도주변 해양수역에 대한 한일 양국의 주장을 평가

05 ITLOS는 2012년 3월 14일 벵갈만 해양경계획정사건에 대해 판결하였는데, 판결에서 ITLOS는 ICJ와 국제중재재판소가 해양경계획정과 관련하여 그간 정립해 온 판례법을 충실히 따른 것으로 평가되었다. 벵갈만 사건은 ITLOS의 사건목록에 16번째로 등재되었으나 사이가(Saiga)호 사건에 이어 분쟁의 본안에 대해 판결한 두 번째 사건이었다. Robin Churchill, "The Bangladesh/Myanmar Case: Continuity and Novelty in the Law of Maritime Boundary Delimitation," *Cambridge Journal of International and Comparative Law*, vol. 1, 2012, p.138.

하고 우리나라의 입장을 정리하였다.

제2절 | 국제재판소의 도서영유권과 해양문제 관할권과 독도

우리나라가 1952년 1월 18일 대한민국 국무원고시 제14호 "인접해양에 대한 주권선언"을 통해 독도를 포함하는 평화선을 선포한 데 이어 독도에 등대를 설치하고 해안경비대를 상주시키는 등 독도에 대한 실효적인 지배조치를 취해가자, 일본은 1954년 9월 25일자 각서 등 일련의 외무성 각서를 통해 독도에 대한 영유권 문제를 ICJ에 공동제소하자고 제의하였으며,[06] 2012년 8월 이명박 대통령의 독도 방문 직후에도 일본은 ICJ 공동제소를 제의하고 단독제소로 위협하기도 하였다. 이러한 일본의 공동제소 요구나 단독제소 위협에도 불구하고 우리나라의 동의가 없이는 독도문제가 ICJ에서 다루어질 가능성은 거의 없다. ICJ는 임의관할 원칙에 따라 당사국들이 특별협정(special agreement)을 통하여 재판소에 그들 간의 분쟁을 다루어주도록 부탁하는 경우에만 재판관할권을 행사하는 것이 원칙이나, 우리나라는 명백한 우리 고유의 영토인 독도에 대해 영유권분쟁은 존재하지 않는다는 입장이기 때문이다. 그 외에 ICJ의 재판관할권은 일정한 분쟁을 재판소에 맡기기로 하는 당사국 간 조약의 부탁합의조항에 의해서도 인정될 수 있지만,[07] 한국과 일본 간에 도서영유권과

06 외교통상부, 『독도문제개론』(개정판), 2012, pp.152-158.

07 카타르 대 바레인 사건에서 ICJ는 본안심리에 앞서 재판소의 관할권과 수리가능성 문제를 다루었

해양수역에 관한 분쟁을 ICJ에 부탁하도록 한 합의는 존재하지 않는다. 또한 ICJ의 재판관할권은 선택조항 즉 재판소규정 제36조 2항을 수락한 국가 간에 법적 분쟁이 발생하는 경우에도 성립될 수 있지만, 2007년 7월 9일 선택조항을 수락한 일본과는 달리 한국은 이를 수락한 바 없으므로 이 경로를 통해 재판소의 관할권이 성립할 가능성도 없다고 하겠다.

ICJ의 영토문제에 대한 재판관할권이 소위 혼합사건(mixed case)이란 통로를 통해 인정될 가능성에 대한 검토도 필요하다. 최근 ICJ가 다룬 해양경계획정과 도서영유권 문제가 혼재되어 있는 사건으로 니카라과 대 온두라스 사건이 있다. 이 사건에서 당초 니카라과는 신청서와 진술서에서 양국 간 단일해양경계선 획정만을 요청하였으나, 구두절차가 끝난 후 최종제안(final submission)에서 분쟁수역 내 섬(islands)과 암초(cays)에 대한 영유권 문제를 결정해 달라고 요청하였다.[08] 재판소는 소송과정에서 새로이 제기된 주장의 수리가능성을 결정하기 위해 "비록 형식적으로는 새로운 주장일지라도 문제의 주장이 본래의 주장에 포함되어 있는 것으로 볼 수 있는지 고려"하였는데, 이를 위해서는 "추가적인 주장이 신청서에 내포된(implicit) 것이거나 재판신청서의 주제(subject-matter)인 문제로부터 직접 제기되는 것

는데, 쟁점은 1990년 12월 도하(Doha)에서 서명된 각서(minute)의 내용과 법적 성격이었다. 재판소는 1990년 12월 25일 도하에서 바레인, 카타르, 사우디아라비아 외무장관이 서명한 '각서'라는 표제의 문서는 당사국들의 권리와 의무를 창설하는 국제합의(international agreement)라고 하여 그 관할권을 인정하였다. 특히 도하각서에는 Bahraini Formula란 합의가 들어 있었는데, 당사국 간에 영토적 권리와 권원 및 이익에 관한 문제와 해저·지하·상부수역의 해양수역 단일경계선획정 문제가 발생하는 경우에는 ICJ에 부탁하기로 하는 것이었다. S. Rosenne, "The Qatar v. Bahrain Case: What is the Treaty? A Framework Agreement and the Seising of the Court," *Leiden Journal of International Law*, vol. 8, 1995, pp.178-179.

08 *Territorial and Maritime Dispute between Nicaragua and Honduras in the Caribbean Sea (Nicaragua v. Honduras)*, Judgment, ICJ Reports, 2007, paras.104-107.

이어야 한다"고 하였다.[09] 결국 재판소는 분쟁수역의 도서영유권에 관한 니카라과의 주장은 카리브 해에서의 니카라과 대 온두라스 간 해양경계획정에 관한 본래의 주장에 내재해 있는 것이므로 수리가능하다고 하였다.[10]

한국과 일본 간에도 동해에서 유사한 상황이 발생할 가능성이 있다. 동해에서 한국과 일본 간에는 해양경계획정, 해양과학조사, 해양환경보호, 어업 등에 관한 분쟁이 발생할 수 있는데, 그중에는 독도영유권 문제의 해결이 없이는 해결될 수 없는 문제들이 있을 수 있기 때문이다. 그렇지만 임의관할을 원칙으로 하는 ICJ에서는 혼합사건이란 통로를 통하여 재판소의 관할권이 영토문제에 미치게 되려면 최소한 타방 당사국의 묵시적인 동의를 포함한 매우 까다로운 조건들이 충족되어야 하므로, 혼합사건이란 통로를 통해 ICJ의 재판관할권 확대가 이루어지기는 어렵다고 본다.

오늘날 국제사회에서는 국제법의 분화현상으로 ICJ 이외에 국제해양법재판소(International Tribunal for the Law of the Ses: ITLOS)와 국제형사재판소(International Criminal Court: ICC) 같은 전문분야 국제재판소들이 등장하여 활동하고 있다.[11] 따라서 독도의 영유권과 해양수역 문제가 유엔해양법협약이 마련한 분쟁해결제도에 따라서 다루어질 가능

09 *Ibid.*, para.110.

10 *Ibid.*, para.114. ICJ는 "많은 섬과 암석들이 위치해 있는 카리브해 수역에 단일해양경계선을 그으려면 재판소는 이 해양지형들이 경계선의 방향에 어떤 영향을 미치는지 고려하여야 한다. 그러한 선을 구상하려면 재판소는 우선 어떤 국가가 분쟁수역에 위치한 섬과 암석들에 대하여 주권을 가지는지 결정해야 한다. 따라서 영유권에 관한 주장은 니카라과의 재판신청서의 주제인 영해, 대륙붕, 경제수역 분쟁수역의 경계획정 문제에 내포해 있는 것이며 거기에서 직접 제기되는 것이다"라고 하였다.

11 해양법협약의 발효에 즈음하여 ICJ의 오다(Oda)와 Guillaume 판사는 특별재판소의 설립은 국제법의 단일성(unity)을 해치게 될 것이라고 비판하였지만, 해양법협약이 도입한 강제적 분쟁해결제도에서 보듯이 전문분야 국제재판소의 등장은 전반적인 국제법 발전에 기여하였다.

성에 대한 검토도 필요하다. 해양법협약의 분쟁해결제도는 기본적으로 국가 간 해양문제 해결에 적용되지만, 그 포괄범위는 해양보안, 무역, 환경보호, 생물·무생물자원의 보호와 관리, 해양과학조사, 문화유산보호에까지 미치는 매우 포괄적인 것임을 고려해야 한다.[12] 특히 해양법협약은 대부분의 해양문제를 규율하는 방대한 실질규정을 담고 있을 뿐 아니라 강제절차를 포함하는 해양분쟁해결제도를 도입함으로써 국제법 발달에 새로운 이정표를 마련한 것으로 평가되고 있다.[13] 그렇지만 강제관할권 제도에 대해 소극적인 국제사회의 현실을 감안하여, 협약은 당사국들이 직접 분쟁해결기관을 선택하고 강제절차의 적용을 일부 배제할 수 있게 하였다.[14]

해양법협약 제287조에 의하면 당사국은 협약의 해석과 적용에 관한 분쟁해결을 위하여 제6부속서에 따라 설립되는 국제해양법재판소, 국제사법재판소, 제7부속서에 따라 구성되는 중재재판소, 제8부속서에 따라 설립되는 특별중재재판소 중에서 하나 또는 그 이상을 선택할 수 있다. 당사국들이 동일한 분쟁해결절차를 수락한 경우에는 그들 간의 분쟁은 그 절차에 회부된다. 그러나 분쟁해결 수단을 선택하지 않은 국가는 제7부속서의 중재재판을 선택한 것으로 간주되며, 분쟁당사자가 동일한 분쟁해결절차를 수락하지 아니한 경우에도 그 분쟁은 제7부속서의 중재재판에 회부된다.

12 Bernard H. Oxman, "Complementary Agreements and Compulsory Jurisdiction," *American Journal of International Law*, vol. 95, 2001, p.278.

13 E. D. Brown, "Dispute Settlement and the Law of the Sea: The UN Convention Regime," *Marine Policy*, vol. 21, 1997, p.17.

14 Thomas A. Mensah, "The Role of Peaceful Dispute Settlement in Contemporary Ocean Policy and Law," in Davor Vidas and Willy Østreng (eds.), *Order for the Oceans at the Turn of the Century*, Kluwer Law International, 1999, p.83.

해양법협약은 제297조에서 연안국의 주권적 권리나 관할권 행사와 관련된 분쟁, 해양과학조사에 관한 분쟁, 어업에 관한 분쟁 중의 일부에 대하여 강제절차의 적용을 제한하였다. 이어서 제298조는 당사국에게 일정한 범주에 속하는 분쟁의 해결과 관련하여 일부 분쟁해결절차를 배제할 수 있는 '적용의 선택적 예외'를 규정하였다. 국가들은 해양경계획정과 역사적 만 및 권원에 관한 분쟁, 군사활동과 주권적 권리나 관할권 행사와 관련된 법집행활동에 관한 분쟁, 유엔안전보장이사회가 자신의 기능을 수행하고 있는 분쟁에 대하여는 강제절차 중 하나 또는 그 이상을 수락하지 아니한다는 것을 서면으로 선언할 수 있다.[15] 이에 근거하여 우리나라는 2006년 4월 18일 해양법협약상 강제절차의 선택적 배제 선언서를 유엔에 기탁하였는바, 우리나라는 해양법과 관련된 분쟁 중 상기한 분쟁에 대해 해양법협약상의 강제절차에서 배제되게 되었다.[16] 분쟁해결에 관한 해양법협약의 관련규정 특히 강제절차에 관한 일반적 규정과 적용의 일반적·선택적 예외에 관한 규정 및 우리나라의 배제선언 등을 고려할 때 독도의 영유권과 해양수역에 관한 문제가 우리나라의 반대에도 불구하고 ITLOS나 해양법협약 제7부속서의 중재재판소 등 분쟁해결기구에서 다루어질 가능성은 거의 봉쇄되었다고 할 수 있다. 하지만 강제절차를 기본으로 하는 해양법협약 분쟁해결제도에서는, 2007년 가이아나-수리남 사건이나 최근의 필리핀과 중국 간 남중국해 해양분쟁에서 보듯이, 일방 당사국의 요구에 의해 제7부속서 중재재판소 등에

15 R. R. Churchill and A. V. Lowe, *The Law of the Sea*, 3rd edition, Manchester University Press, 1999, pp.455-456.

16 인터넷자료 http://www.mofat.go.kr/webmodule/htsboard/template/read/korboardread.jsp

의한 분쟁해결이 진행될 수 있는바 그 가능성에 유념하여야 한다.[17]

ITLOS는 해양법협약 제290조에 따라 분쟁당사국의 권리를 보존하고 해양환경에 대한 심각한 피해를 방지하기 위하여 본안판결 이전에 잠정조치를 취할 수 있게 하고 있는바, 이에 대한 고려도 필요하다. 잠정조치의 조건인 일응관할권(*prima facie* jurisdiction)과 긴급성(urgency)에 대한 재판소의 비교적 느슨한 해석에 비추어 볼 때, 사안에 따라서는 재판소가 직접적 또는 간접적으로 독도영유권 문제와 관련이 있는 내용의 잠정조치 요청을 받아들일 가능성이 다소나마 열려 있다고 보아야 하기 때문이다.[18] 더구나 해양법협약 제290조 5항은 "이 절에 따라 분쟁이 회부되는 중재재판소가 구성되는 동안 잠정조치의 요청이 있는 경우 당사자가 합의하는 재판소가 이 조에 따라 잠정조치를 명령, 변경, 철회할 수 있다"고 하였는바, 장차 구성될 중재재판소가 일응관할권을 가지고 있고 상황이 긴급한 경우에는 재판소가 잠정조

17 가이아나(Guyana)는 2004년 2월 24일자 "청구통고서와 진술서"(Notification and Statement of Claim)를 통해 자국과 수리남(Suriname) 간의 해양경계선획정 및 분쟁 중인 '해양영토'(maritime territory)에서의 수리남에 의한 국제법위반행위를 다루기 위한 절차를 시작하였다. 양국 모두 해양법협약 제287조 1항에 따라 강제절차를 선택하는 선언을 하지 않았으며 강제절차의 적용을 배제하는 '선택적 예외'(optional exception)도 선언하지 않았으므로, 양국은 해양법협약 제287조 3항에 따라 해양법협약 제7부속서에 따른 중재절차를 수락한 것으로 간주되었다. *Arbitration Between Guyana and Suriname*, Award, Arbitral Tribunal, PCA, 17 September 2007, paras.1-2.

18 해양법협약에 관한 법학에서 이제까지 '일응'(*prima facie*)이란 기초에서 관할권의 부재를 판시하는 데 장애가 되는 것으로는 협약 제283조의 협의의무 위반, 해양법협약의 분쟁해결절차 대신에 사용가능한 대체적 분쟁해결절차의 존재, 제15부 3절의 제한과 예외의 적용가능성이었다. Natalie Klein, "Provisional Measures and Provisional Arrangements in Maritime Boundary Disputes," *International Journal of Marine and Coastal Law*, Vol. 21, No. 4, 2006, pp.446-447. 긴급성에 대한 판단과 관련하여 MOX 제조공장 사건에서, 당시 아일랜드는 셀라필드에 건설 중인 MOX 제조공장이 가동에 들어가면 자국의 권리가 회복할 수 없을 정도로 침해될 것이라고 하면서 공장의 가동중단 등 잠정조치를 요구하였었다. 그러나 영국은 MOX 제조공장 가동으로 인한 오염가능성은 아주 희박하며 해양환경과 아일랜드의 권리에 회복불가능한 손해가 야기될 가능성도 없다고 주장하였다. ITLOS는 이 사건에서 영국 측의 서약과 짧은 잠정조치 적용기간을 고려하여 아일랜드가 청구한 것보다 매우 낮은 수준의 잠정조치를 명령하였다. *The MOX Plant Case* (*Ireland v. United Kingdom*), Order, ITLOS, 3 December 2001, paras.67-81.

치를 명령할 수 있는 길은 보다 넓어지게 된다.[19] 옥스만(Oxman) 교수의 말대로 우리나라의 배제선언 등을 감안할 때 ITLOS가 독도영유권 문제와 직간접적으로 연결되어 있는 분쟁을 본안에서 다룰 가능성을 정확하게 예측하기는 곤란하다. 그렇지만 독도의 분쟁지역화를 추진하고 있는 일본의 공세적 해양정책을 감안할 때 잠정조치 가능성과 그 함의에 대해서도 보다 심도 있는 연구가 필요하다고 하겠다.

요약하면, 한국과 일본 양국이 합의하여 제소하지 않는 한 ICJ가 독도의 영유권 문제와 해양경계획정 문제를 다룰 가능성은 매우 희박하다. 일본은 1950년대 이후 양국 간 독도를 둘러싼 갈등이 고조될 때면 독도문제를 ICJ에 일방적으로 제소하겠다고 천명해 왔으나, 일본의 단독제소만으로는 ICJ의 관할권이 성립할 수 없음은 불문가지이다. 따라서 일본의 그러한 움직임은 ICJ에서의 독도문제 해결가능성을 믿어서가 아니라 독도를 분쟁지역화하기 위한 의도에서 나온 정치적 제스처라고 할 것이다. 하지만 해양법협약의 분쟁해결제도는 강제관할을 원칙으로 하고 있는바, 우리나라의 배제선언에도 불구하고 독도문제가 우리나라가 원하지 않는 시점에 원하지 않는 방법으로 ITLOS의 잠정조치나 제7부속서 중재재판에 회부될 가능성이 완벽하게 차단되어 있는지에 대해서는 추가적인 검토가 필요하다.[20]

19 Oxman, *op.cit.*, p.30.

20 필리핀과 중국은 남사군도 문제 특히 스카보러 섬(Scarborough, 중국에서는 황옌다오)의 영유권 문제를 둘러싸고 갈등을 빚어 왔으며, 필리핀은 2013년 1월 22일 서면으로 남중국해 문제를 다루기 위한 해양법협약 제7부속서 중재재판 절차의 시작을 중국 측에 통고하였다. 필리핀은 중국의 '배제선언'을 의식하여 중국이 주장하는 9단선(9 dash line)의 적법성 등을 쟁점으로 제기하였으며, 2013년 7월 중재재판소가 정식으로 구성되었으나, 중국은 중재재판 참여를 거부하고 있다.

제3절 | 독도의 지위

국제법상의 섬은 국가에 의한 영유의 대상이 된다. 1982년 해양법협약 제121조 1항은 섬이란 "만조시 수면 위에 존재하는, 물로 둘러싸인, 자연적으로 형성된 육지지역"이라고 정의하였는바, '만조시 노출', '자연적 형성', '육지지역'과 같은 조건을 충족한 섬은 국가에 의한 영유권 행사의 대상이 되는 것이다. 그러나 섬이 아닌 해양지형 특히 간조노출지(low-tide elevation)도 국가에 의한 영유의 대상이 되는가 하는 문제가 제기되었다. 간조노출지가 영유의 대상이 되면 "육지가 바다를 지배한다"는 원칙에 따라 그 주변에 영해 등 해양수역을 설치하는 문제도 논의될 것이다. 2001년 국제사법재판소(ICJ)가 판결한 카타르 대 바레인 사건에서는 간조노출지인 Fasht ad Dibal에 대한 영유권 주장의 적합성 문제가 제기되었다.[21] 여기에서 ICJ는 간출지가 영토로 간주될 수 있는가 하는 데 대해 국제법은 침묵하고 있으며, 간출지의 전유를 허용하거나 배제하는 관습법규를 창설할 만한 일관되고 보편적인 국가관행도 존재하지 않는다고 하였다.[22] ICJ는 2008년 말레이시아/싱가포르 사건에서도 비슷한 입장이었다. 여기에서 문제가 된 Pedra Branca는 면적 8,560평방미터의 섬이며, Middle Rocks는 거기에서 250미터 떨어진 만조시 0.6미터와 1.2미터 수면 위에 존재하는 두 개의 암석으로 형성되어 있고, South Ledge는 페드라브

21 *Maritime Delimitation and Territorial Questions between Qatar and Bahrain* (*Qatar v. Bahrain*), Judgement, ICJ Reports, 2001, paras.199-200. 카타르는 Fasht ad Dibal은 전유의 대상이 될 수 없다고 하였으나, 바레인은 간조노출지도 일종의 영토로 전유의 대상이므로 양국이 주장하는 실효성에 근거하여 어떤 국가가 그에 대해 우월한 권원을 갖는지 판단해야 한다고 하였다.

22 *Ibid.*, para.206.

랑카 남남서쪽 2.2해리 거리에 위치한 간조노출지이다. 그중 South Ledge의 법적 지위에 대해서 당사국 사이에는 이견이 있었으나, ICJ는 카타르 대 바레인 사건에서와 마찬가지로 간단하게 간출지 South Ledge는 그 영해에 섬이 위치하고 있는 국가에 속한다고 하였다.[23]

독도는 화산활동에 의하여 생성된 섬으로 동도와 서도 2개의 큰 섬과 주위에 산재해 있는 89개의 작은 섬과 해양지형으로 구성되어 있다. 그중에 동도는 북위 37°14′26.8″ 동경 131°52′10.4″, 서도는 북위 37°14′30.6″ 동경 131°51′54.6″에 위치하며, 울진군 죽변에서는 216.8㎞ 울릉도에서는 87.4㎞ 그리고 일본의 오키제도로부터는 157.5㎞ 떨어져 있다. 동도와 서도를 비롯한 32개의 부속 섬과 암초를 포함한 독도의 전체면적은 187,554㎡에 달하며, 둘레는 동도가 2.8㎞ 서도가 2.6㎞이다.[24] 이러한 독도의 면적과 가치를 고려할 때 독도는 국제법상의 섬으로서 국가에 의한 영유의 대상이 되는 해양지형이 된다.

도서의 해양수역에 대한 권원과 관련하여 제3차 유엔해양법회의에서는 모든 섬에게 육지영토와 동일한 방식으로 설정되는 해양수역을 허용해야 한다는 입장과 일부 보잘것없는 섬들의 해양수역은 제한해야 한다는 주장이 대립하였었다.[25] 그 결과 해양법협약은 제121조에서 자연적으로 형성되어 만조시 수면 위에 존재하는 모든 지형들을 섬으로 인정하여 영해와 접속수역·경제수역·대륙붕을 가질 수 있게 하면서도, 3항에는 예외규정을 두어 "인간의 거주 또는 독자

23 *Sovereignty over Pedra Branca/Pulau Batu Puteh, Middle Rocks and South Ledge (Malaysia/Singapore)*, Judgment, ICJ Reports, 2008, paras.298-299.

24 인터넷자료 http://www.mofat.co.kr (2012.02.18).

25 제3차 유엔해양법회의에서 도서문제에 대한 토의는 주로 1974년 카라카스회의에서 이루어졌다. 당시 섬제도에 대한 각국의 제안과 내용은 다음을 볼 것. 이석용, 『섬의 국제법상 지위』, 진성사, 1988, pp.107-110.

적인 경제생활을 유지할 수 없는 암석(rock)은 경제수역과 대륙붕을 가지지 못한다"고 하여 보잘것없는 섬을 근거로 광대한 해양수역에 대하여 권리를 주장하는 것을 방지하고자 하였다.[26] 그러나 해양법협약이 객관적인 기준을 제시하지 못한 채 '암석'(rock)이란 개념을 사용하여 일부 섬의 경제수역과 대륙붕을 제한하고자 함으로써 혼란을 야기한 측면도 있다.[27] 해양법협약을 기초한 사람들은 암석과 관련하여 식수와 흙이 부족하여 식물을 재배할 수 없는 무인도를 염두에 두었다고 하지만 그러한 기준이 해양법협약에 나타나 있는 것은 아니다. 협약 제121조의 경제수역과 대륙붕을 가질 수 있는 섬(island)과 그러한 해양수역을 가질 수 없는 암석(rock)을 구분하는 기준은 '인간의 거주'(human habitation)와 '독자적인 경제생활'(economic life of its own)의 유지인데, 이들 역시 객관적인 것이 아니기 때문이다.[28]

아직 분권화된 상태에 있는 국제사회에서는, 한 국가의 국제법 위반행위에도 불구하고 그로 인해 직접 피해를 보는 국가가 없어서 강

26 Robert W. Smith, "Maritime Delimitation in the South China Sea: Potentiality and Challenges," *Ocean Development and International Law*, vol. 41, 2010, pp.220-221. 주변에 다른 국가나 섬이 없는 경우 대양상의 아주 작은 섬도 면적이 430,796㎢(125,600평방해리)에 달하는 경제수역을 창설할 수 있다.

27 섬을 분류하는 가장 객관적인 기준은 섬의 면적이지만, 제시된 분류기준 간에 상당한 차이가 있다. 지리학자 하지슨(Hodgson)은 섬의 면적이 0.001평방마일 이하이면 '암석'(rock), 0.001평방마일에서 1평방마일 사이이면 '소도'(islet), 1평방마일보다는 크고 1,000평방마일 이하이면 '작은 섬'(isle), 면적이 1,000평방마일 이상이면 '섬'(island)이라고 분류하였었다. 하지슨에 의하면 그 면적이 0.001평방마일(2,590평방미터) 이하인 해양지형이 '암석'(rock)이 되는바, 이는 모양이 4각형인 섬은 한 변의 길이가 51미터 이하인 섬이 그리고 섬이 원형이면 반지름이 28.7미터 이하인 섬이다. Hodgson, *op.cit.*, pp.150-151. 반면에 국제수로국(International Hydrographic Bureau)에서는 면적이 1㎢에서 10㎢ 사이인 섬을 '작은 소도'(small islet), 면적이 10㎢에서 100㎢ 사이인 섬은 '소도'(isle), 면적이 100㎢ 이상인 경우에는 '섬'(island)이라고 하였다. 여기에서는 암석을 별도로 구분하지는 않았지만, 암석이 소도보다 작다면 암석은 면적 1㎢(0.3906평방마일) 이하인 해저지형이 된다. Barry Hart Dubner and Jason Parent, "When is a Rock an Island? Another Unilateral Declaration defies Norms of International Law," *Mich. St. J. Int'l L.*, vol. 15, 2007, pp.534-535.

28 Smith, *op.cit.*, pp.220-222.

력하게 항의하는 국가가 없으면 그러한 조치는 기정사실화될 수 있다. 도서의 해양수역에 대한 권원과 관련하여 그러한 우려가 높아져 가고 있다. 볼가호(The Volga Case)사건은[29] 본래 호주 본토에서 4,000km 이상 떨어진 호주령 허드(Heard)와 맥도널드(McDonald) 섬 주변의 경제수역에서 불법조업 중 나포된 선박의 '신속한 석방'(prompt release)에 관한 사건이지만, 당시 ITLOS 부소장이었던 Vukas는 재판소가 이 섬들이 경제수역을 창설할 수 있는 권원을 가지는 섬인가 하는 문제를 제대로 다루지 아니한 것에 대하여 이의를 제기하였다.[30] 한편 일본 동경 남쪽 1,082해리 떨어진 해상에 위치하는 오키노도리시마는 2인용 침대 크기 정도로 해면 위로 2.9인치 정도 솟아 있는 암석과 작은 침실(bedroom) 정도의 면적에 만조시 수면 위 6.3인치 정도 솟아 있는 암석으로 구성되어 있어서 암석의 범주를 벗어날 수 없는 해양지형임이 분명하다.[31] 그러나 일본은 그 주변에 경제수역을 설치하여 그 해역에서 배타적인 어업권을 행사하고 통항선박들을 감시하는 등 관할권을 행사하고 있다. 더구나 일본은 2008년 대륙붕한계위원회(CLCS)에 「대륙붕한계에 관한 위원회에의 일본의 제안서」를 제출하였는데, 일본 동남쪽 대륙붕의 일부는 오키노도리시마와 같은 암석에 불과한 해

29 러시아연방과 호주 간의 볼가호사건(The Volga case)은 국제해양법재판소(ITLOS)가 다룬 11번째 사건으로 2002년 12월 23일에 판결이 내려졌다.

30 Vukas 재판관은 경제수역 제도가 등장한 이유는 연안지역 주민들의 경제적 이익의 보호에 있다고 하면서, 허드나 맥도널드와 같은 무인도의 경우에는 그러한 경제적 이익이 존재하지 않는다고 하였다. Vukas 재판관은 Monte Confurco 사건에서도 Kerguelen 섬의 경제수역에 대하여 적합성 문제를 제기한 바 있다. *The Monte Confurco Case* (*Seychelles v. France*), Judgment, ITLOS, 2000, Declaration of Judge Vukas, p.122.

31 Dubner and Parent, *op.cit.*, pp.519-521, 530. 과거에 오키노도리시마에는 6개 정도의 암석이 수면 위에 나와 있었으나, 최근에는 2개만이 눈에 띄게 되었다. 이에 일본정부는 2억8천만 달러를 들여 82피트 두께의 외벽공사를 하고, 5천만 달러를 들여 티타늄 그물을 설치하였다.

양지형을 출발점으로 삼아 설정된 것이었다.[32]

국제사회는 ICJ가 흑해해양경계획정사건에서 다뉴브 강 델타 동쪽 20해리 해상에 위치한 면적 0.17㎢인 Serpents' 섬의 법적 지위에 관한 판단을 통해 '암석'의 기준에 대해 명확한 기준을 제시해 줄 것으로 기대했었다.[33] 루마니아는 이 섬이 인간거주와 독자적 경제생활을 유지할 수 없는 암석이므로 12해리 영해를 가질 뿐이라고 하였으나, 우크라이나는 이 섬에는 담수의 공급이 충분하여 사람의 거주와 경제생활이 가능하므로 해양법협약 제121조 2항의 '섬'이라고 주장하였다.[34] 그러나 ICJ는 Serpents' 섬이 해양법협약 제121조 2항의 섬인지 아니면 3항의 암석인지에 대한 판단은 유보한 채 그 섬을 12해리 영해획정을 위한 기점으로만 사용하도록 하였다.[35]

그 면적과 자연환경에 비추어 볼 때, 독도는 처음에는 경제수역과 대륙붕을 가질 수 있는 섬과 가질 수 없는 암석(rock)의 경계선에 위치한 해양지형으로 생각되기도 하였었다. 그러나 각국은 해양법협약 제121조의 섬제도 규정의 모호함을 이용하여 보잘것없는 해양지형 주변에도 경제수역과 대륙붕을 설정하고 있으며, 심지어 오키노도리시마와 같은 아주 미미한 해양지형 주변에도 해양수역이 설치되고 있다.[36] 따라서 오늘날의 국제관행에 비추어보면 독도 정도 크

32 대륙붕한계위원회는 2012년 6월 일본의 대륙붕연장신청에 대한 권고요지를 발표하였는데, 그 결과 일본은 태평양의 4개 해역에 총 31만㎢의 대륙붕을 인정받게 되었다. 이와 관련하여 일본은 그것이 오키노도리시마를 대륙붕의 기점으로 인정받은 결과라고 주장하고 있다.

33 David H. Anderson, "Maritime Delimitation in the Black Sea Case (Romania v. Ukraine)," *The Law and Practice of International Courts and Tribunals*, vol. 8, 2009, p.306.

34 *Maritime Delimitation in the Black Sea (Romania v. Ukraine)*, Judgment, ICJ Reports, 2009, para.184.

35 Anderson, *op.cit.*, p.323.

36 영국이 스코틀랜드 서북쪽에 위치한 면적 0.00058㎢의 해양지형인 로칼(Rockall)을 암석으로 인정하여 경제수역과 대륙붕에 대한 권원을 포기한 것은 국제사회에서 특이한 사례이다. 1997년 7월 31

기의 해양지형은 경제수역과 대륙붕을 창설할 수 있는 섬으로 보아도 전혀 무리가 없다. 그리고 ICJ가 2009년 2월 판결한 흑해사건에서 Serpents' 섬의 법적 지위에 대한 판단은 유보한 채 12해리 영해만을 인정한 것은 이 섬이 우크라이나와 루마니아 해안에 근접해 있기 때문일 수 있다. 나아가 해양법협약 제121조 3항의 '인간거주'가 거주가능성을 의미하고 '독자적 경제생활'의 의미 역시 다소 유연하게 해석되어 가스하이드레이트 등의 개발가능성을 고려하게 된다면, 독도를 경제수역과 대륙붕을 가질 수 있는 섬으로 간주하는 데 전혀 무리가 없다. 한국정부가 독도를 경제수역과 대륙붕을 가질 수 있는 섬으로 결정하기까지 다소 머뭇거린 것은 독도가 섬의 조건을 갖추지 못해서가 아니라 주변국가들의 입장을 고려하여 다소 전략적으로 접근하기 위한 것이었다고 본다. 독도는 해양법협약 제121조 2항의 섬에 해당되는 해양지형이며 당연히 영해·경제수역·대륙붕 등 해양수역에 대하여도 권원을 갖는다고 할 것이다.

제4절 | 국제판례에 비추어 본 도서영유권과 독도

한 국가는 선점, 할양, 병합 또는 합병, 정복 등을 통하여 영토를 취득할 수 있다. 그리고 오늘날 대부분의 도서영유권 분쟁에서 당사국들은 선점, 할양, 승계와 같은 분명한 권원, *uti possidetis*에 의한 영토

일 영국 외무장관 쿡은 의회에서 영국의 해양법협약 가입방침을 밝히면서 로칼은 해양법협약 121조 3항에 비추어 유효한(valid) 기점이 될 수 없다고 하였다. Clive R. Symmons, "Ireland and the Rockall Dispute: An Analysis of Recent Developments," in IBRU, *Boundary and Security Bulletin*, vol. 6, No. 1, 1998, pp.83-84.

주권 획득, 무주지 발견 후 계속적이고 평화적인 국가권력행사를 통한 실효적 지배에 근거하여 자신의 영유권주장 논리를 전개하고 있다.[37] 예를 들어, 니카라과 대 온두라스 사건에서 온두라스는 재판소가 *uti possidetis juris*에서 연유하여 식민시대 이후 *effectivités* 즉 실효적 주권행사에 의해 확인된 자국의 시원적 권원 주장을 받아들이지 아니하는 경우에는 "양국 중에 어떤 국가가 도서에 대한 권한의 실제행사 또는 표시(actual exercise or display of authorities) 및 주권적 의사(sovereign intent)에 기초하여 우월한 주장을 전개하였는지를 검토하여" 영유권 문제를 결정해 달라고 하였다.[38] 도서영유권에 관한 쟁점들 중에서 독도문제와 관련하여 중요한 의미를 가지는 역사의 해석과 선점, 실효적 지배, 결정적 기일에 관한 문제를 중심으로 고찰한다.

1. 역사의 해석과 선점

영토분쟁의 당사국들은 자국의 당해 지역에 대한 갖가지 역사적 증거들을 제시하여 역사적 관련성을 인정받고자 한다. 이는 문제의 지역에 대해 역사적 권원이나 관련성을 인정받는 경우에는 영유권 다툼에서 절대적으로 유리한 입장에 서게 될 것으로 기대되기 때문이다. 국가들의 영토에 대한 역사적인 주장은 발견과 확인에 관한 주장에서부터 묵인과 항의에 대한 기록에 이르기까지 여러 가지 형태

37 박기갑, "도서영유권 분쟁관련 국제판례에서 나타난 실효적 지배 내지 점유개념과 독도영유권 문제," 『국제법학회논총』, 제45권 제2호, 2000, pp.104-105. ICJ 규정 제38조에 의하면 국제법의 법원에는 조약, 관습법, 법의 일반원칙이 있으며, 국가들은 ICJ 등 국제법원과 재판소에서의 영토관련 국제분쟁에서 위의 법원 중 하나 이상의 법원에 근거하여 영토관련 주장을 제기하려고 한다. 그런데 법적 의무감의 존재를 입증해야 하는 국제관습법이나 본질적으로 난해한 법원인 법일반원칙보다는 조약과 같은 당사국 간 합의가 중요한 증거로 선호된다.

38 *Nicaragua v. Honduras, op.cit.,* paras.169-170.

로 나타난다.

우리나라 조선시대 세종-성종대(1418-1494년)는 새로운 왕조의 통치체제가 완성되어가던 시기로 『세종실록』「지리지」(1454년), 『팔도지리지』(1477년), 『동국여지승람』(1451년), 『고려사』(1451년)와 같은 지리지가 편찬되고 고려의 역사가 정리되었으며, 중종때인 1530년에는 『신증동국여지승람』이 편찬되었다. 조선초기의 관찬 지리지에 울릉도와 독도의 지지가 실려 있는 것은 조선의 두 섬에 대한 분명한 인식과 고전적인 형태의 영유의사를 표명한 것이라 할 수 있다. 특히 가장 중요한 정사인 『세종실록』『지리지』는 "우산·무릉 두 섬은 현의 정동 바다 가운데 있다"고 하면서 "두 섬은 서로 떨어짐이 멀지 않아 풍일이 청명하면 바라볼 수 있다"고 하여 울릉도와 독도에 대한 분명한 인식을 표현하였다.[39] 1417년(태종 17년) 또는 1419년(세종원년) 거민의 쇄환이 완료되면서 시작된 소위 공도정책은 일본에 의해 우리나라가 울릉도(독도)에 대한 권리를 포기한 증거로 주장되기도 하였지만, 그 후에 이루어진 정기적인 수토활동은 그러한 주장이 근거가 없는 것임을 증명하였다.[40]

상기한 역사적 증거들은 우리나라의 독도에 대한 영유권을 뒷받침하는 소중한 자료들이다. 그러나 국제재판에서는 과거의 오래된 자료보다는 보다 신빙성이 있는 비교적 오래되지 아니한 자료를 중요시하며, 특히 결정적 기일 직전의 설득력 있고 직접적인 자료가 중시

39 송병기, "울릉도와 독도, 그 역사적 검증," 『역사공간』, 2010, pp.13-18, 38-39; 외교통상부, 『우리땅 독도』, pp.2-3.

40 송병기 교수에 의하면, 일부에서는 공도정책이란 용어에 대해 거부감을 갖고 쇄환정책이나 해금정책과 같은 용어를 사용할 것을 주장하지만, 실제로 '공도'의 출전은 『세종실록』「지리지」라고 한다. *Ibid.*, pp.24-31.

된다. 따라서 국제적인 영토분쟁에서 할양이나 승계와 같은 분명한 조치에 의한 국가영역 변경이 있었던 것이 아니라면, 한 국가가 제시하는 오래된 역사적 증거가 국제법원이나 재판소에서 유력한 증거로 받아들여진 경우는 찾아보기가 쉽지는 않다. 1953년 ICJ가 판결한 멩키에·에크레호 사건에서 영국과 프랑스는 각각 자국이 이들 도서에 대해 일정한 시점 이후 시원적인 권원(original title)을 가지고 있었으며 그러한 권원은 계속 유지되어 왔다고 주장하였다. 영국은 1066년 노르만디공 윌리엄의 영국정복에서부터 그리고 프랑스는 10세기 이후의 역사적인 사실을 들어 멩키에·에크레호에 대한 시원적 권원을 주장하였으며 많은 관련 증거자료들을 제시하였다. 이에 대해 ICJ는 중요한 것은 중세시대에 있었던 일로부터 추론되어지는 간접적인 가설이 아니라 멩키에·에크레호 제도의 소유에 직접적으로 관련된 증거라고 하여 오래된 역사적 자료들의 증거력을 제한적으로 인정하였다.[41]

조선 숙종 때 안용복의 활동을 계기로 일본의 에도막부는 울릉도와 독도가 일본에 속하지 아니한다는 사실을 확인하였으며, 1696년 1월 28일에는 일본인들의 독도도해를 금지하였다. 17세기 소위 '울릉도쟁계'를 통해 울릉도와 독도가 한국의 영토임이 확인된 후 근대 메이지 정부에 이르기까지 일본은 독도가 자국 영토가 아니라는 입장을 견지하였다. 특히 1877년 당시 일본의 최고행정기관 태정관이 "울릉도와 한 개 섬(독도)은 본국과는 관계가 없다"고 결정한 것은 독도에 대한 영유권을 부정하는 일본의 공식적인 결정이므로 매우 중요한

41 *Minquiers and Ecrehos (France/United Kingdom)*, Judgement, ICJ Reports, 1953, p.57.

역사적 근거가 된다.[42]

대한제국이 1900년 10월 27일 발표한 칙령 제41호도 중요한 역사적 근거이다. 칙령 제41호는 울릉도를 군으로 승격시켜 도감을 군수로 개정하는 것인데, 그 제2조는 "관할구역은 울릉 全島와 竹島 石島"라고 하였다. 관할구역에 관한 규정에서 울릉도라 하지 않고 울릉전도라고 한 것은 울릉본도와 죽도, 석도를 제외한 작은 섬과 바위섬을 망라하기 때문이며, 죽도는 1882년 검찰사 이규원이 확인한 오늘의 죽도이다. 문제는 석도인데 위에서 언급한 섬들을 제외하면 울릉도 주변의 섬으로는 독도만이 남는바 석도는 독도를 의미한다. 더구나 석도를 훈독하면 '독섬' 또는 '돌섬'이 되는바 제2조의 석도는 곧 독도인 것이다.[43] 이처럼 우리나라는 '칙령 제41호'를 통해서 독도에 대한 영유권을 확인하는 조치를 취하였으나, 머지않아 일본은 1905년 2월 22일 도근현 고시를 통해 독도를 선점에 의해 그 영토로 편입하는 조치를 취하였다. 하지만 다음해인 1906년 3월 28일 울도군수 심흥택은 울릉도를 방문한 일본 도근현 조사단에게서 일본이 독도를 자국 영토로 편입하였다는 소식을 듣고 내부에 보고하자, 의정부에서는 독도가 일본 영토가 되었다는 이야기는 전혀 근거가 없다고 답신하였는바, 이는 우리나라가 독도를 계속 관할하고 있었다는 것을 보여주는 증거이다.[44]

42 외교통상부, 『한국의 아름다운 섬, 독도』, pp.7-8. 영유권분쟁 당사국 일방에 의한 자국의 영유권 부인 조치나 결정은 영유권에 관한 판단에 중요한 고려사항이 된다. 동부그린란드 사건과 관련하여, 1919년 7월 22일 당시 노르웨이 외무장관 Ihlen은 그린란드에 대한 덴마크 주장을 수용하는 발언을 하였는데, 이것은 PCIJ가 그린란드에 대한 덴마크의 주권을 인정하는 중요한 근거가 되었다.

43 송병기, *op.cit.*, pp.212-219. 석도란 전라남도 연해민들이나 울릉도 주민들이 부르던 '독섬' 혹은 '돌섬'을 한역한 것으로, 그 무렵 서울에서는 독도를 우산도라 부르고 있었다.

44 외교통상부, *op.cit.*, pp.24-27.

일본의 독도에 대한 영유권 주장은 1905년 2월 22일 독도를 도근현고시를 통해 자국의 영토로 선점하였다는 데 일부 근거해 있으나, 일본의 독도편입조치는 국제법이 요구하는 조건들을 충족하지 못하고 있다. 특히 조선조 초에 발간된 각종 관찬 역사서와 지리지에 나타나 있는 조선의 독도에 대한 인식과 영유의사, 17세기를 전후하여 수차례에 걸쳐 표명된 일본의 독도영유권 부인, 1905년 대한제국의 칙령 제41호를 통한 독도에 대한 영유권 확인 등의 일련의 역사적 사실들을 종합해 보면, 1905년 당시 독도는 무주지가 아니었으며 선점의 대상이 될 수 없었음을 알 수 있다. 더구나, 반다이크 교수도 지적한 대로, 독도는 본토에서 멀리 떨어져 있고 물도 충분치 않은 곳으로 완벽한 주권행사가 필요한 곳이 아닌 것을 고려한다면, 과거 한국 측의 다양한 역사적 기록과 권한행사에 관한 기록들은 독도가 당연히 한국의 영토로 인정되어야 함을 보여주고 있다고 하겠다.[45]

2. 실효적 지배

오늘날 영토문제에 있어서 가장 중요한 쟁점은 실효적 지배이지만, 그 내용은 시대에 따라서 많은 변화를 겪어왔다. 15세기 유럽국가들이 식민지 확보경쟁에 나설 때에는 무주지의 발견(discovery)만으로도 영토의 취득이 가능하다고 보았고, 발견에 국기게양과 같은 상

45 그런데 국제법에는 과거의 유럽중심주의적 사고에 근거한 규범이 아직도 강하게 영향을 미치고 있다. 나이지리아 Jos대학교의 다카스 교수는 2002년 ICJ의 바카시(Bakassi) 반도에 대한 결정은 식민주의시대이래 이어져 온 유럽중심 국제법의 영향이라고 보았다. 과거 국제법에 의하면 식민시대 이전 아프리카는 미개한 지역으로 '정부'가 존재하지 아니하는 국제법상 무주지이므로 선점의 대상이 된다는 것인데, 그러한 과거의 국제법 규칙들이 지금도 위력을 발휘하고 있다는 것이다. Dakas C. J. Dakas, "Dokto, Colonialism, and International Law: Lessons from the Decision of the ICJ in the Land and Maritime Dispute between Cameroon and Nigeria," in Seokwoo Lee and Hee Eun Lee (eds.), *Dokto: Historical Appraisal and International Justice*, Martinus Nijhoff, 2011, pp.91-122.

징적인 행위가 동반되면 영토에 대한 권원을 확립한 것으로 받아들여졌었다. 그러나 머지않아 발견은 불완전한 권원(inchoate title)일 뿐이라는 사고가 확산되면서, 이러한 불완전한 권원에는 실효적 점유가 수반되어야 영토취득이 가능하다는 인식이 생겨났다. 이러한 배경에서 후버(Max Huber) 중재재판관의 유명한 팔마스 섬 사건에 대한 중재판정이 나왔으며, 실효적 지배는 19세기 이후 국가의 영토주권 문제에 있어서 가장 중요한 요소가 되었다. 그러나 실효적 지배의 기준도 시대에 따라서 달라졌으니, 17, 18세기에는 무주지 취득요소로서의 점령이나 점유는 실제 정착이나 영토의 사용과 같은 물리적 점유를 강조하였으나, 오늘날에는 그 중심이 정부기능의 선언과 행사 쪽으로 이전되었다.[46]

오늘날 실효적 지배는 국가 간 영토문제의 해결에 있어서 매우 중요한 고려사항이다. 일반적으로 실효적 지배란 영유권을 주장하는 데 있어서 문제의 지역에 대해서 어느 한쪽이 다툼 없이 통치권을 행사하였음을 주장하는 것이지만, 실제로 실효적 지배에 대해서는 다양한 인식이 있었다.[47] 18세기 중반 이후 실효적 지배는 선점에 의한 영유권 획득은 물론이고 영유권의 유지에도 필수적인 조건이 되었는데,[48] 실효적 지배가 인정되기 위한 조건은 당해 지역의 환경에 따라

46 김채형, "영토취득과 실효적 지배기준에 대한 연구," 『국제법학회논총』, 제54권 2호, 2009, pp.61-62, 66-67.

47 Blum은 실효적 지배란 국제법상 쉽볼렛(shibboleth) 즉 일종의 암호라고 하면서 당해 지역을 지배하기 위하여 적절한 수준의 정치적·군사적·행정적 통제권을 행사하는 것이라고 하였으며, Hill 교수는 생명과 재산의 안전을 제공하는 데 충분한 정부의 통제력이라고 보았고, Burghardt 교수는 통치는 지속적이고 점령은 효율적이어야 한다고 하면서 이상적인 것은 사람이 정착하여 자원을 개발하고 사용하는 것이라고 하였다. Yehuda Z. Blum, *Historic Titles in International Law*, 1965, pp.100-118; Andrew Burghardt, "The Bases of Territorial Claims," *Geograpical Review*, vol. 63, 1973, p.225.

48 Oscar Svarlien, *The Eastern Greenland Case in Historical Perspective*, University of Florida

달라진다.

팔마스(Palmas) 섬 사건에서 후버(Max Huber) 중재재판관은 영토주권의 표시는 시간과 장소에 따라서 여러 가지 형태로 나타난다고 하면서, 주권행사는 원칙적으로 계속적이어야 하지만 실제로 주권이 영토의 모든 부분에 대하여 항상 행사될 수는 없다고 하였다. 특히 사람이 거주할 수 있는 지역인지가 중요하다고 하면서, 작고 외딴 곳에 있는 극소수 원주민만이 거주하는 섬의 경우에 그에 대한 주권의 표시가 빈번해야 하는 것은 아니며 그러한 주권행사가 오래전부터 있었어야 하는 것도 아니라고 하였다. 이는 팔마스 사건의 경우 그러한 권한행사는 1898년에 있었으면 되는 것이고, 제3국이 믿을 만큼 계속적이고 평화적인 권한의 행사가 있었으면 그것으로 충분하다는 것이다. PCIJ는 1933년 동부그린란드사건 판결에서 할양조약과 같은 특별한 조치나 권원이 아닌 '지속적인 권한행사'에 기초한 영유권 주장은 주권자로서 행동하려는 의사와 그러한 권한의 실제 행사 또는 표시를 갖추어야 한다고 하였다.[49] ICJ는 니카라과 대 온두라스 사건에서 작은 해양지형에 대한 영유권은 그 질과 양에 있어서 미미한 국가권한의 표현에 근거해서도 증명될 수 있다고 하였는데, 이러한 입장은 인도네시아/말레이시아 사건에서 ICJ가 "리기탄(Ligitan)과 시파단(Sipadan)처럼 경제적으로 중요하지 않아서(적어도 최근까지) 사람이 거주하지 아니하거나 항구적으로 살고 있지 아니한 '매우 작은 섬'(very small islands)의 경우에는 일반적으로 실효적 주권행사도 부족하다"고

Press, 1964, pp.30-31.

49 *Legal Status of Eastern Greenland*, Judgement, PCIJ, Series A/B, No. 53, 1933, pp.45-46.

한 것과 비슷한 맥락이다.[50]

독도는 해양법협약상 경제수역과 대륙붕을 가질 수 없는 암석(rock)은 아니지만, 외부로부터 도움을 받지 않고 사람이 거주할 수 있을 만큼 큰 섬도 아니다. 더구나 독도는 본토는 물론이고 울릉도로부터도 상당한 거리에 위치해 있는바, 독도에 대한 실효적 지배의 기준은 낮아질 수밖에 없다. ICJ 등 국제법원과 재판소에서는 그간 팔마스, 그린란드, 리기탄/시파단, 페드라브랑카 같은 면적이 작거나 환경이 열악하여 인간의 거주가 곤란한 섬의 영유권 문제를 다루어왔다. 국제법원과 재판소들이 이러한 열악한 환경의 섬들에 대해서는 영유권자로서 행동하고자 하는 의사가 분명하면 미미한 국가권한의 행사와 표현에 의해서도 실효적 지배를 인정해 온 것을 감안할 때, 우리나라의 독도에 대한 주권행사에 관한 기록들은 독도에 대한 실효적 지배를 인정하기에 부족함이 없다고 하겠다.[51]

실효적 지배를 인정하는 데에는 국가의 주권적 권한행사에 관한 증거가 중요하므로, 실효적 지배의 존재를 입증하기 위해 당사국은 문제의 도서가 자국의 영역임을 전제로 한 각종 조치들을 그 증거로 제시한다. ICJ는 2007년 니카라과 대 온두라스 사건 판결에서 분쟁수역에 존재하는 Bobel Cay, South Cay, Half Moon cay, Savanna Cay 등 도서에 대한 영유권 문제의 해결을 위하여 실효적 지배의 문제를 검토

50 *Nicaragua v. Honduras case*, *op.cit.*, para.174; *Sovereignty over Pulau Ligitan and Pulau Sipadan* (*Indonesia/Malaysia*), Judgement, ICJ Reports, 2002, para.134.

51 오늘날 실효적 지배는 꼭 당해 영토나 도서를 물리적으로 점유하는 것을 필요로 하지는 않는다. 물리적 점유가 실효적 지배를 입증하는 데 크게 기여할 수는 있겠지만, 그러한 육지지역에 대하여 국가기능을 수행하거나 표명하는 것이 그에 못지않게 중요하다. 이러한 변화는 1884년 베를린회의 이후 나타난 것으로, 팔마스 섬 사건, 클리퍼튼 섬 사건, 동부그린란드 사건에서 그러한 기준이 적용되었다. 김채형, *op.cit.*, pp.70-74.

하였다. 온두라스는 자국의 입법적 · 행정적 통제조치, 민 · 형법의 분쟁도서에의 적용, 이민규제, 도서로부터 수행된 어업활동, 석유양허활동과 공공사업 등을 자국의 실효적 지배의 사례로 제시하였으며,[52] 니카라과는 온두라스의 주장을 비판하는 데 집중하였다. 결국 ICJ는 당사국이 원용한 활동들이 '관련 있는 주권적 권한의 표시'(relevant display of sovereign authority)인가 하는 시각에서 검토하였으며,[53] 온두라스가 원용한 *effectivités*는 "주권자로서 행동하겠다는 의도와 의지"(intention and will to act as sovereign)를 입증하였는바 4개 도서에 대한 "소박하지만 진정한 권한표시"(a modest but real display of authority)가 있었다고 보았다.[54] 리기탄/시파단 사건에서도 ICJ는 입법적 · 행정적 · 준사법적 조치들을 취해온 말레이시아에게 도서에 대한 권원을 인정하였다. 이 사건에서 말레이시아는 효율적 행정의 증거로서 리기탄/시파단에서의 거북이 알 수집을 규제하기 위하여 북보르네오 당국이 취한 조치 특히 '북보르네오 국내 또는 그 영수 내"에서의 거북포획과 거북알 수집제한을 위해 제정된 1917년 거북보존령(Turtle Preservation Ordinance)을 제시하였다.[55] 리기탄/시파단 사건에서 ICJ는 말레이시아가 원용한 활동들은 그 숫자가 많지는 않지만 성격상 다양하고 입법적 · 행정적 · 준사법적 행위들을 포함하고 있다고 보았던 것이다.

우리나라는 대일평화조약인 샌프란시스코조약이 체결되기 직전인 1952년 1월 18일 '인접해양에 대한 주권에 대한 선언'을 통해 일

52 *Nicaragua v. Honduras*, *op.cit.*, paras.169-170.

53 *Ibid.*, para.175.

54 *Ibid.*, para.208. Bobel Cay, South Cay, Half Moon cay, Savanna Cay 등 4개의 섬이 경제적 · 전략적으로 중요한지는 확인되지 아니하였지만, 온두라스는 주권자로서 행동하겠다는 의사표시를 하는 데 충분한 행위패턴(a sufficient pattern of conduct)을 보여주었다는 것이 ICJ의 판단이었다.

55 *Indonesia/Malaysia*, *op.cit.*, para.143.

종의 해양경계선인 평화선을 선포하였는바, 독도는 그 안에 위치하게 되었다. 1953년 창설된 독도의용수비대와 울릉경찰서 독도순라반에서 시작된 독도경비대는 그 후 독도경비를 담당해 오고 있으며, 1954년 8월 완공된 독도등대와 각종 국토표지는 독도가 우리의 영토임을 전세계에 보여주고 있다.[56] 그 외에 독도가 우리의 영토라는 당연한 전제하에 제정된 독도관련 각종법령과 행정조치 역시 우리나라의 독도에 대한 실효적 지배를 증거하는 중요한 자료들이다.

어떤 국가가 영토관련 조약에 근거하여 또는 *Uti Possidetis* 원칙이나 국가승계에 의하여 일정한 영토에 대해 권원을 취득하였는데, 다른 국가가 그 영토 전체 또는 일부에 대하여 본래 권원을 가진 국가의 항의를 받지 아니하고 오랜 기간 효율적으로 국가권한을 행사한 경우에는, 어떤 국가의 영토주권이 인정되는가 하는 문제가 제기되었다. 이는 국제법상 영토에 대한 '법적 권원'(legal title)과 ICJ 등 국제재판소나 법원이 자주 언급해온 '실효적 주권행사'(*effectivités*) 간의 충돌에 관한 것이다.[57] 국제법원이나 재판소가 법적 권원과 실효적 주권행사 간의 관계를 정면에서 다룬 첫 번째 사건은 1928년 팔마스 섬 사건이었다. 여기에서 후버 중재관은 한 국가에 의한 지속적이고 평화적인 권한행사가 다른 국가의 이전의 확정적인 권원보다 우월할 수 있다고 하였었다. 이러한 입장은 2008년 페드라브랑카 사건에 대한 ICJ 판결에서도 확인되었다. 이 사건에서 중요한 쟁점은 말레이시아가 '시원적 권원'(original title)을 확립하였는가 하는 것과 싱가포르가

56 KMI, 『독도사전』, 2011, pp.90, 338-339; 외교통상부, *op.cit.*, pp.139-163.

57 Roger O'Keefe, "Legal Title versus *effectivités*: Prescription and the Promise and Problems of Private Law Analogies," *International Community Law Review*, vol. 13, 2011, pp.147-148.

등대건설이 시작된 19세기 중반 이후 페드리브랑카에 대한 법적인 소유권을 획득하였는가 하는 것이었다.[58] 말레이시아의 시원적 권원 주장에 대하여 재판소는 긍정적이었다. ICJ는 17세기부터 19세기 초까지 조호르술탄국의 해양영토는 말라야 반도의 상당부분과 싱가포르 해협에 미치고, 페드라브랑카가 위치한 수역을 포함하는 해협 수역도 그 범위에 포함되었다고 보았다.[59] 보다 중요한 것은 그 후에 페드라브랑카에 대한 영유권이 싱가포르로 이전되었는가 하는 것이었는데, 싱가포르의 주장은 1844년 Horsburgh 등대의 건설과 운영 및 조호르와 그 승계국가의 행위에 근거를 두고 있었다.[60] 재판소는 싱가포르와 영국의 '주권행위'와 말레이시아와 그 선임국가들의 행위 특히 싱가포르와 영국의 조치에 대해 반응하지 못한 것 등을 감안할 때,[61] 1980년까지는 페드라브랑카에 대한 영유권이 싱가포르에 이전되었다고 결론지었다.[62]

반다이크 교수는 1952년 평화선 선언과 1954년 독도등대 건설은 우리나라가 독도를 물리적으로 점유하고 있음을 보여주는 것이라고 하였다. 그리고 이는 역사적으로 오랫동안 수립된 영유권 주장을 강

58 *Sovereignty over Pedra Branca/Pulau Batu Puteh, Middle Rocks and South Ledge* (*Malaysia/Singapore*), Judgment, ICJ Reports, 2008, para.42.

59 *Ibid.*, para.59.

60 *Ibid.*, para.118. 싱가포르는 등대건설 때부터 150여 년간 영국과 자국이 페드라브랑카에 대해 실효적인 행정과 통제를 실시해온 것을 강조하였으며, 재판소도 영국과 싱가포르가 단순한 등대관리자는 아니었다고 보았다. 싱가포르는 1950년대 중반 이후 영국과 싱가포르에 의한 해난사고조사, 입도규제, 해군통신시설설치, 매립계획 역시 주권행위(acts *a titre de souverain*)를 포함하는 것으로 주장하여 이를 원용하였다. *Ibid.*, para.274.

61 조호르 당국과 그 계승국가인 말레이시아는 1850년 6월부터 한 세기 이상 동안 페드라브랑카에 대하여 아무런 조치도 취하지 않았고, 페드라브랑카를 공식적으로 방문할 때에는 싱가포르의 명시적인 허락을 받기도 하였다. 1960년대와 1970년대 말레이시아의 공식적인 지도들은 싱가포르가 그 섬에 대해 영유권을 가진다는 인식을 보여주었으며, 1953년 조호르국무장관 대행은 조호르가 페드라브랑카에 대해 소유권을 가지지 않는다는 입장을 표명하기도 하였다. *Ibid.*, para.275.

62 *Ibid.*, para.276.

화하는 것이지만, 시효에 의해 일본으로부터 권원을 이전해 오는 효과도 갖는다고 하였다. 그는 독도문제가 국제법원이나 재판소에서 다루어지는 경우, 재판부가 한국에 의한 실효적 점유를 독도에 대한 영유권을 강화하는 것으로 본다면 일본은 이를 반박할 수 없으며, 재판부가 한국의 점유를 시효에 근거하여 영유권을 확립하려는 것으로 본다면 일본은 한국의 점유를 묵인한 적이 없음을 입증해야 한다고 하였다.

3. 결정적 기일

국가 간 영토 및 해양에 관한 분쟁이 국제법원이나 재판소에서 다루어질 때 결정적 기일(critical date)은 상황에 따라서는 그 결과를 좌우할 만큼 중요한 요소가 된다. 일단 결정적 기일이 정해지면 그 이후 당사국들이 취한 조치는 사건에 영향을 미치지 못하기 때문이다. 그리하여 피츠모리스(Gerald Fitzmaurice)는 결정적 기일에 관한 규칙의 존재이유는 그날에 시간이 정지된 것으로 간주되는 데 있다고 하였다. ICJ는 리기탄/시파단 사건에서 당사국 간 분쟁이 구체화된 시점 이후에 이루어진 행위는 그것이 이전 행위의 정상적인 지속이거나 당사국의 법적인 입장의 개선을 위한 것이 아니라면 고려될 수 없다고 하였으며, 니카라과 대 온두라스 사건에서는 결정적 기일이란 해양경계획정이나 육지영토에 대한 영유권을 둘러싼 분쟁에서 시간적인 분계선이 되는 시점이라고 하면서 그 이후의 행위는 *effectivités*로서의 가치를 가지지 못한다고 하였다.[63]

63 *Ligitan and Sipadan, op.cit.,* para.135; *Nicaragua v. Honduras, op.cit.,* para.117.

결정적 기일을 정하는 데에는 상황에 따라 여러 가지 기준이 사용된다. 결정적 기일은 분쟁이 구체화된 때를 기준으로 정해지는 것이지만, 실제로는 어떤 사건이 국제분쟁해결절차에 부탁된 날이나 영유권과 관련하여 당사국 간에 청구나 주장이 교환되기 시작한 시점이 선택된다. 말레이시아와 싱가포르 간 사건의 경우에는 페드라브랑카 영유권 문제를 둘러싼 공문교환 등을 통해 분쟁이 구체화된 시점이 결정적 기일이 되었다. 1979년 말레이시아는 『말레이시아의 영해와 대륙붕 경계선』(Territorial Waters and Continental Shelf Boundaries of Malaysia)이란 지도를 발간하였다. 그 지도에 의하면 페드라브랑카는 말레이시아 영해 내에 위치하였는바, 싱가포르는 1980년 2월 외교각서(Diplomatic Note)에서 말레이시아의 주장을 반박하고 지도의 수정을 요구하였다. 그 후 양국 간 공문교환이 있었으며 1993-1994년간 정부간 대화가 이어졌다.[64] 말레이시아는 이 분쟁이 '항의각서'에 의하여 구체화된 1980년 2월 14일을 결정적 기일이라고 주장한 데 반해, 싱가포르는 말레이시아가 지도의 발간을 통하여 도서에 대해 공식적인 주장을 제기한 1979-1980년이 결정적 기일이라고 하였다. 재판소는 말레이시아의 1979년 지도에 대하여 싱가포르가 항의한 1980년 2월 14일에 페드라브랑카 영유권 분쟁이 구체화되었다고 하였다.[65]

니카라과 대 온두라스 사건에서는 도서영유권 문제와 해양경계획정 문제에 대하여 별도의 결정적 기일이 정해졌다. 온두라스는 도서

64 *Ibid.(Pedra Branca)*, paras.30-31.

65 *Ibid.*, paras.33-34. ICJ는 페드라브랑카와 함께 영유권 문제가 제기된 미들락스와 사우스레지에 대한 영유권 분쟁은 1993년 2월 6일에 구체화되었다고 하였다. *Ibid.*, paras.35-36.

영유권과 관련하여 권원의 문제가 *uti possidetis* 적용에 관한 것이면 결정적 기일은 양국이 스페인에서 독립한 1821년이지만, 실효적 주권행사에 관한 것이면 진술서 등록일인 2001년 3월 21일 이전이 된다고 하였으며, 해양경계선 분쟁의 경우에는 니카라과에서 산디니스타(Sandinista)가 권력을 장악한 1979년이 결정적 기일이라고 하였다. 반면에 니카라과는 양국 간 해양경계획정 협상이 시작된 1977년이 결정적 기일이며, 해양경계선 분쟁과 도서영유권 분쟁은 하나의 분쟁이므로 결정적 기일도 같다고 하였다.[66] ICJ는 이런 경우에는 별도로 결정적 기일이 정해질 수 있다는 입장이었다. 재판소는 도서영유권 문제는 니카라과가 영유권을 주장한 소도와 암석에 관한 주권적 권리를 명시적으로 유보한 진술서를 기준으로 2001년을 결정적 기일로 보았으며,[67] 해양경계획정 문제의 경우에는 분쟁이 구체화된 시점은 서신교환이 있었던 1977년이 아니라 니카라과가 2번에 걸쳐서 온두라스 선박을 나포함으로써 양국 간 해양경계선을 둘러싼 공방이 본격화된 1980년대 초라고 하였다.[68]

우리 정부는 독도는 역사적·국제법적으로 당연히 우리 영토이어서 독도문제를 국제재판에 회부하는 것은 고려하지 않고 있으므로, 결정적 기일 문제에 대한 연구가 시급한 것은 아니다. 그러나 일본이 영유권 주장을 포기하지 않는 한 독도를 둘러싼 양국 간의 갈등상황

66 *Nicaragua v. Honduras*, *op.cit.*, pp.119-122.

67 *Ibid.*, para.125-129.

68 ICJ는 1982년 3월 17일 한 온두라스 선박이 조업 중 니카라과 순시선에 의해 나포되어 간 사건에 유의하였다. 또한 3월 21일에는 니카라과 연안경비대 선박 2척이 Bobel Cay와 Media Luna Cay 수역에서 4척의 온두라스 어선을 나포하였으며, 온두라스는 3월 23일 이에 대해 니카라과에 항의한 것을 중시하였다. ICJ는 양국 간 해양경계획정에 관한 분쟁이 존재했다고 말할 수 있는 것은 상기한 두 사건이 발생한 때부터라고 보았던 것이다. *Ibid.*, para.131.

은 유지되는 것이고, 독도문제를 사법적 해결의 틀 속에서 연구하는 경우에는 결정적 기일에 대한 연구도 필요하다. 구체적으로는 독도문제의 경우 결정적 기일을 설정할 필요가 있는지, 결정적 기일을 정하는 경우 그것은 단일의 것이면 되는지 아니면 도서영유권과 해양경계획정에 관하여 별도의 결정적 기일이 설정되어야 하는 것인지도 검토가 필요하다.

해방 이후 독도에 대한 실효적 지배를 점차 강화해 온 우리나라 입장에서 보면 결정적 기일은 늦게 잡힐수록 이익이 될 수 있다. 그러나 다수의 학자들은 한국과 일본 간에 독도문제에 관해 결정적 기일을 설정하는 경우에 그것은 1952년 전후가 될 것으로 보고 있다. 그것은 1952년 1월 18일 대한민국 정부가 국무원고시 제14호「인접해양 대한 주권에 관한 선언」을 통해 독도를 그 안쪽에 포함하는 평화선을 선포한 이후 이루어진 양국정부 간의 일련의 각서교환, 1954년 독도등대 건설과 해안경비대 주둔 및 독도우표 발행 등 한국 측의 일련의 조치에 따른 일본정부의 ICJ 공동제소에 관한 각서 등 일련의 각서교환을 통하여 독도영유권을 둘러싼 양국의 입장이 밝혀지고 갈등이 구체화되었다고 보기 때문이다. 또한 평화선을 침범하였다가 나포된 일본어선이 3백 척 이상에 달하고 억류된 일본어민이 3천 명을 넘는 등 평화선을 둘러싼 한국과 일본 정부 간에 있었던 외교문서 교환과 대화들도 독도 영유권과 해양관련 분쟁의 구체화에 기여한 사실들로 평가될 수 있다.하지만 독도문제와 관련하여 결정적 기일을 설정할 필요가 없다는 입장도 있다. 독도문제의 경우 결정적 기일을 특정할 필요가 없다는 주장은 독도문제의 역사적 특수성을 고려한 것이다. 고 반다이크(Van Dyke) 교수는 결정적 기일이 통일된 개념으로 사용되고 있지는 않다고 하면서, 그간의 역사적 사건과 20세기 전반 일본에 의한 한국 식민지배로 초래된 복잡한 상황 때문에 독도 분쟁에서 결정적 기일을 정하는 것은 중요하지 않다고 하면서, 멩키에·에크레호 사건에서처럼 역사의 모든 부분을 평가해야 한다고 하였다.[69]

제5절 | 국제판례에 비추어 본 도서주변 해양경계획정과 독도

1. 해양경계획정의 원칙과 방법

대륙붕제도의 등장 이후 해양경계획정을 둘러싸고 두 가지 입장이 대립하였었다. 하나는 등거리선 원칙인데, 일단 등거리선 또는 중간선에 의해 잠정경계선을 긋고 갖가지 상황들을 고려하여 이를 수정하자는 것이다. 다른 하나는 형평의 원칙으로 해저지형과 해안선의 형상과 같은 관련상황을 종합적으로 고려하여 단번에 형평에 맞는 경계선에 도달해야 한다는 주장이다.[70] 1958년 대륙붕협약은 등거리선 원칙을 채택하여 특별상황이 없는 경우에는 등거리선이나 중간선을 활

69 Van Dyke, "Legal Issues Related to Sovereignty over Dokdo and Its Maritime Boundary," *Ocean Development and International Law*, vol. 38, 2007, p.164. 반다이크 교수는 팔마스사건과 동부그린란드 사건의 판결취지를 철저하게 따르면 1905년이 결정적 기일로 지정될 수 있지만, 제2차대전 이후 군사점령기간 동안 공포된 명령, 점령기간 종료 직후 한국과 일본이 취한 조치, 그 후 한국 측의 영유권 강화노력과 일본의 이에 대한 항의 및 1965년 한일어업협정 역시 중요하다고 보았다.

70 Prosper Weil, *The Law of Maritime Delimitation-Reflections*, Grotius Publications, 1989, p.169. Weil 교수는 해양경계획정에 관한 국제판결들은 등거리선 원칙과 형평의 원칙 사이에서 움직여 왔다고 하였다. 그는 북해대륙붕사건과 영불대륙붕사건에 대한 판결은 대체로 중간적인 입장이었고, 리비아와 튀니지 사건과 메인만 사건 그리고 기니와 기니비소 사건 판결은 다소 후자의 입장이었으며, 리비아와 몰타 간 사건을 통해서는 규범성을 강조하는 전자의 입장으로 복귀하였다는 것이다.

용하여 대륙붕경계선을 긋도록 하였었다. 그렇지만 ICJ의 1969년 북해대륙붕사건에 대한 판결 이후 한동안 국제법원과 재판소는 등거리선보다는 형평의 원칙 쪽에 기울어져 있었다. 제3차 유엔해양법회의에서의 치열한 논란 끝에 해양법협약은 제74조와 제83조에 "대안국 및 인접국 간의 경제수역(대륙붕) 경계획정은 ICJ 규정 제38조에 나타난 국제법을 기초로 형평에 맞는 해결을 위하여 합의에 의해 이루어져야 한다"는 규정을 두었으나, 이를 두고 등거리선 그룹과 형평그룹은 서로 자신들의 입장이 반영된 결과라고 주장하기도 하였다. 하지만 최근에는 형평의 원칙과 등거리선 원칙을 대립적인 것보다는 상호 보완적인 것으로 이해하려는 경향이 강해지고 있고, ICJ는 카타르/바레인 사건에서 등거리선-특별상황 규칙과 형평의 원칙-관련상황 규칙은 서로 밀접히 연관되어 있다고 하였다.[71]

해양법협약은 경제수역과 대륙붕 경계획정은 국제법을 기초로 형평에 맞는 해결을 달성하기 위하여 이루어져야 한다는 원칙을 제시하였으나, 그 내용을 구체화하여 주관성과 불확실성을 줄이는 일은 결국 국제법원과 재판소의 판례법에 맡겨지게 되었다.[72] ICJ 등 국제법원과 재판소들은 1985년 리비아와 몰타 간 사건 판결 이후 등거리선 원칙에 대한 선호를 표명해 왔다.[73] 그런데 처칠(Churchill)은 최근

71 Shi Jiuyong, "Maritime Delimitation in the Jurisprudence of the International Court of Justice," *Chinese Journal of International Law*, Vol. 9, 2010, p.274; *Maritime Delimitation and Territorial Questions between Qatar and Bahrain* (*Qatar v. Bahrain*), Judgement, ICJ Reports, 2001, paras.230-231.

72 *Dispute Concerning Delimitation of the Maritime Boundary between Bangladesh and Myanmar in the Bay of Bengal* (*Bay of Bengal*), Judgment, ITLOS, 2012, paras.225-226.

73 *Continental Shelf(Libyan Arab Jamahiriya/Malta)*, Judgment, ICJ Reports, 1985, para.60. 리비아/몰타 사건에서 ICJ는 등거리선 방법을 경계획정의 원칙으로 인정하기를 거부하였으나, 실제 경계획정에서는 이를 적극적으로 활용하였는바, 일단 중간선 방식에 의해 잠정경계선을 획정한 후 관련상황을 고려하여 잠정등거리선을 북쪽으로 이동시켰다.

논문에서 1993년 그린란드와 얀마옌 사건에 대한 ICJ 판결 이후 국제법원과 재판소들은, 니카라과 대 온두라스 사건을 제외하고는 일관되게 대안국 간 또는 인접국 간 경제수역과 대륙붕 경계획정에 등거리선-특별상황 규칙을 채택해 왔다고 하였다.[74] 여하튼 벵갈만 사건에서 ITLOS도 그간 국제법은 등거리선-관련상황 방법을 선호하는 방향으로 발전해 왔고 실제로 많은 해양경계획정에 이 방법이 채택되었다고 하면서, 벵갈 만에서의 경제수역과 대륙붕 경계획정에 이 방법을 사용하였다.[75]

동북아시아 국가들이 대륙붕에 대해 본격적으로 관심을 갖게 된 것은 1969년 유엔극동경제위원회(ECAFE)가 동중국해와 황해의 석유자원 부존가능성을 전망한 보고서를 발표한 이후이다. 그 후 동북아 각국은 경쟁적으로 국내법을 제정하고 각국이 주장하는 대륙붕 경계획정에 관한 원칙에 따라 해저광구를 설정하였는데, 당시부터 중국은 육지의 자연적 연장 원칙을 그리고 일본은 중간선 원칙을 주장하였다. 우리나라는 황해와 동중국해 북부에서는 중국에 대해 중간선을 적용하였으나, 제주도 남쪽 동중국해에서는 일본에 대하여 육지의 자연적 연장 원칙을 적용하였다.[76] 동북아 국가들이 주장하는 원칙은 현재 각국의 국내법에 나타나 있다. 중국은 「배타적 경제수역 및 대륙붕에 관한 법률」 제2조에서 자국과 인접국 또는 대향국 간의

74 Robin Churchill, "The Bangladesh/Myanmar Case: Continuity and Novelty in the Law of Maritime Boundary Delimitation," *Cambridge Journal of International and Comparative Law*, vol. 1, 2012, pp.142-143. 하지만 인접한 국가들이 매우 긴 해안에 각각 하나의 기점만을 가지거나 두 개의 기점이 가까이 붙어 있는 경우에는 등거리선 방법의 적용은 부적절하다. 이런 경우에는 양국 해안의 일반적 방향을 나타내는 선에 수직선을 긋는 방법이 대안으로 고려되는데, ICJ는 니카라과 대 온두라스 간 사건에서 각도의 2등분선을 해양경계획정의 기초로서 사용하였다. Anderson, *op.cit.*, p.326.

75 *Bay of Bengal*, *op.cit.*, paras.238-239.

76 박춘호, "한국의 대륙붕 경계문제," 『고려대학교 법학논집』, 제21집, 1983, pp.67-68.

경제수역과 대륙붕 경계획정은 "국제법의 기초 위에서 공평원칙에 따라 합의를 통하여" 이루어진다고 하였으며, 일본은 「배타적 경제수역 및 대륙붕에 관한 법률」 제1, 2조에서 경제수역과 대륙붕의 경계획정은 별다른 합의가 없으면 중간선에 의한다고 하였다. 우리나라의 「배타적 경제수역법」은 국제법을 기초로 관계국과의 합의에 의하도록 하여 해양법협약의 관련 규정에 접근하였다.[77] 우리나라는 기존의 협정이 존재하거나 대륙붕의 단절이 존재하는 경우가 아니라면 기본적으로 중간선·등거리선에 의한 해양경계획정을 지지해 왔는바, 이는 오늘날의 추세에 부응하는 것으로 대부분 형평적 요구에도 부합하는 것이다.

동해는 황해나 동중국해에 비하면 지리적·지형학적으로 매우 단순한 모양을 하고 있다. 따라서 도서의 영유권과 해양수역 문제를 제외하면 별다른 관련상황이 존재하지 않는다. 특히 독도영유권 문제만 해결된다면 동해에서의 한일 양국 간의 해양경계획정 문제는 비교적 용이하게 해결될 것이다. 일본은 동해에서도 중간선 원칙을 주장하고 있고, 한국도 다른 원칙을 주장하고 있는 것은 아니기 때문이다.[78]

해양경계획정의 원칙을 둘러싼 논란이 진정되면서 해양경계획정의 방법이 관심사가 되었다. 오늘날 해양경계획정에서는 ICJ가 1985년 리비아/몰타 사건 판결에서 밝힌 이래 발전되어온 3단계 방법이 널리 사용되고 있다. 3단계란 등거리선 또는 중간선 방법에 의한 잠정경계선 획정, 관련상황을 고려한 잠정경계선의 조정, 결과의 형평성 확인이며, 형평에 대한 고려는 기점과 기선의 설정부터 모든 절차에

77 해양법포럼, 『유엔해양법협약 해설서 I』, 지인북스, 2009, pp.269-277.
78 이창위, "일본의 도서와 해양경계 문제," 『국제법학회논총』, 제54권 2호, 2009, pp.222-223.

서 이루어진다. ICJ는 흑해사건에서 3단계 방법을 상세하게 분석한 바 있으며,[79] ITLOS 역시 벵갈만 사건에서 2단계 방법, 3단계 방법, 각도2등분선방법을 자세히 검토하였다.[80]

독도가 위치한 동해에는 한국과 일본 · 러시아 · 북한 등 4개의 국가 또는 정치적 실체가 면해 있으며, 이들 간에는 최소한 4개의 해양경계선에 관한 합의가 가능하지만, 1986년 북한과 구소련 간에 체결된 협정이 유일한 것이다.[81] 이 협정에서 그러했듯이 동해에서의 한국과 일본 간 경제수역과 대륙붕 경계획정 역시 중간선 방법에 의해 획정될 수 있을 것이며, 3단계 방법을 사용하여 형평에 맞는 해양경계선을 획정할 수 있을 것이다.

2. 관련상황

해양경계획정이 형평에 맞게 이루어지려면 잠정경계선의 수정을 요구하는 관련상황들을 적절히 고려하여 경계선 획정에 반영하여야 한다. 일단 잠정등거리선이 획정되면 형평에 맞는 결과를 달성하기 위하여 그 선의 조정이나 이동을 요구하는 요소들이 있는지 살펴보는 것이다. 북해대륙붕사건 이래 ICJ에서는 그러한 요소들을 관련상황

79 *Maritime Delimitation in the Black Sea* (*Romania v. Ukraine*), Judgment, ICJ Reports, 2009, paras.116-122; Shi, *op.cit.*, p.284.

80 *Bay of Bengal*, *op.cit.*, para.240. ITLOS는 첫 단계에서 재판소는 당사국 해안의 지리와 수학적 계산을 기초로 잠정등거리선(provisional equidistance line)을 구성하며, 두 번째 단계에서는 잠정등거리선의 조정을 요구하는 관련상황을 고려하여 조정하고, 세 번째 단계에서는 각국의 해안선 길이 간의 비율과 각 당사국에게 속하게 될 해양면적 간의 비율 사이에 '심각한 불비례'가 없는지 확인한다고 하였다.

81 북한과 구 소련은 1985년 영해경계선 획정을 위한 국경협정을 체결한 데 이어, 「북한과 소련 간 경제수역과 대륙붕 경계선협정」(Agreement of the Economic Zone and Continental Shelf Boundary between the Union of the Soviet Socialist Republics and the Democratic People's Republic of Korea)에 합의하였다. Jonathan I. Charney and Lewis M. Alexander (eds.), *International Maritime Boundaries*, vol. 1, Martinus Nijhoff Publishers, 1993, pp.1135-1138, 1145.

(relevant circumstances)이라 부르고 있는데, 사건의 특수한 상황에 비추어 잠정경계선이 형평에 어긋나는 것은 아닌지 판단하고 비형평이 존재하는 경우에는 그 선을 조정하여 해양법협약 제74조 1항과 제83조 1항이 규정한 "형평에 맞는 해결"에 도달하도록 하는 것이다.[82] 해양경계획정에서 검토되는 관련상황에는 기존의 협정, 당해 수역에 존재하는 섬과 같은 특수한 지형, 해안선의 형상과 길이, 해저지형, 해저자원의 위치, 각국이 설정한 기선, 경제적·안보적 요소와 같은 매우 다양한 상황들이 포함된다. 여기에서는 독도 주변수역을 포함한 동해에서의 해양경계획정에 영향을 미치는 요소들을 살펴본다.

우선적으로 고려되는 관련상황 중에 기존의 합의가 있다. 한국과 일본 간에는 1998년 11월 28일 서명되고 1999년 1월 22일 발효한 신한일어업협정이 있다. 이 협정은 양국 간의 어업에 관한 사항을 규율하기 위하여 체결된 잠정협정이며, 제15조는 "이 협정의 어떠한 규정도 어업에 관한 사항 외의 국제법상 문제에 관한 각 체약국의 입장을 해하는 것으로 간주되어서는 아니 된다"고 하여 해양경계획정에 관한 한일 양국의 입장에는 아무런 영향이 없음을 명시하였다. 신한일어업협정은 해양법협약 제74조 3항의 최종적인 해양경계획정 이전에 체결되는 잠정협정(provisional agreement)으로서 동해 특히 독도 주변수역에서의 경계획정에 별다른 영향을 미치지는 않는다.[83]

해양경계획정시 중간선 또는 등거리선을 잠정경계선 획정에 사용

82 *Black Sea case*, *op.cit.*, para.155.

83 Van Dyke, *op.cit.*, p.193. 벵갈만 사건에서는 방글라데시와 미얀마 양국 간 영해경계획정과 관련하여 양국이 서명한 1974년 합의의사록(Agreed Minutes)이 사실상 영해경계선 획정에 관한 것이 아닌가 하는 의문이 제기되었다. ITLOS는 관련 합의의 내용을 검토한 후 1974년 합의의사록의 조문들은 교섭과정에서 합의된 '조건부양해'에 관한 기록이므로 의사록은 법적 구속력이 있는 합의가 아니라고 하였다. *Bay of Bengal*, *op.cit.*, paras.56-57, 92-98.

한다면 기선과 기점의 역할이 중요하다. 그러나 국제법원과 재판소는 각국이 자국의 관할수역 설정을 위해 그은 기선을 그대로 사용하지는 않는다. 국제법원과 재판소에서는 종종 경계획정을 위해 연안국이 설정할 기선을 조정하여 사용하거나 경계획정을 위해 별도의 기선을 설정하곤 하였다. 그리하여 흑해사건에서 ICJ는 각국이 대륙붕과 경제수역을 설정하기 위하여 기선을 정하는 것과 대륙붕과 경제수역 경계획정을 위하여 등거리선 또는 중간선 설정을 위한 기점을 정하는 것은 다르다고 하였다. 전자를 위해서는 해양법협약 제7, 9, 10, 12, 15조 규정에 부합하도록 관련 기점을 설정하면 되지만, 후자를 위해서는 관련해안의 '물리적 지리'(physical geography)를 고려하여 기점을 설정한다는 것이다.[84] 오늘날 해양경계획정에서 발견되는 특징의 하나로서 '가장 적절한 기점'(most appropriate basepoints)이 경계획정에 활용되고 있는 것도 눈여겨볼 점이다. 이전에도 각국이 설정한 기선과 상이한 가상기선을 설정하여 해양경계획정에 활용하는 사례는 있었으나, 흑해사건을 통해 기점 선정은 경계획정에서 아주 중요한 단계로 부상한 것이다. 흑해사건에서 ICJ는 당사국들의 관련해안에서 '해안의 방향에'(in the direction of the coast) 중대한 변화를 초래하며 해안선의 일반적 방향을 반영하는 '적절한 지점'을 찾아내어 잠정등거리선 획정에 활용하였던 것이다.[85]

일본은 이전부터 직선기선을 사용해왔지만, 1996년 새로이 획정한

84 *Romania v. Ukraine*, *op.cit.*, para.137. 벵갈만 사건에서, ITLOS도 연안국들은 경계획정의 목적상 자국의 기점을 결정하지만, 재판소는 지리적 사실에 기초하여 별도로 기점을 결정할 수 있다고 하였다. *Bay of Bengal*, *op.cit.*, para.264.

85 *Black Sea*, *op.cit.*, para.127. 앤더슨(Anderson)은 이것은 '구성등거리선'(structured equidistance)이라는 흥미 있는 컨셉으로 양측 해안의 일반적 방향을 결정하는 것과 유사하다고 하였다. Anderson, *op.cit.*, p.318.

직선기선은 다소 논란의 여지가 있다. 일본이 사용하고 있는 직선기선은 모두 162개인데, 그중에 상당수는 해양법협약 관련조항의 조건을 충족하지 못하는 곳에 설정되었기 때문이다.[86] 그에 비해 우리나라의 동해안 쪽 기선은 통상기선 방법에 의해 설정된 것이므로 경계획정시 불리할 수 있다는 우려가 있다. 그러나 양국 간 해양경계획정이 양자협상을 통해서 이루어지는 경우는 물론이고 사법적으로 해결되는 경우에도 각국이 설정한 기선을 꼭 그대로 따라야 하는 것은 아니며, 경우에 따라서는 별도의 기선을 설정하여 활용할 수도 있을 것이다.

해양법협약의 관련규정에 의하면 당연히 경제수역과 대륙붕을 가질 수 있는 섬이라고 할지라도, 그 섬에 기점을 설정하는 경우 경계획정에 커다란 왜곡이 초래되어 해양경계획정시 형평에 어긋나는 결과를 가져올 것으로 예상되는 경우에는 경계획정의 목적상 기점을 설정하지 않는 경우가 있다. 벵갈만 사건에서 ITLOS는 경제수역과 대륙붕 경계획정과 관련하여 방글라데시 소유의 상당히 큰 섬인 St. Martin's을 기점으로 활용하는 데 반대하였다. St. Martin's섬은 Naaf강의 양국 간 육상경계선 종점에서 미얀마 쪽 본토 바로 앞에 위치해 있다. 따라서 그 섬에 기점을 허용하게 되면 미얀마 해안으로부터 해양 쪽으로의 투사가 차단되어 해양경계선에 부당한 왜곡이 발생하는 바 이는 '지리의 사법적 재구성'(judicial refashioning of geography)에 해당한다는 것이다.[87]

86 이창렬, 최지현, 장진희, 김동욱, 『동아시아 직선기선 관행연구』, 한국해양수산개발원, 2011, pp.65-78.

87 *Bay of Bengal*, *op.cit.*, para.265.

독도는 동해 한가운데 위치해 있으므로 한국과 일본 간 해양경계 획정시 경계선에 큰 영향을 미칠 수 있다. 그러나 벵갈만 사건에서의 St. Martin's섬처럼 상대방 국가의 해안으로부터의 투사를 시작 지점부터 차단하는 것은 아니므로 기점으로 활용하는 데 큰 문제가 있는 것은 아니다. 국내에서도 독도에 기점을 설치하는 문제와 관련하여 많은 논의가 있었다. 독도의 작지 아니한 면적과 주변수역의 해양자원, 독도경비대가 주둔해 있는 상황 등을 감안하여 독도에 기점을 설치하여 독도와 일본 오키 섬의 중간선을 해양경계선으로 삼아야 한다는 주장과 일본의 조도와 남녀군도 및 중국의 해초와 동남초 같은 암석의 존재를 감안하면 전체적으로는 독도기점 설치의 효과가 반감되므로 전략적인 대응이 필요하다는 입장이 있었던 것이다. 이런 가운데 한국정부는 2006년 6월 12일 도쿄에서 개최된 한일 간 경제수역 경계획정 회담에서 그날 날짜로 '독도기점'을 채택했음을 일본 측에 통보하였다.[88] 이를 계기로 독도기점에 대한 논란은 종식되었으나, 그 조치에 대한 실질적인 평가는 동해에서의 해양경계획정시 독도기점이 잠정경계선에 미치는 효과와 중국 및 일본과의 실제 경계획정을 통해 이루어질 것이다.

관련상황의 하나로 연안국들의 해안선의 길이와 각국에게 속하게 될 수역의 면적 간의 비율이 있다. 해안선의 길이는 보통 해안의 일반적 방향을 따라 측정되는데, 여기서 말하는 비율은 산술적으로 정확한 비율을 요구하는 것이 아니며 합리적인 정도의 비율이면 형평에 어긋나는 것으로 보지 않는다. 흑해사건에서 우크라이나가 제기

88 이석용·박찬호, 『제3국 학자의 독도관련 입장분석』, 한국해양수산개발원, 2007, pp.27-29.

한 관련상황 중의 하나가 "해안선 길이에 있어서의 불비"(disproportion between lengths of coasts)이었다. 우크라이나는 자국의 관련해안의 길이가 루마니아의 그것에 비하여 4배에 달하는 점을 강조하였다. 재판소 역시 해안선 길이의 불균형이 현저한 경우에는 그것을 잠정등거리선의 조정을 요구하는 관련상황으로 볼 수 있다고 하였지만, 당해 사건에서 당사국의 해안선 길이 간의 불비가 그런 정도는 아니라고 하였다.[89] 동해 해안선의 길이를 백분율로 환산하면 대략 한국이 8퍼센트이고, 북한 11, 러시아 41, 일본 40퍼센트이나, 중간선 또는 등거리선에 의한 경계획정시 수역면적의 비율은 대략 한국 13, 북한 10, 러시아 31, 일본 46퍼센트가 되는바, 이 정도의 비율은 형평에 크게 어긋나는 것은 아니다.[90]

3. 도서의 해양경계선에 대한 효과

섬의 경제수역과 대륙붕 등 해양수역 경계선에 대한 효과는 섬의 면적과 위치, 주민숫자와 경제적 가치 등 섬의 중요성에 따라서 달라진다. 일반적으로 말하면, 섬은 그 면적이 클수록, 본토에 가까울수록, 주민 숫자가 많고 경제적으로 중요할수록 해양경계획정시 육지영토와 유사한 효과를 발휘하게 되어 해양경계선에 대한 효과가 커진다. 섬의 면적, 위치, 주민숫자 등을 고려하여 도서의 해양경계선에 대한 효과를 크게 4가지로 구분해 보면 다음과 같다.

첫째는 섬이 해양경계획정시 완전한 효과를 갖는 경우이다. 섬의

89 *Black Sea*, *op.cit.*, paras.163-168.

90 Daniel J. Dzurek, "Deciphering North Korean-Soviet (Russian) Maritime Boundary Agreements," *Ocean Development and International Law*, vol. 23, 1992, pp.41-42.

면적이 넓고 주민이 많은 섬들과 본국의 연안에 가까이 위치한 섬들은 경제수역과 대륙붕 경계획정시 해양경계선에 대해 육지영토와 유사한 효과를 갖는다. 둘째는 섬이 아무런 효과도 가지지 못하고 무시되는 경우이다. 본국 영토로부터 멀리 떨어져 있는 무인도와 등대나 통신시설 정도만이 있는 보잘것없는 섬들은 경계획정시 대부분 무시된다. 섬이 양국 간의 중간 정도 또는 상대방 쪽 수역에 위치하고 있고 면적이 작으며 주민이 없는 섬들도 대부분 해양경계선에 별다른 영향을 미치지 못한다. 해양경계획정 수역에 위치하는 섬으로 양국 간에 영유권 분쟁이 있었던 섬들도 경계획정시 자주 무시되는 경향이 있다.[91] 셋째는 섬이 부분적 효과를 갖는 경우이다. 섬의 면적과 위치, 주민숫자 등을 고려할 때 완전한 효과를 인정하거나 무시하는 것이 적절하지 않은 경우가 해당된다. 넷째는 섬 주변에 위요지(enclave)를 설치하거나 주변수역에 공동개발제도를 도입하는 경우이다. 위요지는 어떤 섬이 연안국 간 중간선이나 등거리선의 반대편에 위치해 있는 경우에 설치되곤 하는데, 영불대륙붕 사건에서 영국의 채널제도(Channel Islands)에 12해리 수역을 설치하면서 처음 사용되었다. 한편 인접국이나 대안국이 도서의 처리와 관련하여 타협점을 찾지 못할 때 관할권 주장이 중복되는 수역에 공동구역(common zone)을 설치하여 공동으로 관리하고 개발을 추진하기도 한다.

독도에 대한 영유권 문제가 해결되고 한국과 일본이 동해에 최종적인 해양경계선을 획정하려면 독도의 효과를 어느 정도로 할 것인지를 정해야 한다. 우리나라에서는 당연히 독도의 완전한 효과를 주

91 Hiran W. Jayewardene, *The Regime of Islands in International Law*, Martinus Nijhoff Publishers, 1990, pp.354-356.

장할 것이다. 그러나 독도는 외부의 지원이 없이는 사람이 살아가기가 곤란한 작은 섬이고 위치도 한일 양국 간 경계획정 대상수역 중간부분에 위치해 있기 때문에 경계획정시 완전한 효과를 부여받기가 쉽지는 않다. 게다가 일본의 오키 섬은 전체 면적 346.1㎢에 주민도 24,500명에 달하는 등 결코 작은 섬이 아니므로,[92] 이러한 요소들은 독도와 오키섬 사이에서 해양경계선의 위치를 확정하는 데 다소간에 영향을 미치게 될 것이다.

해양경계획정시 섬의 해양경계선에 대한 효과는 궁극적으로는 그 섬이 지닌 가치와 여러 가지 주변상황 등을 감안하여 개별적으로 결정되지만, 형평에 맞는 경계획정을 위하여 이를 무시하는 경우가 자주 있다. ICJ는 카타르/바레인 사건에서 섬의 비율에 어긋나는 해양경계선에 대한 효과를 방지하기 위하여 작고 사람이 살지 않는 섬에는 아무런 효과도 인정하지 않았다.[93] 흑해사건에서 Serpents'섬은 자체의 영해는 인정받았으나 경제수역 경계획정을 위한 잠정등거리선 결정과정에서는 무시되었다. ICJ는 Serpents'섬은 본토로부터 20해리 떨어져 있는 외딴 섬이므로 우크라이나의 '해안을 구성하는 일단의 외곽섬'이 아니라고 하였으며,[94] 우크라이나 해안의 일부가 아닌 이 섬에 루마니아와 우크라이나 해안 간의 잠정등거리선 구성을 위

92 행정구역상 도근현에 속하는 오키(隱岐) 섬은 16개 섬으로 구성되어 있고 전체면적은 346.1㎢이다. 주민은 4개의 섬에 거주하며 그 숫자는 2010년 현재 24,500명이다. 인터넷자료 http://en.wikipedia.org/wiki/Oki_Islands (2013.11.3).

93 Kwiatkowska, Barbara, "The Qatar v. Bahrain Maritime Delimitation and Territorial Questions Case," *Ocean Development and International Law*, vol. 33. pp.346-347. ICJ는 이 사건에서 다양한 해양지형의 해양경계선에 대한 효과를 검토하였는데, Qit'at Jaradah는 국제법상 섬의 지위를 가지지만 해양경계선의 왜곡가능성을 고려하여 경계획정시 이를 고려하지 않았으며, Fasht al Jarim 역시 해양경계획정을 위한 기선으로 사용할 수는 있으나 경계선에 대한 왜곡과 비율에 어긋나는 효과를 우려하여 이를 무시하였다.

94 *Romania v. Ukraine*, *op.cit.*, para.149.

한 목적에서 기점을 설정하는 데 반대하였다. 벵갈만 해양경계획정에서는 St. Martin's섬의 처리가 중요하였는데, 이 섬은 면적 8㎢에 주민 7,000명 정도가 거주하는 섬으로 해군기지가 위치해 있고 농업과 어업이 행하여지고 있으며 매년 360,000명의 관광객들이 방문하는 곳이다. 따라서 St. Martin's섬 자체로는 해양경계획정에서 상당한 효과를 가지는 것이 타당한 것으로 보였지만, 그 위치를 감안하면 미얀마 해안으로부터 해양으로의 투사를 차단하여 경계선에 부당한 왜곡을 초래할 우려가 있으므로, 재판소는 이 섬을 경제수역과 대륙붕 경계획정에서 관련상황으로 인정하지 않았으며 해양경계선에 대한 효과도 인정하지 않았다.[95] 결국 경제수역과 대륙붕 해양경계선 획정에 있어서 도서에 부여될 효과는 '지리적 사실과 사건의 상황'에 따라서 결정되는바, 해양경계선에 대한 도서의 효과에 관한 일반적 규칙은 존재하지 아니하므로 사안마다 특별한 처리가 요구되며, 그 궁극적인 목표는 형평에 맞는 해결에 도달하는 것이라고 하겠다.[96]

도서영유권 문제와 해양경계획정 문제가 서로 관련이 있는 상황에서 도서의 귀속이 결정된 경우에는, 그 섬의 주변수역 해양경계선에 대한 효과도 보다 제한적이 될 가능성이 커진다. 영유권 분쟁에 집중하다 보면 해양경계획정에 대한 관심과 집중력이 상대적으로 약해질 수도 있겠지만, 대부분이 무인도인 도서에 대한 영유권 분쟁에서 승리한 국가가 해양경계획정에서도 원하는 모든 것을 차지하기는 쉽지 않을 것이기 때문이다. 니카라과 대 온두라스 사건에서 ICJ는 Bobel Cay, Savanna Cay, Port Royal Cay, South Cay에 대한 영유

95 *Bay of Bengal*, *op.cit.*, paras.318-319.

96 *Ibid.*, para.317.

권이 온두라스에 속한다고 판시하였다. 이어서 이들 섬과 니카라과의 Edinburgh Cay 등 15도선 근처에 위치한 섬들 주변에 해양경계선을 획정하게 되었는데, 양국은 미리 이 섬들에게 경제수역과 대륙붕은 인정하지 않기로 합의하였었다. 따라서 온두라스 소유가 된 4개의 섬과 니카라과 소유인 Edinburgh Cay 모두 12해리 너비의 영해만을 가지게 되었다.[97]

ICJ 등 국제법원과 재판소는 섬의 존재 등을 감안하여 잠정경계선을 조정하기 위하여 잠정등거리선을 이동시키거나 잠정경계선의 각도나 방향을 조정하는 방법을 사용해 왔다. 잠정경계선을 이동시키는 방법은 1965년 이란과 사우디아라비아 간 대륙붕 경계획정 이래 양자협상을 통한 해양경계획정에 자주 사용되어 왔으며, ICJ도 1985년 리비아/몰타 사건에서 잠정등거리선을 북쪽으로 이동시키는 방법에 의하여 양국 간 대륙붕경계선을 확정하였다. 잠정경계선의 각도나 방향을 조정하는 방법은 1977년 중재재판소의 영불대륙붕사건 판정과 1982년 ICJ의 튀니지와 리비아 간 대륙붕사건에 대한 판결 등에서 사용되었으며, 2012년 ITLOS의 벵갈만 사건 판결에서는 방글라데시 해안의 해양 쪽으로의 투사가 차단되지 않게 하기 위하여 잠정등거리선의 방향을 조정하였다. 반면에 ICJ의 1993년 그린란드와 얀마옌 사건 판결에서는 잠정등거리선의 위치와 방향을 모두 조정하는 방법이 사용되었다.[98]

97 *Nicaragua v. Honduras*, *op.cit.*, para.300.

98 *Bay of Bengal*, *op.cit.*, paras.328-329.

제6절 | 결 론

본 장에서는 ICJ 등 국제법원과 재판소의 도서영유권과 해양경계획정에 관한 국제판례를 분석하여 독도영유권과 독도주변 해양경계획정 문제를 검토하였다. 따라서 국가에 의한 영유대상이 되는 해양지형의 범위, 역사적 증거, 실효적 지배, 결정적 기일 문제를 중심으로 도서영유권 문제에 관한 국제판례를 분석하여 국제법원과 재판소의 입장을 파악하였으며, 이를 독도문제에 적용하여 영유권에 관한 우리의 입장을 평가하였다. 또한 도서의 해양수역에 대한 권원, 해양경계획정의 원칙과 방법, 기선과 기점, 도서의 해양경계선에 대한 효과를 중심으로 도서의 해양수역에 대한 ICJ와 ITLOS 등 국제법원과 재판소의 입장을 분석하였으며, 그러한 결정이 독도 주변의 해양수역 경계획정에 미치는 영향을 검토하였다.

먼저 도서문제에 대한 ICJ와 ITLOS 등 국제법원과 재판소의 관할권 문제를 검토하였다. ICJ의 경우에는 한국과 일본이 합의하여 독도문제를 재판소에 부탁하기로 합의하지 않는 한 재판관할권을 행사하기는 어렵다. 그러나 ITLOS의 경우에는 해양법협약이 강제절차를 도입하는 등 국제분쟁해결제도에 커다란 변혁을 이루었기 때문에 대처방법을 찾는 것이 간단하지는 않다. 우리나라는 2006년 4월 18일 해양법협약상 강제절차의 선택적 배제 선언서를 유엔에 기탁하였기 때문에 독도영유권과 해양수역에 관한 문제가 우리나라의 반대에도 불구하고 ITLOS나 해양법협약 제7부속서의 중재재판소에서 본안으로 다루어질 가능성은 크지는 않다. 그러나 강제관할을 원칙으로 하는 해양법협약의 분쟁해결제도와 독도문제의 민감성 및 분쟁지역화를 원하는 일본의 입장을 고려할 때, 해양법협약 제7부속서 중재절차와 잠정조치의 활용가능성에 대한 검토가 필요하다.

도서영유권 문제에서 당해 도서에 대해 역사적 관련성을 인정받은 국가는 관련 분쟁에서 매우 유리한 입장에 서게 된다. ICJ 등 국제적인 사법기관들은 아주 오래된 역사적인 증거는 쉽게 인용하지 아니하는 경향이 있지만, 우리나라의 역사적인 기록들 특히 대한제국이 1900년 10월 발표한 칙령 제41호나 1877년 일본 태정관의 "울릉도와 한 개 섬(독도)은 본국과는 관계가 없다"는 결정은 매우 중요한 역사적 증거가 될 것이다. 실효적 지배란 영유권을 주장하는 데 있어서 문제의 지역에 대해서 어느 한쪽이 다툼이 없이 행정권을 행사하였다고 주장하는 것으로, 오늘날 국제법원이나 재판소에서는 영유권 분쟁해결시 매우 중요한 기준으로 사용하고 있다. 실효성이란 관점에서 볼 때에도 독도영유권 문제에 있어서 우리나라의 입장은 분명히 우위에 있다. 동부그린란드 사건에서 보듯이 현실적인 점유가 불가능한 지역에 대해서는 결국 어떤 국가의 관할권 행사가 보다 실효적이고 포괄적이었는가 하는 것이 중요한 판단기준이 되는바, 우리나라가 그간 축적해온 실효적 주권행사에 관한 실적들은 우리나라의 독도에 대한 실효적 지배를 입증하는 데 부족함이 없다고 본다.

도서의 해양수역과 관련해서는 우선 도서의 해양수역에 대한 권원에 관한 문제부터 검토하였다. 해양법협약은 제121조에서 자연적으로 형성되어 만조시 수면 위에 있는 모든 지형들에게는 영해·경제수역·대륙붕을 가질 수 있게 하면서도 "인간의 거주 또는 독자적인 경제생활을 유지할 수 없는 암석(rock)은 경제수역과 대륙붕을 가지지 못한다"고 하였다. 따라서 한때 독도의 경제수역과 대륙붕에 대한 권원 문제가 제기된 적이 있지만, 독도의 면적 등 중요성과 최근의 국가들의 실행에 비추어 볼 때 독도는 다른 육지영토나 섬들과 마찬가지로 영해·경제수역·대륙붕과 같은 해양수역을 가질 수 있는 섬이라고 보아야 한다.

해양경계획정의 원칙과 관련하여 ICJ 등 국제법원과 재판소들은 한때 중간선·등거리선 원칙과 형평의 원칙 사이에서 혼란을 겪기도 하였으나, 오늘날에는 등거리선 방법이 널리 사용되고 있으며, 등거리선 또는 중간선에 의한 잠정경계선 획정, 관련상황을 고려한 잠정경계선의 조정, 결과의 형평성의 확인으로 이어지는 경계획정 방법이 정착되어 가고 있다. 동해에는 독도문제를 제외하고는 특별한 관련상황이 존재하지 아니하므로 중간선 방식을 중심으로 3단계 방식에 의한 경계획정이 바람직해 보인다. 섬은 면적이 넓고 본토에 가까울수록, 주민이 많고 경제적으로 중요할수록 해양경계선에 미치는 영향이 커지게 되는데, 독도는 해양법협약상 암석은 아니지만 주민이 많이 거주하는 큰 섬은 아니며 아직은 그 경제적 중요성도 입증되지 못하고 있어서 해양경계선에 대한 완전한 효과를 기대하기에는 무리가 있을 수 있다. 그러나 국제해양법은 도서의 현재가치뿐 아니라 미래가치에도 주목하므로 독도의 가치를 제고하기 위한 방안을 모색하여야 한다.

부 록

해양법에 관한 국제연합 협약

(제121조까지)

이 협약의 당사국은,

해양법과 관련된 모든 문제를 상호이해와 협력의 정신으로 해결하고자 하는 희망에 따라, 또한 세계 모든 사람들을 위한 평화·정의 및 진보의 유지에 대한 중대한 공헌의 하나로서 이 협약이 가지는 역사적 의의를 인식하고,

1958년과 1960년에 제네바에서 개최된 국제연합해양법회의 이래의 발전에 따라 새롭고도 일반적으로 수락될 수 있는 해양법협약의 필요성이 강조되고 있음에 유의하고, 해양의 여러 문제가 서로 밀접하게 관련되어 있으며 전체로서 고려되어야 할 필요성이 있음을 인식하고,

이 협약을 통하여 모든 국가의 주권을 적절히 고려하면서, 국제교통의 촉진, 해양의 평화적 이용, 해양자원의 공평하고도 효율적인 활용, 해양생물자원의 보존, 그리고 해양환경의 연구, 보호 및 보전을 촉진하기 위하여 해양에 대한 법질서를 확립하는 것이 바람직함을 인식하고,

이러한 목적의 달성이 인류 전체의 이익과 필요, 특히 연안국이거나 내륙국이거나 관계없이 개발도상국의 특별한 이익과 필요를 고려한 공정하고도 공평한 국제경제질서의 실현에 기여할 것이라는 점을

유념하고,

국제연합총회가 국가관할권 한계 밖의 해저·해상 및 그 하층토 지역은 그 자원과 함께 인류공동유산이며, 이에 대한 탐사와 개발은 국가의 지리적 위치에 관계없이 인류전체의 이익을 위하여 수행되어야 한다고 특별히 엄숙하게 선언한 1970년 12월 17일자 결의 제2749(XXV)호에 구현된 여러 원칙을 이 협약에 의하여 발전시킬 것을 희망하고,

이 협약이 이룩한 해양법의 법전화와 점진적 발달이 정의와 평등권의 원칙에 따라 모든 국가 간에 평화·안전·협력 및 우호관계의 강화에 기여하고 국제연합헌장에 규정된 국제연합의 목적과 원칙에 따라 세계 모든 사람들의 경제적·사회적 진보를 증진할 것임을 믿으며,

이 협약에 의하여 규율되지 아니한 사항은 일반국제법의 규칙과 원칙에 의하여 계속 규율될 것임을 확인하며,

다음과 같이 합의하였다.

제1부 | 총 칙

제1조 (용어의 사용과 적용범위)

1. 이 협약에서,

(1) "심해저"라 함은 국가관할권 한계 밖의 해저·해상 및 그 하층토를 말한다.

(2) "해저기구"라 함은 국제해저기구를 말한다.

(3) "심해저활동"이라 함은 심해저자원을 탐사하고 개발하는 모든 활동을 말한다.

(4) "해양환경오염"이라 함은 생물자원과 해양생물에 대한 손상, 인간의 건강에 대한 위험, 어업과 그 밖의 적법한 해양이용을 포함한 해양활동에 대한 장애, 해수이용에 의한 수질악화 및 쾌적도 감소 등과 같은 해로운 결과를 가져오거나 가져올 가능성이 있는 물질이나 에너지를 인간이 직접적으로 또는 간접적으로 강어귀를 포함한 해양환경에 들여오는 것을 말한다.

(5) (a) "투기"라 함은 다음을 말한다.

(i) 선박·항공기·플랫폼 또는 그 밖의 인공해양구조물로부터 폐기물이나 그 밖의 물질을 고의로 버리는 행위

(ii) 선박·항공기·플랫폼 또는 그 밖의 인공해양구조물을 고의로 버리는 행위

(b) "투기"에는 다음이 포함되지 아니한다.

(i) 선박·항공기·플랫폼 또는 그 밖의 인공해양구조물 및 이들 장비의 통상적인 운용에 따라 발생되는 폐기물이나 그 밖의 물질의 폐기. 단, 폐기물이나 그 밖의 물질을 버릴 목적으로 운용되는 선박·항공기·플랫폼 또는 그 밖의 인공해양구조물에 의하여 운송되거나 이들에게 운송된 폐기물이나 그 밖의 물질, 이러한 선박·항공기·플랫폼 또는 그

밖의 인공해양구조물에서 이러한 폐기물 또는 그 밖의 물질을 처리함에 따라 발생되는 폐기물이나 그 밖의 물질은 제외

(ii) 이 협약의 목적에 어긋나지 아니하는 단순한 폐기를 목적으로 하지 아니하는 물질의 유치

2. (1) "당사국"이라 함은 이 협약에 기속받기로 동의하고 이 협약이 발효하고 있는 국가를 말한다.

(2) 이 협약은 제305조 제1항 (b), (c), (d), (e) 및 (f)에 해당하는 주체로서 각기 관련되는 조건에 따라 이 협약의 당사자가 된 주체에 대하여 준용되며, 그러한 경우 "당사국"이라 함은 이러한 주체를 포함한다.

제2부 | 영해와 접속수역

제1절 | 총 칙

제2조 (영해, 영해의 상공·해저 및 하층토의 법적 지위)

1. 연안국의 주권은 영토와 내수 밖의 영해라고 하는 인접해역, 군도국가의 경우에는 군도수역 밖의 영해라고 하는 인접해역에까지 미친다.
2. 이러한 주권은 영해의 상공·해저 및 하층토에까지 미친다.
3. 영해에 대한 주권은 이 협약과 그 밖의 국제법규칙에 따라 행사된다.

제2절 | 영해의 한계

제3조 (영해의 폭)

모든 국가는 이 협약에 따라 결정된 기선으로부터 12해리를 넘지 아

니하는 범위에서 영해의 폭을 설정할 권리를 가진다.

제4조 (영해의 바깥한계)

영해의 바깥한계는 기선상의 가장 가까운 점으로부터 영해의 폭과 같은 거리에 있는 모든 점을 연결한 선으로 한다.

제5조 (통상기선)

영해의 폭을 측정하기 위한 통상기선은 이 협약에 달리 규정된 경우를 제외하고는 연안국이 공인한 대축척해도에 표시된 해안의 저조선으로 한다.

제6조 (암초)

환초상에 위치한 섬 또는 가장자리에 암초를 가진 섬의 경우, 영해의 폭을 측정하기 위한 기선(이하 "영해기선"이라 함)은 연안국이 공인한 해도상에 적절한 기호로 표시된 암초의 바다쪽 저조선으로 한다.

제7조 (직선기선)

1. 해안선이 깊게 굴곡이 지거나 잘려들어간 지역, 또는 해안을 따라 아주 가까이 섬이 흩어져 있는 지역에서는 영해기선을 설정함에 있어서 적절한 지점을 연결하는 직선기선의 방법이 사용될 수 있다.
2. 삼각주가 있거나 그 밖의 자연조건으로 인하여 해안선이 매우 불안정한 곳에서는, 바다쪽 가장 바깥 저조선을 따라 적절한 지점을 선택할 수 있으며, 그 후 저조선이 후퇴하더라도 직선기선은 이 협약에 따라 연안국에 의하여 수정될 때까지 유효하다.
3. 직선기선은 해안의 일반적 방향으로부터 현저히 벗어나게 설정할 수 없으며, 직선기선 안에 있는 해역은 내수제도에 의하여 규율될 수 있을 만큼 육지와 충분히 밀접하게 관련되어야 한다.

4. 직선기선은 간조노출지까지 또는 간조노출지로부터 설정할 수 없다. 다만, 영구적으로 해면 위에 있는 등대나 이와 유사한 시설이 간조노출지에 세워진 경우 또는 간조노출지 사이의 기선 설정이 일반적으로 국제적인 승인을 받은 경우에는 그러하지 아니하다.
5. 제1항의 직선기선의 방법을 적용하는 경우, 특정한 기선을 결정함에 있어서 그 지역에 특유한 경제적 이익이 있다는 사실과 그 중요성이 오랜 관행에 의하여 명백히 증명된 경우 그 경제적 이익을 고려할 수 있다.
6. 어떠한 국가도 다른 국가의 영해를 공해나 배타적 경제수역으로부터 격리시키는 방식으로 직선기선 제도를 적용할 수 없다.

제8조 (내수)

1. 제4부에 규정된 경우를 제외하고는 영해기선의 육지쪽 수역은 그 국가의 내수의 일부를 구성한다.
2. 제7조에 규정된 방법에 따라 직선기선을 설정함으로써 종전에 내수가 아니었던 수역이 내수에 포함되는 경우, 이 협약에 규정된 무해통항권이 그 수역에서 계속 인정된다.

제9조 (하구)

강이 직접 바다로 유입하는 경우, 기선은 양쪽 강둑의 저조선상의 지점을 하구를 가로질러 연결한 직선으로 한다.

제10조 (만)

1. 이 조는 그 해안이 한 국가에 속하는 만에 한하여 적용한다.
2. 이 협약에서 만이라 함은 그 들어간 정도가 입구의 폭에 비하여 현저하여 육지로 둘러싸인 수역을 형성하고, 해안의 단순한 굴곡 이상인 뚜렷한 만입을 말한다. 그러나 만입 면적이 만입의 입구를 가

로질러 연결한 선을 지름으로 하는 반원의 넓이에 미치지 못하는 경우, 그러한 만입은 만으로 보지 아니한다.

3. 측량의 목적상 만입면적이라 함은 만입해안의 저조선과 만입의 자연적 입구의 양쪽 저조지점을 연결하는 선 사이에 위치한 수역의 넓이를 말한다. 섬이 있어서 만이 둘 이상의 입구를 가지는 경우에는 각각의 입구를 가로질러 연결하는 선의 길이의 합계와 같은 길이인 선상에 반원을 그려야 한다. 만입의 안에 있는 섬은 만입수역의 일부로 본다.
4. 만의 자연적 입구 양쪽의 저조지점 간의 거리가 24해리를 넘지 아니하는 경우, 폐쇄선을 두 저조지점 간에 그을 수 있으며, 이 안에 포함된 수역은 내수로 본다.
5. 만의 자연적 입구 양쪽의 저조지점 간의 거리가 24해리를 넘는 경우, 24해리의 직선으로서 가능한 한 최대의 수역을 둘러싸는 방식으로 만 안에 24해리 직선기선을 그어야 한다.
6. 전항의 규정들은 이른바 "역사적" 만에 대하여 또는 제7조에 규정된 직선기선제도가 적용되는 경우에는 적용하지 아니한다.

제11조 (항구)

영해의 경계를 획정함에 있어서, 항만체계의 불가분의 일부를 구성하는 가장 바깥의 영구적인 항만시설은 해안의 일부를 구성하는 것으로 본다. 근해시설과 인공섬은 영구적인 항만시설로 보지 아니한다.

제12조 (정박지)

선박이 화물을 싣고, 내리고, 닻을 내리기 위하여 통상적으로 사용되는 정박지는 전부 또는 일부가 영해의 바깥한계 밖에 있는 경우에도 영해에 포함된다.

제13조 (간조노출지)

1. 간조노출지는 썰물일 때에는 물로 둘러싸여 물 위에 노출되나 밀물일 때에는 물에 잠기는 자연적으로 형성된 육지지역을 말한다. 간조노출지의 전부 또는 일부가 본토나 섬으로부터 영해의 폭을 넘지 아니하는 거리에 위치하는 경우, 그 간조노출지의 저조선을 영해기선으로 사용할 수 있다.
2. 간조노출지 전부가 본토나 섬으로부터 영해의 폭을 넘는 거리에 위치하는 경우, 그 간조노출지는 자체의 영해를 가지지 아니한다.

제14조 (기선결정 방법의 혼합)

연안국은 서로 다른 조건에 적합하도록 앞의 각 조에 규정된 방법을 교대로 사용하여 기선을 결정할 수 있다.

제15조 (대향국 간 또는 인접국 간의 영해의 경계획정)

두 국가의 해안이 서로 마주보고 있거나 인접하고 있는 경우, 양국 간 달리 합의하지 않는 한 양국의 각각의 영해 기선상의 가장 가까운 점으로부터 같은 거리에 있는 모든 점을 연결한 중간선 밖으로 영해를 확장할 수 없다. 다만, 위의 규정은 역사적 권원이나 그 밖의 특별한 사정에 의하여 이와 다른 방법으로 양국의 영해의 경계를 획정할 필요가 있는 경우에는 적용하지 아니한다.

제16조 (해도와 지리적 좌표목록)

1. 제7조, 제9조 및 제10조에 따라 결정되는 영해기선 또는 그로부터 도출된 한계, 그리고 제12조 및 제15조에 따라 그어진 경계선은 그 위치를 확인하기에 적합한 축척의 해도에 표시되어야 한다. 또는 측지자료를 명기한 각 지점의 지리적 좌표목록으로 이를 대체할 수 있다.

2. 연안국은 이러한 해도나 지리적 좌표목록을 적절히 공표하고, 그 사본을 국제연합 사무총장에게 기탁한다.

제3절 | 영해에서의 무해통항

제1관 모든 선박에 적용되는 규칙

제17조 (무해통항권)

연안국이거나 내륙국이거나 관계없이 모든 국가의 선박은 이 협약에 따라, 영해에서 무해통항권을 향유한다.

제18조 (통항의 의미)

1. 통항이라 함은 다음의 목적을 위하여 영해를 지나서 항행함을 말한다.
   (a) 내수에 들어가지 아니하거나 내수 밖의 정박지나 항구시설에 기항하지 아니하고 영해를 횡단하는 것; 또는
   (b) 내수를 향하여 또는 내수로부터 항진하거나 또는 이러한 정박지나 항구시설에 기항하는 것
2. 통항은 계속적이고 신속하여야 한다. 다만, 정선이나 닻을 내리는 행위가 통상적인 항행에 부수되는 경우, 불가항력이나 조난으로 인하여 필요한 경우, 또는 위험하거나 조난상태에 있는 인명·선박 또는 항공기를 구조하기 위한 경우에는 통항에 포함된다.

제19조 (무해통항의 의미)

1. 통항은 연안국의 평화, 공공질서 또는 안전을 해치지 아니하는 한 무해하다. 이러한 통항은 이 협약과 그 밖의 국제법규칙에 따라 이루어진다.
2. 외국선박이 영해에서 다음의 어느 활동에 종사하는 경우, 외국선박의 통항은 연안국의 평화, 공공질서 또는 안전을 해치는 것으로

본다.

(a) 연안국의 주권, 영토보전 또는 정치적 독립에 반하거나, 또는 국제연합헌장에 구현된 국제법의 원칙에 위반되는 그 밖의 방식에 의한 무력의 위협이나 무력의 행사

(b) 무기를 사용하는 훈련이나 연습

(c) 연안국의 국방이나 안전에 해가 되는 정보수집을 목적으로 하는 행위

(d) 연안국의 국방이나 안전에 해로운 영향을 미칠 것을 목적으로 하는 선전행위

(e) 항공기의 선상 발진·착륙 또는 탑재

(f) 군사기기의 선상 발진·착륙 또는 탑재

(g) 연안국의 관세·재정·출입국관리 또는 위생에 관한 법령에 위반되는 물품이나 통화를 싣고 내리는 행위 또는 사람의 승선이나 하선

(h) 이 협약에 위배되는 고의적이고도 중대한 오염행위

(i) 어로활동

(j) 조사활동이나 측량활동의 수행

(k) 연안국의 통신체계 또는 그 밖의 설비·시설물에 대한 방해를 목적으로 하는 행위

(l) 통항과 직접 관련이 없는 그 밖의 활동

제20조 (잠수함과 그 밖의 잠수항행기기)

잠수함과 그 밖의 잠수항행기기는 영해에서 해면 위로 국기를 게양하고 항행한다.

제21조 (무해통항에 관한 연안국의 법령)

1. 연안국은 이 협약의 규정과 그 밖의 국제법규칙에 따라 다음 각호

의 전부 또는 일부에 대하여 영해에서의 무해통항에 관한 법령을 제정할 수 있다.

(a) 항행의 안전과 해상교통의 규제

(b) 항행보조수단과 설비 및 그 밖의 설비나 시설의 보호

(c) 해저전선과 관선의 보호

(d) 해양생물자원의 보존

(e) 연안국의 어업법령 위반방지

(f) 연안국의 환경보전과 연안국 환경오염의 방지, 경감 및 통제

(g) 해양과학조사와 수로측량

(h) 연안국의 관세·재정·출입국관리 또는 위생에 관한 법령의 위반방지

2. 이러한 법령이 일반적으로 수락된 국제규칙이나 기준을 시행하는 것이 아닌 한 외국선박의 설계, 구조, 인원배치 또는 장비에 대하여 적용하지 아니한다.

3. 연안국은 이러한 모든 법령을 적절히 공표하여야 한다.

4. 외국선박이 영해에서 무해통항권을 행사하는 경우, 이러한 모든 법령과 해상충돌방지에 관하여 일반적으로 수락된 모든 국제규칙을 준수하여야 한다.

제22조 (영해 내의 항로대와 통항분리방식)

1. 연안국은 항행의 안전을 위하여 필요한 경우 자국의 영해에서 무해통항권을 행사하는 외국선박에 대하여 선박통항을 규제하기 위하여 지정된 항로대와 규정된 통항분리방식을 이용하도록 요구할 수 있다.

2. 특히 유조선, 핵추진선박 및 핵물질 또는 본래 위험하거나 유독한 그 밖의 물질이나 재료를 운반 중인 선박에 대하여서는 이러한 항로대만을 통항하도록 요구할 수 있다.

3. 연안국은 이 조에 따라 항로대를 지정하고 통항분리방식을 규정함에 있어서 다음 사항을 고려한다.
   (a) 권한 있는 국제기구의 권고
   (b) 국제항행에 관습적으로 이용되고 있는 수로
   (c) 특정한 선박과 수로의 특성
   (d) 선박교통량
4. 연안국은 이러한 항로대와 통항분리방식을 해도에 명시하고 이를 적절히 공표한다.

제23조 (외국의 핵추진선박과 핵물질 또는 본래 위험하거나 유독한 그 밖의 물질을 운반하는 선박)

외국의 핵추진선박과 핵물질 또는 본래 위험하거나 유독한 그 밖의 물질을 운반 중인 선박은 영해에서 무해통항권을 행사하는 경우, 이러한 선박에 대하여 국제협정이 정한 서류를 휴대하고 또한 국제협정에 의하여 확립된 특별예방조치를 준수한다.

제24조 (연안국의 의무)

1. 연안국은 이 협약에 의하지 아니하고는 영해에서 외국선박의 무해통항을 방해하지 아니한다. 특히, 연안국은 이 협약이나 이 협약에 따라 제정된 법령을 적용함에 있어 다음 사항을 행하지 아니한다.
   (a) 외국선박에 대하여 실질적으로 무해통항권을 부인하거나 침해하는 효과를 가져오는 요건의 부과
   (b) 특정국의 선박, 또는 특정국으로 화물을 반입·반출하거나 특정국을 위하여 화물을 운반하는 선박에 대한 형식상 또는 실질상의 차별
2. 연안국은 자국이 인지하고 있는 자국 영해에서의 통항에 관한 위험을 적절히 공표한다.

第25조 (연안국의 보호권)

1. 연안국은 무해하지 아니한 통항을 방지하기 위하여 필요한 조치를 자국 영해에서 취할 수 있다.
2. 연안국은 선박이 내수를 향하여 항행하거나 내수 밖의 항구시설에 기항하고자 하는 경우, 그 선박이 내수로 들어가기 위하여 또는 그러한 항구시설에 기항하기 위하여 따라야 할 허가조건을 위반하는 것을 방지하기 위하여 필요한 조치를 취할 권리를 가진다.
3. 연안국은 무기를 사용하는 훈련을 포함하여 자국의 안전보호상 긴요한 경우에는 영해의 지정된 수역에서 외국선박을 형식상 또는 실질상 차별하지 아니하고 무해통항을 일시적으로 정지시킬 수 있다. 이러한 정지조치는 적절히 공표한 후에만 효력을 가진다.

第26조 (외국선박에 부과할 수 있는 수수료)

1. 외국선박에 대하여 영해의 통항만을 이유로 어떠한 수수료도 부과할 수 없다.
2. 수수료는 영해를 통항하는 외국선박에 제공된 특별한 용역에 대한 대가로서만 그 선박에 대하여 부과할 수 있다. 이러한 수수료는 차별 없이 부과된다.

제2관 상선과 상업용 정부선박에 적용되는 규칙

第27조 (외국선박 내에서의 형사관할권)

1. 연안국의 형사관할권은 오직 다음의 각호의 경우를 제외하고는 영해를 통항하고 있는 외국선박의 선박 내에서 통항 중에 발생한 어떠한 범죄와 관련하여 사람을 체포하거나 수사를 수행하기 위하여 그 선박 내에서 행사될 수 없다.
   (a) 범죄의 결과가 연안국에 미치는 경우
   (b) 범죄가 연안국의 평화나 영해의 공공질서를 교란하는 종류

인 경우

(c) 그 선박의 선장이나 기국의 외교관 또는 영사가 현지 당국에 지원을 요청한 경우

(d) 마약이나 향정신성물질의 불법거래를 진압하기 위하여 필요한 경우

2. 위의 규정은 내수를 떠나 영해를 통항 중인 외국선박 내에서의 체포나 수사를 목적으로 자국법이 허용한 조치를 취할 수 있는 연안국의 권리에 영향을 미치지 아니한다.

3. 제1항 및 제2항에 규정된 경우, 연안국은 선장이 요청하면 어떠한 조치라도 이를 취하기 전에 선박기국의 외교관이나 영사에게 통고하고, 이들과 승무원 간의 연락이 용이하도록 한다. 긴급한 경우 이러한 통고는 조치를 취하는 동안에 이루어질 수도 있다.

4. 현지당국은 체포여부나 체포방식을 고려함에 있어 통항의 이익을 적절히 고려한다.

5. 제12부에 규정된 경우나 제5부에 따라 제정된 법령위반의 경우를 제외하고는, 연안국은 외국선박이 외국의 항구로부터 내수에 들어오지 아니하고 단순히 영해를 통과하는 경우, 그 선박이 영해에 들어오기 전에 발생한 범죄와 관련하여 사람을 체포하거나 수사를 하기 위하여 영해를 통항 중인 외국선박 내에서 어떠한 조치도 취할 수 없다.

제28조 (외국선박과 관련한 민사관할권)

1. 연안국은 영해를 통항 중인 외국선박 내에 있는 사람에 대한 민사관할권을 행사하기 위하여 그 선박을 정지시키거나 항로를 변경시킬 수 없다.

2. 연안국은 외국선박이 연안국 수역을 항행하는 동안이나 그 수역을 항행하기 위하여 선박 스스로 부담하거나 초래한 의무 또는 책임에

관한 경우를 제외하고는 민사소송절차를 위하여 그 선박에 대한 강제집행이나 나포를 할 수 없다.

3. 제2항의 규정은 영해에 정박하고 있거나 내수를 떠나 영해를 통항 중인 외국선박에 대하여 자국법에 따라 민사소송절차를 위하여 강제집행이나 나포를 할 수 있는 연안국의 권리를 침해하지 아니한다.

제3관 군함과 그 밖의 비상업용 정부선박에 적용되는 규칙

제29조 (군함의 정의)

이 협약에서 "군함"이라 함은 어느 한 국가의 군대에 속한 선박으로서, 그 국가의 국적을 구별할 수 있는 외부표지가 있으며, 그 국가의 정부에 의하여 정식으로 임명되고 그 성명이 그 국가의 적절한 군적부나 이와 동등한 명부에 등재되어 있는 장교의 지휘 아래 있으며 정규군 군율에 따르는 승무원이 배치된 선박을 말한다.

제30조 (군함의 연안국 법령위반)

군함이 영해통항에 관한 연안국의 법령을 준수하지 아니하고 그 군함에 대한 연안국의 법령준수 요구를 무시하는 경우, 연안국은 그 군함에 대하여 영해에서 즉시 퇴거할 것을 요구할 수 있다.

제31조 (군함이나 그 밖의 비상업용 정부선박에 의한 손해에 대한 기국의 책임)

기국은 군함이나 그 밖의 비상업용 정부선박이 영해통항에 관한 연안국의 법령 또는 이 협약이나 그 밖의 국제법규칙을 준수하지 아니함으로써 연안국에게 입힌 어떠한 손실이나 손해에 대하여도 국제책임을 진다.

제32조 (군함과 그 밖의 비상업용 정부선박의 면제)

제1관, 제30조 및 제31조에 규정된 경우를 제외하고는 이 협약의 어떠한 규정도 군함과 그 밖의 비상업용 정부선박의 면제에 영향을 미치지 아니한다.

제4절 | 접속수역

제33조 (접속수역)

1. 연안국은 영해에 접속해 있는 수역으로서 접속수역이라고 불리는 수역에서 다음을 위하여 필요한 통제를 할 수 있다.
   (a) 연안국의 영토나 영해에서의 관세·재정·출입국관리 또는 위생에 관한 법령의 위반방지
   (b) 연안국의 영토나 영해에서 발생한 위의 법령 위반에 대한 처벌
2. 접속수역은 영해기선으로부터 24해리 밖으로 확장할 수 없다.

제4부 | 군도국가

제46조 (용어의 사용)

이 협약에서,

(a) "군도국가"라 함은 전체적으로 하나 또는 둘 이상의 군도로 구성된 국가를 말하며, 그 밖의 섬을 포함할 수 있다.

(b) "군도"라 함은 섬의 무리(섬들의 일부를 포함), 연결된 수역 및 그 밖의 자연지형으로서, 이들이 서로 밀접하게 관련되어 있어 그러한 섬, 수역 및 그 밖의 자연지형이 고유한 지리적·경제적 또는 정치적 단일체를 이루고 있거나 또는 역사적으로 그러한 단일체로 인정되어 온 것을 말한다.

제47조 (군도기선)

1. 군도국가는 군도의 가장 바깥쪽 섬의 가장 바깥점과 드러난 암초의 가장 바깥점을 연결한 직선군도기선을 그을 수 있다. 다만, 이러한 기선 안에는 주요한 섬을 포함하며 수역의 면적과 육지면적(환초 포함)의 비율이 1대1에서 9대1 사이이어야 한다.
2. 이러한 기선의 길이는 100해리를 넘을 수 없다. 다만, 군도를 둘러싼 기선 총수의 3퍼센트까지는 그 길이가 100해리를 넘어 최장 125해리까지 될 수 있다.
3. 이러한 기선은 군도의 일반적 윤곽으로부터 현저히 벗어날 수 없다.
4. 이러한 기선은 간조노출지와 연결하여 설정할 수 없다. 다만, 영구적으로 해면 위에 있는 등대나 이와 유사한 시설이 간조노출지에 설치되어 있거나, 전체적 또는 부분적으로 간조노출지가 가장 가까운 섬으로부터 영해폭을 넘지 아니하는 거리에 있는 경우에는 그러하지 아니하다.
5. 군도국가는 다른 국가의 영해를 공해나 배타적 경제수역으로부터 격리시키는 방식으로 이러한 기선제도를 적용할 수 없다.
6. 군도국가의 군도수역의 어느 일부가 바로 이웃한 국가의 두 부분 사이에 있는 경우, 이웃한 국가가 이러한 수역에서 전통적으로 행사하여 온 기존의 권리와 그 밖의 모든 합법적인 이익 및 관련국 간의 합의에 의하여 규정된 모든 권리는 계속하여 존중된다.
7. 제1항에 규정된 수역과 육지의 비율을 산정함에 있어서 육지면적은 섬을 둘러싸고 있는 암초와 환초 안쪽에 있는 수역을 포함할 수 있으며, 또한 급경사가 있는 해양 고원에 있어서는 그 주변에 있는 일련의 석회암 섬과 드러난 암초에 의하여 둘러싸여 있거나 거의 둘러싸인 수역도 포함할 수 있다.
8. 이 조에 따라 그은 기선은 그 위치를 확인하기에 적절한 축척의 해

도에 표시한다. 이는 측지자료를 명기한 각 지점의 지리적 좌표목록으로 대체할 수 있다.

9. 군도국가는 이러한 해도나 지리적 좌표목록을 적절히 공표하고, 그 사본을 국제연합 사무총장에게 기탁한다.

제48조 (영해, 접속수역, 배타적 경제수역과 대륙붕의 폭의 측정)

영해, 접속수역, 배타적 경제수역과 대륙붕의 폭은 제47조에 따라 그은 군도기선으로부터 측정한다.

제49조 (군도수역과 그 상공·해저 및 하층토의 법적 지위)

1. 군도국가의 주권은 군도수역의 깊이나 해안으로부터의 거리에 관계없이 제47조에 따라 그은 군도기선에 의하여 둘러싸인 군도수역이라고 불리는 수역에 미친다.
2. 이러한 주권은 군도수역의 상공·해저와 하층토 및 이에 포함된 자원에까지 미친다.
3. 이러한 주권은 이 부에 따라 행사된다.
4. 이 부에 따라서 설정된 군도항로대 통항제도는 다른 면에 있어서 군도항로를 포함한 군도수역의 지위 또는 군도수역, 군도수역의 상공·해저 및 하층토와 이에 포함된 자원에 대한 군도국가의 주권행사에 영향을 미치지 아니한다.

제50조 (내수의 경계획정)

군도수역에서 군도국가는 제9조, 제10조 및 제11조에 따라 내수의 경계를 획정하기 위한 폐쇄선을 그을 수 있다.

제51조 (현행협정, 전통적 어업권과 기존해저전선)

1. 제49조를 침해하지 아니하고, 군도국가는 다른 국가와의 현행협정

을 존중하고 군도수역의 일정한 수역에 있어서 바로 이웃한 국가의 전통적 어업권과 그 밖의 적법한 활동을 인정한다. 이러한 권리와 활동의 성질·범위와 적용지역뿐만 아니라 그 행사의 조건은 관련국의 요청에 따라 그들 서로 간의 양자협정으로 규율한다. 이러한 권리는 제3국이나 제3국의 국민에게 이전되거나 공유되지 아니한다.

2. 군도국가는 다른 국가가 부설한 기존 해저전선이 육지에 닿지 아니하고 자국수역을 통과하는 경우 이를 존중한다. 군도국가는 이러한 전선의 위치 및 이에 대한 수리 또는 교체 의사를 적절히 통지받은 경우, 그 전선의 유지와 교체를 허용한다.

第52조 (무해통항권)

1. 제53조에 따르고 제50조를 침해하지 아니할 것을 조건으로, 모든 국가의 선박은 제2부 제3절에 따라 군도수역에서 무해통항권을 향유한다.
2. 군도국가는 자국의 안전을 보장하기 위하여 불가피한 경우에는 외국선박 간에 형식상 또는 실질상 차별하지 아니하고 군도수역의 특정수역에서 외국선박의 무해통항을 일시적으로 정지시킬 수 있다. 이러한 정지조치는 적절히 공표한 후에만 효력을 가진다.

第53조 (군도항로대 통항권)

1. 군도국가는 자국의 군도수역과 이와 인접한 영해나 그 상공을 통과하는 외국선박과 항공기의 계속적이고 신속한 통항에 적합한 항로대와 항공로를 지정할 수 있다.
2. 모든 선박과 항공기는 이러한 항로대와 항공로에서 군도항로대 통항권을 향유한다.
3. 군도항로대 통항이라 함은 공해나 배타적 경제수역의 어느 한 부분

과 공해나 배타적 경제수역의 다른 부분과의 사이에서 오로지 계속적이고 신속하게 방해받지 아니하고 통과하기 위한 목적으로 통상적 방식의 항행권과 비행권을 이 협약에 따라 행사함을 말한다.

4. 이러한 항로대와 항공로는 군도수역 및 이와 인접한 영해를 횡단하는 것으로서 군도수역의 국제항행로 또는 그 상공비행로로 사용되는 모든 통상적인 통항로를 포함하며, 선박에 관하여서는 이러한 통항로 안의 모든 통상적인 항행수로를 포함한다. 다만, 동일한 입구지점과 출구지점 사이에 유사한 편의가 있는 통로를 중복하여 둘 필요는 없다.
5. 이러한 항로대와 항공로는 통항로의 입구지점으로부터 출구지점까지의 일련의 연속축선에 의하여 정한다. 군도항로대를 통항 중인 선박과 항공기는 통항 중 이러한 축선의 어느쪽으로나 25해리 이상을 벗어날 수 없다. 다만, 이러한 선박과 항공기는 항로대에 접하고 있는 섬과 섬 사이의 가장 가까운 지점을 연결한 거리의 10퍼센트 지점보다 해안에 접근하여 항행할 수 없다.
6. 이 조에 따라 항로대를 지정하는 군도국가는 그러한 항로대 안의 좁은 수로에서 선박의 안전통항을 위하여 통항분리방식을 설정할 수 있다.
7. 군도국가는 필요한 경우, 적절히 공표한 후 이미 지정되거나 설정된 항로대나 통항분리방식을 다른 항로대나 통항분리방식으로 대체할 수 있다.
8. 이러한 항로대와 통항분리방식은 일반적으로 수락된 국제규칙을 따른다.
9. 항로대를 지정·대체하거나 통항분리방식을 설정·대체함에 있어 군도국가는 권한 있는 국제기구에 제안을 회부하여 채택되도록 한다. 그 국제기구는 군도국가가 동의한 항로대와 통항분리방식만을 채택할 수 있으며, 그 후 군도국가는 이를 지정·설정 또는 대체할

수 있다.

10. 군도국가는 자국이 지정하거나 설정한 항로대와 통항분리방식의 축을 해도에 명시하고 이를 적절히 공표한다.
11. 군도항로대를 통항 중인 선박은 이 조에 따라 수립되고 적용되는 항로대와 통항분리방식을 존중한다.
12. 군도국가가 항로대나 항공로를 지정하지 아니한 경우, 군도항로대 통항권은 국제항행에 통상적으로 사용되는 통로를 통하여 행사될 수 있다.

제54조 (통항·조사측량활동 중인 선박과 항공기의 의무, 군도국가의 의무 및 군도항로대 통항에 관한 군도국가의 법령)

제39조, 제40조, 제42조 및 제44조는 군도항로대 통항에 준용한다.

제5부 | 배타적 경제수역

제55조 (배타적 경제수역의 특별한 법제도)

배타적 경제수역은 영해 밖에 인접한 수역으로서, 연안국의 권리와 관할권 및 다른 국가의 권리와 자유가 이 협약의 관련규정에 의하여 규율되도록 이 부에서 수립된 특별한 법제도에 따른다.

제56조 (배타적 경제수역에서의 연안국의 권리, 관할권 및 의무)

1. 배타적 경제수역에서 연안국은 다음의 권리와 의무를 갖는다.
   (a) 해저의 상부수역, 해저 및 그 하층토의 생물이나 무생물 등 천연자원의 탐사, 개발, 보존 및 관리를 목적으로 하는 주권적 권리와, 해수·해류 및 해풍을 이용한 에너지생산과 같은 이 수역의 경제적 개발과 탐사를 위한 그 밖의 활동에 관한

주권적 권리

(b) 이 협약의 관련규정에 규정된 다음 사항에 관한 관할권

(i) 인공섬, 시설 및 구조물의 설치와 사용

(ii) 해양과학조사

(iii) 해양환경의 보호와 보전

(c) 이 협약에 규정된 그 밖의 권리와 의무

2. 이 협약상 배타적 경제수역에서의 권리행사와 의무이행에 있어서, 연안국은 다른 국가의 권리와 의무를 적절히 고려하고, 이 협약의 규정에 따르는 방식으로 행동한다.

3. 해저와 하층토에 관하여 이 조에 규정된 권리는 제6부에 따라 행사된다.

제57조 (배타적 경제수역의 폭)

배타적 경제수역은 영해기선으로부터 200해리를 넘을 수 없다.

제58조 (배타적 경제수역에서의 다른 국가의 권리와 의무)

1. 연안국이거나 내륙국이거나 관계없이, 모든 국가는, 이 협약의 관련규정에 따를 것을 조건으로, 배타적 경제수역에서 제87조에 규정된 항행·상공비행의 자유, 해저전선·관선부설의 자유 및 선박·항공기·해저전선·관선의 운용 등과 같이 이러한 자유와 관련되는 것으로서 이 협약의 다른 규정과 양립하는 그 밖의 국제적으로 적법한 해양 이용의 자유를 향유한다.

2. 제88조부터 제115조까지의 규정과 그 밖의 국제법의 적절한 규칙은 이 부에 배치되지 아니하는 한 배타적 경제수역에 적용된다.

3. 이 협약상 배타적 경제수역에서 권리행사와 의무를 이행함에 있어서, 각국은 연안국의 권리와 의무를 적절하게 고려하고, 이 부의 규정과 배치되지 아니하는 한 이 협약의 규정과 그 밖의 국제법규칙

에 따라 연안국이 채택한 법령을 준수한다.

제59조 (배타적 경제수역에서의 권리와 관할권의 귀속에 관한 마찰 해결의 기초)

이 협약에 의하여 배타적 경제수역에서의 권리나 관할권이 연안국이나 다른 국가에 귀속되지 아니하고 또한 연안국과 다른 국가 간 이해관계를 둘러싼 마찰이 발생한 경우, 그 마찰은 당사자의 이익과 국제사회 전체의 이익의 중요성을 각각 고려하면서 형평에 입각하여 모든 관련상황에 비추어 해결한다.

제60조 (배타적 경제수역에서의 인공섬, 시설 및 구조물)

1. 배타적 경제수역에서 연안국은 다음을 건설하고, 이에 관한 건설·운용 및 사용을 허가하고 규제하는 배타적 권리를 가진다.
   (a) 인공섬
   (b) 제56조에 규정된 목적과 그 밖의 경제적 목적을 위한 시설과 구조물
   (c) 배타적 경제수역에서 연안국의 권리행사를 방해할 수 있는 시설과 구조물
2. 연안국은 이러한 인공섬, 시설 및 구조물에 대하여 관세·재정·위생·안전 및 출입국관리 법령에 관한 관할권을 포함한 배타적 관할권을 가진다.
3. 이러한 인공섬·시설 또는 구조물의 건설은 적절히 공시하고, 이러한 것이 있다는 사실을 경고하기 위한 영구적 수단을 유지한다. 버려졌거나 사용되지 아니하는 시설이나 구조물은 항행의 안전을 보장하기 위하여 제거하며, 이 경우 이와 관련하여 권한 있는 국제기구에 의하여 수립되어 일반적으로 수락된 국제기준을 고려한다. 이러한 제거작업을 수행함에 있어서 어로·해양환경 보호 및 다른 국

가의 권리와 의무를 적절히 고려한다. 완전히 제거되지 아니한 시설 또는 구조물의 깊이, 위치 및 규모는 적절히 공표한다.

4. 연안국은 필요한 경우 항행의 안전과 인공섬·시설 및 구조물의 안전을 보장하기 위하여 이러한 인공섬·시설 및 구조물의 주위에 적절한 조치를 취할 수 있는 합리적인 안전수역을 설치할 수 있다.
5. 연안국은 적용가능한 국제기준을 고려하여 안전수역의 폭을 결정한다. 이러한 수역은 인공섬·시설 또는 구조물의 성격 및 기능과 합리적으로 연관되도록 설정되고, 일반적으로 수락된 국제기준에 의하여 허용되거나 권한 있는 국제기구가 권고한 경우를 제외하고는 그 바깥쪽 끝의 각 점으로부터 측정하여 500미터를 넘을 수 없다. 안전수역의 범위는 적절히 공시한다.
6. 모든 선박은 이러한 안전수역을 존중하며 인공섬·시설·구조물 및 안전수역 주변에서 일반적으로 수락된 항행에 관한 국제기준을 준수한다.
7. 인공섬·시설·구조물 및 그 주위의 안전수역은 승인된 국제항행에 필수적인 항로대 이용을 방해할 수 있는 곳에 설치할 수 없다.
8. 인공섬·시설 및 구조물은 섬의 지위를 가지지 아니한다. 이들은 자체의 영해를 가지지 아니하며 이들의 존재가 영해, 배타적 경제수역 또는 대륙붕의 경계획정에 영향을 미치지 아니한다.

제61조 (생물자원의 보존)

1. 연안국은 자국의 배타적 경제수역에서의 생물자원의 허용어획량을 결정한다.
2. 연안국은 자국이 이용가능한 최선의 과학적 증거를 고려하여, 남획으로 인하여 배타적 경제수역에서 생물자원의 유지가 위태롭게 되지 아니하도록 적절한 보존·관리조치를 통하여 보장한다. 적절한 경우, 연안국과 권한 있는 소지역적·지역적 또는 지구적 국제기구

는 이를 위하여 협력한다.

3. 이러한 조치는 최대지속생산량을 가져올 수 있는 수준으로 어획대상 어종의 자원량이 유지·회복되도록 계획한다. 이러한 조치를 취함에 있어서 연안어업지역의 경제적 필요와 개발도상국의 특별한 요구를 포함한 환경적·경제적 관련 요인에 의하여 입증되고 또한 어로방식·어족 간의 상호의존성 및 소지역적·지역적 또는 지구적 기준 등 어느 기준에서 보나 일반적으로 권고된 국제적 최소기준을 고려한다.
4. 이러한 조치를 취함에 있어서 연안국은 어획되는 어종에 연관되거나 종속되는 어종의 자원량의 생산량이 중대하게 위태롭게 되지 아니할 수준 이상으로 유지·회복하기 위하여 연관어종이나 종속어종에 미치는 영향을 고려한다.
5. 이용가능한 과학적 정보, 어획량과 어업활동 통계 및 수산자원의 보존과 관련된 그 밖의 자료는 배타적 경제수역에서 그 국민의 입어가 허용된 국가를 포함한 모든 관련국의 참여아래 적절히 권한있는 소지역적·지역적 또는 지구적 국제기구를 통하여 정기적으로 제공되고 교환된다.

제62조 (생물자원의 이용)

1. 연안국은 제61조의 규정을 침해하지 아니하고 배타적 경제수역에서 생물자원의 최적이용목표를 달성한다.
2. 연안국은 배타적 경제수역의 생물자원에 관한 자국의 어획능력을 결정한다. 연안국이 전체 허용어획량을 어획할 능력이 없는 경우, 협정이나 그 밖의 약정을 통하여 제4항에 언급된 조건과 법령에 따라 허용어획량의 잉여량에 관한 다른 국가의 입어를 허용한다. 이 경우 연안국은 제69조 및 제70조의 규정, 특히 이러한 규정이 언급한 개발도상국에 대해 특별히 고려한다.

3. 이 조에 따라 배타적 경제수역에서 다른 국가의 입어를 허용함에 있어서, 연안국은 모든 관련 요소를 고려한다. 특히 그 수역의 생물자원이 연안국의 경제와 그 밖의 국가이익에 미치는 중요성, 제69조 및 제70조의 규정, 잉여자원 어획에 관한 소지역 내 또는 지역 내 개발도상국의 요구 및 소속 국민이 그 수역에서 관습적으로 어로행위를 하여 왔거나 어족의 조사와 식별을 위하여 실질적인 노력을 기울여 온 국가의 경제적 혼란을 극소화할 필요성을 고려한다.
4. 배타적 경제수역에서 어로행위를 하는 다른 국가의 국민은 연안국의 법령에 의하여 수립된 보존조치와 그 밖의 조건을 준수한다. 이러한 법령은 이 협약에 부합하여야 하며 특히 다음 사항에 관련될 수 있다.
   (a) 어부에 대한 조업허가, 어선과 조업장비의 허가(이러한 허가조치에는 수수료나 다른 형태의 보상금 지급이 포함되며, 개발도상연안국의 경우 수산업에 관한 금융·장비 및 기술분야에 있어서 적절한 보상으로 이루어질 수 있다.)
   (b) 어획가능한 어종의 결정 및 어획할당량의 결정(특정한 어족, 어족의 무리, 또는 특정기간동안 어선당 어획량 또는 특정기간 동안 어느 국가의 국민에 의한 어획량으로 산정되는 어획할당량)
   (c) 어로기, 어로수역, 어구의 종류·크기 및 수량, 그리고 사용가능한 어선의 종류·크기 및 척수의 규제
   (d) 어획가능한 어류와 그 밖의 어종의 연령과 크기의 결정
   (e) 어선에 대하여 요구되는 정보(어획량과 어업활동 통계 및 어선위치 보고 포함)
   (f) 연안국의 허가와 통제에 따른 특정한 어업조사계획의 실시요구와 이러한 조사(어획물의 견본작성, 견본의 처리 및 관련 과학조사자료 보고를 포함)실시의 규제
   (g) 연안국에 의한 감시원이나 훈련원의 어선에의 승선배치

(h) 이러한 어선에 의한 어획물의 전부나 일부를 연안국의 항구에 내리는 행위

(i) 합작사업이나 그 밖의 협력약정에 관한 조건

(j) 연안국의 어로조사 수행능력 강화를 포함한 인원훈련과 어로기술의 이전조건

(k) 시행절차

5. 연안국은 보존과 관리에 관한 법령을 적절히 공시한다.

제63조 (2개국 이상 연안국의 배타적 경제수역에 걸쳐 출현하거나 배타적 경제수역과 그 바깥의 인접수역에 걸쳐출현하는 어족)

1. 동일어족이나 이와 연관된 어종의 어족이 2개국 이상 연안국의 배타적 경제수역에 걸쳐 출현하는 경우, 이러한 연안국들은, 이 부의 다른 규정을 침해하지 아니하고, 직접 또는 적절한 소지역기구나 지역기구를 통하여 이러한 어족의 보존과 개발을 조정하고 보장하는 데 필요한 조치에 합의하도록 노력한다.
2. 동일어족 또는 이와 연관된 어종의 어족이 배타적 경제수역과 그 바깥의 인접수역에 걸쳐 출현하는 경우, 연안국과 인접수역에서 이러한 어족을 어획하는 국가는 직접 또는 적절한 소지역기구나 지역기구를 통하여 인접수역에서 이러한 어족의 보존에 필요한 조치에 합의하도록 노력한다.

제64조 (고도회유성어종)

1. 연안국과 제1부속서에 열거된 고도회유성어종을 어획하는 국민이 있는 그 밖의 국가는 배타적 경제수역과 그 바깥의 인접수역에서 그러한 어종의 보존을 보장하고 최적이용목표를 달성하기 위하여 직접 또는 적절한 국제기구를 통하여 협력한다. 적절한 국제기구가 없는 지역에서는 연안국과 같은 수역에서 이러한 어종을 어획하는

국민이 있는 그 밖의 국가는 이러한 기구를 설립하고 그 사업에 참여하도록 노력한다.

2. 제1항의 규정은 이 부의 다른 규정과 함께 적용한다.

제65조 (해양포유동물)

이 부의 어떠한 규정도, 적절한 경우, 이 부에 규정된 것보다 더 엄격하게 해양포유동물의 포획을 금지·제한 또는 규제할 수 있는 연안국의 권리나 국제기구의 권한을 제한하지 아니한다. 각국은 해양포유동물의 보존을 위하여 노력하며, 특히 고래류의 경우 그 보존·관리 및 연구를 위하여 적절한 국제기구를 통하여 노력한다.

제66조 (소하성어족)

1. 소하성어족이 기원하는 하천의 국가는 이 어족에 대한 일차적 이익과 책임을 가진다.
2. 소하성어족의 기원국은 자국의 배타적 경제수역 바깥한계의 육지쪽 모든 수역에서의 어로와 제3항 (b)에 규정된 어로에 관하여 적절한 규제조치를 수립함으로써 그 어족의 보존을 보장한다. 기원국은 이러한 어족을 어획하는 제3항과 제4항에 언급된 다른 국가와 협의한 후 자국 하천에서 기원하는 어족에 대한 총허용어획량을 결정할 수 있다.
3. (a) 이 규정으로 인하여 기원국 이외의 국가에 경제적 혼란이 초래되는 경우를 제외하고는, 소하성어족의 어획은 배타적 경제수역 바깥한계의 육지쪽 수역에서만 행하여진다. 배타적 경제수역 바깥한계 밖의 어획에 관하여 관련국은 그 어족에 관한 기원국의 보존요건 및 필요를 적절히 고려하여 어로조건에 관한 합의에 도달하기 위한 협의를 유지한다.

   (b) 기원국은 소하성어족을 어획하는 다른 국가의 통상적인 어

획량, 조업방법 및 모든 조업실시지역을 고려하여 이들 국가의 경제적 혼란을 최소화하도록 협력한다.

(c) (b)에 언급된 국가가 기원국과의 합의에 의하여, 특히 그 경비분담 등 소하성 어족을 재생산시키는 조치에 참여하는 경우, 이러한 국가에 대하여 기원국은 자국의 하천에서 기원한 그 어족의 어획에 있어서 특별한 고려를 한다.

(d) 배타적 경제수역 바깥의 소하성어족에 관한 규칙은 기원국과 다른 관련국과의 합의에 의하여 시행한다.

4. 소하성어족이 기원국이 아닌 국가의 배타적 경제수역 바깥한계의 육지쪽 수역을 통하여 회유하는 경우 이러한 국가는 그 어족의 보존과 관리에 관하여 기원국과 협력한다.

5. 소하성어족의 기원국과 이를 어획하는 그 밖의 국가는 이 조의 규정을 이행하기 위하여 적절한 경우 지역기구를 통하여 약정을 체결한다.

제67조 (강하성어종)

1. 강하성어종이 그 생존기간의 대부분을 보내는 수역의 연안국은 그 어종의 관리에 대한 책임을 지며 회유어의 출입을 보장한다.

2. 강하성어종의 어획은 배타적 경제수역 바깥한계의 육지쪽 수역에서만 행하여진다. 배타적 경제수역에서 어획이 행하여지는 경우 이 조의 규정 및 배타적 경제수역 내 어획에 관한 이 협약의 그 밖의 규정에 따른다.

3. 강하성어종이 치어로서 또는 성어로서 다른 국가의 배타적 경제수역을 회유하는 경우, 어획을 포함한 그 어종에 대한 관리는 제1항에 언급된 국가와 그 밖의 관련국 간의 합의에 따라 규제된다. 이러한 합의는 강하성어종의 합리적 관리를 보장하고 이의 유지를 위하여 제1항에 언급된 국가의 책임을 고려한다.

제68조 (정착성어종)

이 부는 제77조 제4항에서 정의한 정착성어종에는 적용하지 아니한다.

제69조 (내륙국의 권리)

1. 내륙국은 모든 관련국의 경제적·지리적 관련상황을 고려하고 이 조 및 제61조, 제62조의 규정에 따라 형평에 입각하여 동일한 소지역이나 지역 내 연안국의 배타적 경제수역의 생물자원 잉여량 중 적절한 양의 개발에 참여할 권리를 가진다.
2. 이러한 참여조건과 방식은 특히 아래 사항을 고려하여 양자협정, 소지역 또는 지역협정을 통하여 관련국에 의하여 수립된다.
   (a) 연안국의 지역어업사회 및 수산업에 해로운 영향을 회피할 필요
   (b) 이 조의 규정에 따라 내륙국이 기존의 양자협정, 소지역 또는 지역협정에 따라 다른 연안국의 배타적 경제수역의 생물자원 개발에 참여하고 있는 정도 또는 참여할 수 있는 자격의 정도
   (c) 다른 내륙국과 지리적 불리국이 연안국의 배타적 경제수역의 생물자원개발에 참여하고 있는 정도 및 그 결과로 단일 연안국이 특별한 부담 또는 그 일부를 지게 되는 것을 회피할 필요
   (d) 각국 주민의 영양상 필요
3. 연안국의 어획능력이 자국 배타적 경제수역 내에 있는 생물자원의 허용어획량 전체를 어획할 수 있는 수준에 도달한 경우, 연안국과 그 밖의 관련국은 양국 간, 소지역적 또는 지역적 기초에 입각하여 상황에 적절하고 모든 당사국이 만족하는 조건으로 동일한 소지역 또는 지역 내에 있는 개발도상내륙국이 그 소지역 또는 지역 내 연

안국의 배타적 경제수역의 생물자원개발에 참여하는 것을 허용하는 공평한 약정을 체결하도록 협력한다. 이 규정을 이행함에 있어서 제2항에 규정한 사항도 함께 고려한다.

4. 이 조의 규정에 따라 선진내륙국은 동일한 소지역 또는 지역 내 선진연안국의 배타적 경제수역에 한하여 생물자원 개발에 참여할 수 있다. 이때 그 선진내륙국은 그 선진 연안국이 자국의 배타적 경제수역의 생물자원에 대한 다른 국가의 접근을 허용함에 있어서, 관습적으로 그 수역에서 조업하여 온 국민이 있는 국가의 지역어업사회에 미칠 해로운 영향과 경제적 혼란을 최소화할 필요를 고려하여 온 정도를 참작한다.
5. 위의 규정은 연안국이 배타적 경제수역의 생물자원개발을 위한 평등한 권리나 우선적 권리를 동일한 소지역 또는 지역 내의 내륙국에 부여하는 소지역 또는 지역 내에서 합의된 약정을 적용하는 것을 침해하지 아니한다.

제70조 (지리적 불리국의 권리)

1. 지리적 불리국은 모든 관련국의 경제적·지리적 상황을 고려하고 이 조 및 제61조, 제62조의 규정에 따라 동일한 소지역 또는 지역 내에 있는 연안국의 배타적 경제수역의 생물자원 잉여량 중 적절한 양의 개발에 공평하게 참여할 권리를 가진다.
2. 이 부에서 "지리적 불리국"이라 함은 폐쇄해나 반폐쇄해에 접한 국가를 포함한 연안국으로서, 그 지리적 여건으로 인하여 자국주민 또는 그 일부의 영양상 목적을 위하여 충분한 어류공급을 소지역 또는 지역 내에 있는 다른 국가의 배타적 경제수역 내 생물자원의 개발에 의존하여야 하거나, 자국의 배타적 경제수역을 주장할 수 없는 연안국을 말한다.
3. 이러한 참여의 조건과 방식은 특히 아래 사항을 고려하여 양자협

정, 소지역 또는 지역협정을 통하여 관련국에 의하여 확립된다.

(a) 연안국의 지역어업사회 및 수산업에 해로운 영향을 회피할 필요

(b) 이 조의 규정에 따라 지리적 불리국이 기존의 양자협정, 소지역 또는 지역협정에 따라 다른 연안국의 배타적 경제수역의 생물자원개발에 참여하고 있는 정도 또는 참여할 수 있는 자격의 정도

(c) 다른 지리적 불리국과 내륙국이 연안국의 배타적 경제수역의 생물자원의 개발에 참여하고 있는 정도 및 그 결과로 단일 연안국이 특별한 부담 또는 그 일부를 지게 되는 것을 회피할 필요

(d) 각국 주민의 영양상 필요

4. 연안국의 어획능력이 자국의 배타적 경제수역 생물자원의 허용어획량 전체를 어획할 수 있는 수준에 도달한 경우, 연안국과 그 밖의 관련국은 양국 간, 소지역적 또는 지역적 기초에 입각하여 상황에 적절하고 모든 당사국이 만족하는 조건으로, 동일한 소지역이나 지역 내에 있는 연안국의 배타적 경제수역 생물자원 개발에 참여를 허용하는 공평한 약정을 체결하도록 협력한다. 이 규정을 이행함에 있어서 제3항에 규정한 사항도 함께 고려한다.

5. 이 조의 규정에 따라 선진지리적 불리국은 동일한 소지역 또는 지역 내에 있는 선진연안국의 배타적 경제수역에 한하여 생물자원의 개발에 참여할 수 있다. 이때 그 선진지리적 불리국은 그 선진연안국이 자국의 배타적 경제수역의 생물자원에 대하여 다른 국가의 입어를 허용함에 있어서, 소속국민이 오랫동안 그 수역에서 조업하여 온 국가의 지역어업사회에 미칠 해로운 영향과 경제적 혼란을 최소화할 필요를 고려하여 온 정도를 참작한다.

6. 위의 규정은 연안국이 배타적 경제수역의 생물자원 개발을 위한 평

등한 권리나 우선적 권리를 동일한 소지역 또는 지역 내의 지리적 불리국에 부여하는 소지역 또는 지역 내에서 합의된 약정을 적용하는 것을 침해하지 아니한다.

제71조 (제69조와 제70조 적용의 배제)

제69조와 제70조의 규정은 연안국의 경제가 배타적 경제수역의 생물자원개발에 크게 의존하고 있는 경우에는 적용하지 아니한다.

제72조 (권리이전의 제한)

1. 제69조와 제70조에 규정한 생물자원개발 권리는 관계국이 달리 합의하지 아니하는 한, 임대차나 면허, 합작사업의 설립 또는 권리 이전의 효과를 가지는 그 밖의 방법에 의하여 제3국이나 그 국민에게 직접적으로 또는 간접적으로 이전될 수 없다.
2. 제1항의 규정은 동항에서 언급된 효과를 가지지 아니하는 한, 관련국이 제69조와 제70조의 규정에 따른 권리의 행사를 용이하게 하기 위하여 제3국이나 국제기구로부터 기술적·재정적 원조를 받는 것을 방해하지 아니한다.

제73조 (연안국법령의 시행)

1. 연안국은 배타적 경제수역의 생물자원을 탐사·개발·보존 및 관리하는 주권적 권리를 행사함에 있어서, 이 협약에 부합되게 채택한 자국법령을 준수하도록 보장하기 위하여 승선, 검색, 나포 및 사법절차를 포함하여 필요한 조치를 취할 수 있다.
2. 나포된 선박과 승무원은 적절한 보석금이나 그 밖의 보증금을 예치한 뒤에는 즉시 석방된다.
3. 배타적 경제수역에서 어업법령 위반에 대한 연안국의 처벌에는, 관련국 간 달리 합의하지 아니하는 한, 금고 또는 다른 형태의 체형이

포함되지 아니한다.

4. 외국선박을 나포하거나 억류한 경우, 그 연안국은 적절한 경로를 통하여 취하여진 조치와 그 후에 부과된 처벌에 관하여 기국에 신속히 통고한다.

제74조 (대향국 간 또는 인접국 간의 배타적 경제수역의 경계획정)

1. 서로 마주보고 있거나 인접한 연안을 가진 국가 간의 배타적 경제수역 경계획정은 공평한 해결에 이르기 위하여, 국제사법재판소규정 제38조에 언급된 국제법을 기초로 하는 합의에 의하여 이루어진다.
2. 상당한 기간 내에 합의에 이르지 못할 경우 관련국은 제15부에 규정된 절차에 회부한다.
3. 제1항에 규정된 합의에 이르는 동안, 관련국은 이해와 상호협력의 정신으로 실질적인 잠정약정을 체결할 수 있도록 모든 노력을 다하며, 과도적인 기간동안 최종 합의에 이르는 것을 위태롭게 하거나 방해하지 아니한다. 이러한 약정은 최종적인 경계획정에 영향을 미치지 아니한다.
4. 관련국 간에 발효 중인 협정이 있는 경우, 배타적 경제수역의 경계획정에 관련된 사항은 그 협정의 규정에 따라 결정된다.

제75조 (해도와 지리적 좌표목록)

1. 이 부에 따라 배타적 경제수역의 바깥한계선 및 제75조에 따라 그은 경계획정선은 그 위치를 확인하기에 적합한 축척의 해도에 표시된다. 적절한 경우 이러한 바깥한계선이나 경계획정선은 측지자료를 명기한 각 지점의 지리적 좌표목록으로 대체할 수 있다.
2. 연안국은 이러한 해도나 지리적 좌표목록을 적절히 공표하고 그 사본을 국제연합 사무총장에게 기탁한다.

제6부 | 대 륙 붕

제76조 (대륙붕의 정의)

1. 연안국의 대륙붕은 영해 밖으로 영토의 자연적 연장에 따라 대륙변계의 바깥끝까지, 또는 대륙변계의 바깥끝이 200해리에 미치지 아니하는 경우, 영해기선으로부터 200해리까지의 해저지역의 해저와 하층토로 이루어진다.
2. 연안국의 대륙붕은 제4항부터 제6항까지 규정한 한계 밖으로 확장될 수 없다.
3. 대륙변계는 연안국 육지의 해면 아래쪽 연장으로서, 대륙붕·대륙사면·대륙융기의 해저와 하층토로 이루어진다. 대륙변계는 해양산맥을 포함한 심해대양저나 그 하층토를 포함하지 아니한다.
4. (a) 이 협약의 목적상 연안국은 대륙변계가 영해기선으로부터 200해리 밖까지 확장되는 곳에서는 아래 선 중 어느 하나로 대륙변계의 바깥끝을 정한다.
   (i) 퇴적암의 두께가 그 가장 바깥 고정점으로부터 대륙사면의 끝까지를 연결한 가장 가까운 거리의 최소한 1퍼센트인 가장 바깥 고정점을 제7항에 따라 연결한 선
   (ii) 대륙사면의 끝으로부터 60해리를 넘지 아니하는 고정점을 제7항에 따라 연결한 선
   (b) 반대의 증거가 없는 경우, 대륙사면의 끝은 그 기저에서 경사도의 최대변경점으로 결정된다.
5. 제4항 (a) (i)과 (ii)의 규정에 따라 그은 해저에 있는 대륙붕의 바깥한계선을 이루는 고정점은 영해기선으로부터 350해리를 넘거나 2500미터 수심을 연결하는 선인 2500미터 등심선으로부터 100해리를 넘을 수 없다.
6. 제5항의 규정에도 불구하고 해저산맥에서는 대륙붕의 바깥한계는

영해기선으로부터 350해리를 넘을 수 없다. 이 항은 해양고원·융기·캡·해퇴 및 해저돌출부와 같은 대륙변계의 자연적 구성요소인 해저고지에는 적용하지 아니한다.

7. 대륙붕이 영해기선으로부터 200해리 밖으로 확장되는 경우, 연안국은 경도와 위도 좌표로 표시된 고정점을 연결하여 그 길이가 60해리를 넘지 아니하는 직선으로 대륙붕의 바깥한계를 그어야 한다.
8. 연안국은 영해기선으로부터 200해리를 넘는 대륙붕의 한계에 관한 정보를 공평한 지리적 배분의 원칙에 입각하여 제2부속서에 따라 설립된 대륙붕한계위원회에 제출한다. 위원회는 대륙붕의 바깥한계 설정에 관련된 사항에 관하여 연안국에 권고를 행한다. 이러한 권고를 기초로 연안국이 확정한 대륙붕의 한계는 최종적이며 구속력을 가진다.
9. 연안국은 측지자료를 비롯하여 항구적으로 자국 대륙붕의 바깥한계를 표시하는 해도와 관련정보를 국제연합사무총장에게 기탁한다. 국제연합사무총장은 이를 적절히 공표한다.
10. 이 조의 규정은 서로 마주보고 있거나 이웃한 연안국의 대륙붕경계 획정문제에 영향을 미치지 아니한다.

제77조 (대륙붕에 대한 연안국의 권리)

1. 연안국은 대륙붕을 탐사하고 그 천연자원을 개발할 수 있는 대륙붕에 대한 주권적 권리를 행사한다.
2. 제1항에 언급된 권리는 연안국이 대륙붕을 탐사하지 아니하거나 그 천연자원을 개발하지 아니하더라도 다른 국가는 연안국의 명시적인 동의 없이는 이러한 활동을 할 수 없다는 의미에서 배타적 권리이다.
3. 대륙붕에 대한 연안국의 권리는 실효적이거나 관념적인 점유 또는

명시적 선언에 의존하지 아니한다.

4. 이 부에서 규정한 천연자원은 해저와 하층토의 광물, 그 밖의 무생물자원 및 정착성어종에 속하는 생물체, 즉 수확가능단계에서 해저표면 또는 그 아래에서 움직이지 아니하거나 또는 해저나 하층토에 항상 밀착하지 아니하고는 움직일 수 없는 생물체로 구성된다.

제78조 (상부수역과 상공의 법적 지위 및 다른 국가의 권리와 자유)

1. 대륙붕에 대한 연안국의 권리는 그 상부수역이나 수역 상공의 법적 지위에 영향을 미치지 아니한다.
2. 대륙붕에 대한 연안국의 권리행사는 다른 국가의 항행의 권리 및 이 협약에 규정한 다른 권리와 자유를 침해하거나 부당한 방해를 초래하지 아니한다.

제79조 (대륙붕에서의 해저전선과 관선)

1. 모든 국가는 이 조의 규정에 따라 대륙붕에서 해저전선과 관선을 부설할 자격을 가진다.
2. 연안국은 대륙붕의 탐사와 대륙붕의 천연자원 개발, 그리고 관선에 의한 오염의 방지, 경감 및 통제를 위한 합리적 조치를 취할 권리에 따라 이러한 전선이나 관선의 부설이나 유지를 방해할 수 없다.
3. 대륙붕에서 위의 관선 부설경로의 설정은 연안국의 동의를 받아야 한다.
4. 이 부의 어떠한 규정도 자국 영토나 영해를 거쳐가는 전선이나 관선에 대한 조건을 설정하는 연안국의 권리, 대륙붕의 탐사나 그 자원의 개발 또는 자국 관할권 아래에 있는 인공섬·시설 및 구조물의 운용과 관련하여 부설하거나 사용하는 전선과 관선에 대한 연안국의 관할권에 영향을 미치지 아니한다.
5. 각국은 해저전선이나 관선을 부설함에 있어서 이미 설치된 전선이

나 관선을 적절히 고려한다. 특히 기존전선이나 관선을 수리할 가능성을 방해하지 아니한다.

제80조 (대륙붕상의 인공섬 · 시설 및 구조물)

제60조의 규정은 대륙붕상의 인공섬 · 시설 및 구조물에 준용한다.

제81조 (대륙붕시추)

연안국은 대륙붕에서 모든 목적의 시추를 허가하고 규제할 배타적 권리를 가진다.

제82조 (200해리 밖의 대륙붕개발에 따른 금전지급 및 현물공여)

1. 연안국은 영해기선으로부터 200해리 밖에 있는 대륙붕의 무생물자원 개발에 관하여 금전을 지급하거나 현물을 공여한다.
2. 금전지급과 현물공여는 생산개시 5년 후부터 그 광구에서 생산되는 모든 생산물에 대하여 매년 납부된다. 6년째의 금전지급이나 현물공여의 비율은 생산물의 가격이나 물량의 1퍼센트로 유지한다. 그 비율은 12년째까지 매년 1퍼센트씩 증가시키고 그 이후에는 7퍼센트로 한다. 생산물의 개발을 위하여 사용한 자원은 포함하지 아니한다.
3. 자국의 대륙붕에서 생산되는 광물자원의 순수입국인 개발도상국은 그 광물자원에 대한 금전지급이나 현물공여로부터 면제된다.
4. 금전지급과 현물공여는 해저기구를 통하여 이루어지며, 해저기구는 이를 개발도상국 특히 개발도상국 중 최저개발국 및 내륙국의 이익과 필요를 고려하고 공평분배의 기준에 입각하여 이 협약의 당사국에게 분배한다.

제83조 (대향국 간 또는 인접국 간의 대륙붕의 경계획정)

1. 서로 마주보고 있거나 인접한 연안국 간의 대륙붕 경계획정은 공평한 해결에 이르기 위하여, 국제사법재판소규정 제38조에 언급된 국제법을 기초로 하여 합의에 의하여 이루어진다.
2. 상당한 기간 내에 합의에 이르지 못할 경우, 관련국은 제15부에 규정된 절차에 회부한다.
3. 제1항에 규정된 합의에 이르는 동안 관련국은, 이해와 상호협력의 정신으로, 실질적인 잠정약정을 체결할 수 있도록 모든 노력을 다하며, 과도적인 기간동안 최종 합의에 이르는 것을 위태롭게 하거나 방해하지 아니한다. 이러한 약정은 최종적 경계획정에 영향을 미치지 아니한다.
4. 관련국 간에 발효 중인 협정이 있는 경우, 대륙붕의 경계획정에 관련된 문제는 그 협정의 규정에 따라 결정된다.

제84조 (해도와 지리적 좌표목록)

1. 이 부에 따라 대륙붕의 바깥한계선과 제83조에 따라 그은 경계획정선은 그 위치를 확인하기에 적합한 축척의 해도에 표시한다. 적절한 경우 이러한 바깥한계선이나 경계획정선은 측지자료를 명기한 각 지점의 지리적 좌표목록으로 대체할 수 있다.
2. 연안국은 이러한 해도나 지리적 좌표목록을 적절히 공표하고 그 사본을 국제연합 사무총장에게 기탁하며, 대륙붕의 바깥한계선을 표시하는 해도나 좌표목록의 경우에는 이를 해저기구 사무총장에게 기탁한다.

제85조 (굴착)

이 부의 규정은 하층토 상부의 수심에 관계없이 굴착에 의하여 하층토를 개발하는 연안국의 권리를 침해하지 아니한다.

제8부 | 섬 제 도

제121조 (섬제도)

1. 섬이라 함은 바닷물로 둘러싸여 있으며, 밀물일 때에도 수면 위에 있는, 자연적으로 형성된 육지지역을 말한다.
2. 제3항에 규정된 경우를 제외하고는 섬의 영해, 접속수역, 배타적 경제수역 및 대륙붕은 다른 영토에 적용가능한 이 협약의 규정에 따라 결정한다.
3. 인간이 거주할 수 없거나 독자적인 경제활동을 유지할 수 없는 암석은 배타적 경제수역이나 대륙붕을 가지지 아니한다.

참고문헌

1. 국문자료

[서 적]

국제해양법학회, 『유엔해양법협약 관련 쟁점과 대응방안』, 세창출판사, 2012.

김재철 · 박춘호 · 이정환 · 홍승용, 『신해양시대 신국부론』, 나남, 2008.

박춘호 · 유병화, 『해양법』, 민음사, 1986.

송병기, 『울릉도와 독도, 그 역사적 검증』, 역사공간, 2010.

외교통상부, 『독도문제개론』(개정판), 2012.

이석용, 『섬의 국제법상 지위』, 진성사, 1988.

이석용 · 박찬호, 『제3국 학자의 독도관련 입장분석』, 한국해양수산개발원, 2007.

이석용, 『국제법』, 제4정판, 세창출판사, 2011.

이창렬 · 최지현 · 장진희 · 김동욱, 『동아시아 직선기선 관행연구』, 한국해양수산개발원, 2011.

정진석 · 신창훈, 『주요 해양국가의 도서관리제도 분석 및 한국에의 정책적 함의』, 한국해양수산개발원, 2011.

최종화, 『현대 국제해양법』, 두남, 2008.

한국해양수산개발원, 『독도사전』, 한국해양수산개발원, 2011.

해양법포럼, 『유엔해양법협약 해설서 Ⅰ, Ⅱ, Ⅲ』, 지인북스, 2009-2010.

해양법포럼, 『국제해양분쟁사례연구 Ⅰ, Ⅱ, Ⅲ, Ⅳ』, 해양수산부, 2004-2006.

해양수산부, 『독도자료실 자료해제집』, 2004.

[논 문]

김채형, "영토취득과 실효적 지배기준에 대한 연구," 『국제법학회논총』, 제54권 2호, 2009.

박기갑, "도서영유권 분쟁관련 국제판례에서 나타난 실효적 지배 내지 점유개념과 독도영유권 문제,"『국제법학회논총』, 제45권 제2호, 2000.
박춘호, "한국의 대륙붕 경계문제,"『법학논집』, 제21집, 1983.
이석용, "섬의 영유권 분쟁과 해양경계획정,"『과학기술법연구』, 제10집, 2004.
이석용, "연안국 해양수역확대가 국제해양질서에 미치는 영향,"『안암법학』, 제28집, 2009.
이석용, "연안국 해양수역확대가 국제해양질서에 미치는 영향,"『안암법학』, 통권 제31호, 2010.
이석용, "니카라과와 온두라스간 영토·해양분쟁 사건,"『안암법학』, 통권 제37호, 2012.
이석용, "ITLOS의 벵갈만 해양경계획정사건 판결에 나타난 특징분석,"『강원법학』, 제39권, 2013.
이창위, "일본의 도서와 해양경계 문제,"『국제법학회논총』, 제54권 2호, 2009.

2. 영문자료

[B o o k s]

Akehurst, Michael, *A Modern Introduction to International Law*, Allen & Unwin, 1987.
Antunes, Nuno Marques, *Towards the Conceptualization of Maritime Delimitation: Legal and Technical Aspects of a Political Process*, Martinus Nijhoff Publishers, 2003.
Boggs, S. Whittemore, *International Boundaries: A Study of Boundary Functions and Problems*, Columbia University Press, 1940.
Bowett, Derek W., *The Legal Regime of Islands in International Law*, Oceana Publications Inc., 1979.
Brown, E. D., *The International Law of the Sea*, vol. 1, Dartmouth Publishing Co., 1994.
Brown, E. D., *The Areas within National Jurisdiction*, Graham and Trotman, 1984.

Brownlie, Ian, *Boundary Problems and The Formation of New States*, University of Hull Press, 1996.

Caminos, Hugo, *Law of the Sea*, Ashgate, 2001.

Cassese, Antonio, *International Law*, 2nd ed., Oxford, 2005.

Churchill, R. R. and A.V. Lowe, *The Law of the Sea*, Manchester University Press, 1999.

Clingan, Thomas A., *The Law of the Sea: Ocean Law and Policy*, Austin & Winfield, 1994.

Evans, Malcolm D., *Relevant Circumstances and Maritime Delimitation*, Clarendon Press, 1989.

Evans, Malcolm D., *International Law*, 2nd ed., Oxford, 2006.

Freidheim, Robert L., *Negotiating the New Ocean Regime*, University of South Carolina Press, 1993.

Fulton, Thomas Wemyss, *The Sovereignty of the Sea*, The Lawbook Exchange Ltd., 1911.

Greenfield, Jeanette, *China's Practice in the Law of the Sea*, Clarendon Press, 1992.

Harrison, James, *Making the Law of the Sea*, Cambridge University Press, 2011.

Henkin, Louis, Richard Crawford Pugh, Oscar Schachter and Hans Smit, *International Law: Cases and Materials*, West Publishing Co., 1993.

Jayewardene, Hiran W., *The Regime of Islands in International Law*, Martinus Nijhoff Publishers, 1990.

Jennings, R. Y., *The Acquisition of Territory in International Law*, Manchester University Press, 1963.

Kwiatkowska, Barbara, *The Contribution of the World Court to the Development of the Law of the Sea*, Bookworld Publications, 2002.

Lachs, Manfred, *The Teacher in International Law*, Martinus Nijhoff, 1982.

Malanczuk, Peter, *Akehurst's Modern Introduction to International Law*, Routledge, 1997.

Mcdougal, M. S., and W. T. Burke, *The Public Order of the Oceans*, Yale

University Press, 1962.

Nordquist, M. H. and J. N. Moore (eds.), *Security Flashpoints,* Martinus Nijhoff Publishers, 1998.

O'Connel, D. P., *International Law of the Sea*, vol. 1, Clarendon Press, 1982.

Papadakis, N., *The International Legal Regime of Artificial Islands,* Nijhoff, 1977.

Roach, J. Ashley, and Robert W. Smith, *United States Responses to Excessive Maritime Claims*, 2nd edition, Martinus Nijhoff, 1996.

Park, C. H., *East Asia and the Law of the Sea*, Seoul National University Press, 1983.

Pharand, Donat, *The Law of the Sea of the Arctic: With Special Reference to Canada*, University of Ottawa Press, 1973.

Rothwell, Donald R., and Tim Stephens, *The International Law of the Sea*, Hart Publishing, 2010.

Sohn, Louis B., and John E. Noyes, *Cases and Materials in the Law of the Sea*, Transnational Publishers, 2004.

Smith, Robert W., and Bradford L. Thomas, *Island Disputes and the Law of the Sea: An Examination of sovereignty and Delimitation Disputes*, Maritime Briefing, vol. 2, no. 4, IBRU, 1998.

Symmons, Clive Ralph, *The Maritime Zones of Islands in International Law*, Martinus Nijhoff, 1979.

Symmons, Clive R., *Ireland and the Rockall Dispute: An Analysis of Recent Developments*, Boundary and Security Bulletin, vol. 6, No. 1, IBRU, 1998.

Symmons, Clive, *When is an Island not an Island in Interantional Law? The Riddle of Dinkum Sands in the Case of US v. Alaska*, Maritime Briefing, vol. 2, no. 6, IBRU, 1999.

Svarlien, Oscar, *The Eastern Greenland Case in Historical Perspective*, University of Florida Press, 1964.

Tanaka, Yoshifumi, *The International Law of the Sea*, Cambridge University Press, 2012.

University of Virginia Center for Oceans Law and Policy, *United Nations*

Convention on the Law of the Sea 1982: A Commentary, vol. I -VI, 1985-2002.

Van Dyke, J., D. Zaelke & G. Hewison (eds.), *Freedom for the Seas in the 21st Century*, Island Press, 1993.

Vecchio, Del (ed.), *International Law of the Sea: Current Trends and Controversial Issues*, Eleven International Publishing, 2014.

Vukas, Budislav, *The Law of the Sea*, Martinus Nijhoff Publishers, 2004.

Weil, Prosper (trans. M. Macglashan), *The Law of Maritime Delimitation-Reflections*, Grotius Publications, 1989.

[Articles]

Anderson, David H., "Maritime Delimitation in the Black Sea Case (Romania v. Ukraine)," *Law and Practice of International Courts and Tribunals*, vol. 8, 2009.

Bastida, Ana E., Adaeze Ifesi-Okoye, Salim Mahmud, James Ross and Thomas Walde, "Cross-Border Unitization and Joint Development Agreements: An International law Perspective," Houston Journal of International Law, vol. 29, 2007.

Bowett, Derek, "Islands, Rocks, Reefs, and Low-Tide Elevations in Maritime Boundary Delimitation," in Jonathan I. Charney and Lewis M. Alexander (eds.), *International Maritime Boundaries*, vol. 1, 1993.

Broder, S. and J. Van Dyke, "Ocean Boundaries in the South Pacific," *University of Hawaii Law Review*, Vol.4, 1982.

Charney, Jonathan, "Rocks that cannot Sustain Human Habitation," *American Journal of International Law*, vol. 93, 1999.

Churchill, Robin, "The Bangladesh/Myanmar Case: Continuity and Novelty in the Law of Maritime Boundary Delimitation," *Cambridge Journal of International and Comparative Law*, vol. 1, 2012.

Cooper, J., "Delimitation of the Maritime Boundary in the Gulf of Maine Area," *Ocean Development and International Law*, vol. 16, 1986.

Dubner, Barry Hart and Jason Parent, "When is a Rock an Island? Another Unilateral Declaration defies Norms of International Law," *Mich. St. J. Int'l L.*, vol. 15, 2007.

Hakapaa, K. and E. J. Molenaar, "Innocent Passage - Past and Present," *Marine Policy*, vol. 23, 1999.

Hodgson, R. D., "Islands: Normal and Special Circumstances," in J.K. Gamble and G. Pontecorvo (eds.), *The Law of the Sea: The Emerging Regime of the Oceans*, Ballinger Publishing Co., 1973.

Hollick, A. L., "The Origins of 200-Mile Offshore Zones," *American Journal of International Law*, vol. 71, 1977.

Karl, D. E., "Islands and the Delimitation of the Continental Shelf: A Framework," *American Journal of International Law*, vol. 71, 1977.

Kwiatkowska, Barbara, "The Qatar v. Bahrain Maritime Delimitation and Territorial Questions case," *Ocean Development and International Law*, vol. 33. 2002.

Mcdorman, Ted, "The Role of the Commission on the Limits of the Continental Shelf: A Technical Body in a Political World," *International Journal of Marine and Coastal Law*, vol. 16, 2002.

Merrils, "The International Court of Justice and Adjudication of Territorial and Boundary Disputes," *Leiden Journal of International Law*, vol. 13, 2000.

Nelson, L.D.M., "The Roles of Equity in the Delimitation of Maritime Boundaries," *American Journal of International Law*, vol. 84, 1990.

Roger O'Keefe, "Legal Title versus effectivités: Prescription and the Promise and Problems of Private Law Analogies," *International Community Law Review*, vol. 13, 2011.

Oliver, John T., "National Security and the U. N. Convention on the Law of the Sea: U. S. Coast Guard Perspective," *ILSA Journal of International and Comparative Law*, vol. 15, 2009.

Ong, David M., "Joint Development of Common Offshore Oil and Gas Deposits: "Mere" State Prctice or Customary International Law?," *American Journal of*

International Law, vol. 93, 1999.
Oxman, Bernard H., "The Territorial Temptation: A Siren Song at Sea," *American Journal of International Law*, vol. 100, 2006.
Oxman, Bernard H., "Complementary Agreements and Compulsory Jurisdiction," *American Journal of International Law*, vol. 95, 2001.
Parson, Lindsay, "Non-living and Living Resources of the Seafloor beyond 200 Nautical Miles and Their Significance for Application of Article 82 of the United Nations Convention on the Law of the Sea," Background Paper for International Seabed Authority Discussion Forum-Chatham House, January 2009.
Reimnitz, Erik, "Dinkum Sands: A Recently Foundered Arctic Island," *Journal of Coastal Research*, vol. 21, no. 2, 2005.
Roach, Ashley, "Maritime Boundary Delimitation: United States Practice," *Ocean Development and International Law*, vol. 44, 2013.
Roach, Ashley and Robert W. Smith, "Straight Baselines: The Need for a Universally Applied Norm," *Ocean Development and International Law*, vol. 31, 2000.
Rothwell, Donald R., "Issues and Strategies for Outer Continental Shelf Claims," *International Journal of Marine and Coastal Law*, vol. 23, 2008.
Schofield, Clive, "Departures from the Coast: Trends in the Application of Territorial Sea Baselines under the Law of the Sea Convention," *International Journal of Marine and Coastal Law*, vol. 27, 2012.
Shi Jiuyong, "Maritime Delimitation in the Jurisprudence of the International Court of Justice," *Chinese Journal of International Law*, Vo. 9, 2010.
Smith, Robert W., "Maritime Delimitation in the South China Sea: Potentiality and Challenges," *Ocean Development and International Law*, vol. 41, 2010.
Smith, R. W. and B. Thomas. "Island Disputes and the Law of the Sea: An Examination of Sovereignty and Delimitation Disputes," in M. H. Nordquist and J. N. Moore (eds.), *Security Flashpoints*, Martinus Nijhoff Publishers, 1998.

Sohn, Louis B., "Baseline Considerations," in Charney and Alexander (eds.), *International Maritime Boundaries*, vol. 1, Martinus Nijhoff Publishers, 1993.

United States Department of State, "Straight Baselines and Territorial Sea Claims: Japan," *Limits in the Seas*, No. 120, 1998.

Valencia, Mark, "Taming Troubled Waters: Joint Development of Oil and Mineral Resources in Overlapping Claim Areas," *San Diego Law Review*, vol. 23, 1986.

Van Dyke, "Legal Issues Related to Sovereignty over Dokdo and Its Maritime Boundary," *Ocean Development and International Law*, vol. 38, 2007.

Van Dyke, Jon M., "The Role of Islands in Delimiting Maritime Zones: The Case of the Agean Sea," *Ocean Yearbook*, vol. 8, 1989.

Van Dyke, J. M. and R. A. Brooks, "Uninhabited Islands: Their Impact on the Ownership of the Oceans' Resources," *Ocean Development and International Law,* Vol. 12, 1983.

Weil, P., "Geographic Considerations in Maritime Delimitation," in Charney and Alexander (eds.), *International Maritime Boundaries*, vol.1, Martinus Nijhoff Publishers, 1993.

찾아보기

저자약력 이석용

고려대학교 법과대학 및 대학원 졸업(법학박사)

미국 하와이 East-West Center Research Fellow

예일대학교, 워싱턴대학교, 버클리대학교 Visiting Scholar

사법고시 등 각종 시험위원

사단법인 해양법포럼 회장

대한국제법학회 회장

국제해양법학회 회장

(현) 한남대학교 법과대학 교수

(현) 외교부 정책자문위원

(현) 해양수산부 독도지속관리위원회 위원

(현) 해양경찰청 국제해양법위원회 위원

국제법상 도서제도와 독도

2014년 6월 20일 초판 인쇄
2014년 6월 25일 초판 발행

저 자 이 석 용
발행인 이 방 원
발행처 세창출판사
서울 서대문구 경기대로 88 냉천빌딩 4층
전화 723-8660 팩스 720-4579
email: sc1992@empal.com
http://www.sechangpub.co.kr
신고번호 제300-1990-63호

잘못 만들어진 책은 바꾸어 드립니다. 정가 22,000 원

ISBN 978-89-8411-475-3 93360